权威·前沿·原创

皮书系列为

“十二五”“十三五”国家重点图书出版规划项目

智库成果出版与传播平台

河南省社会科学院哲学社会科学创新工程试点项目

河南能源发展报告（2020）

ANNUAL REPORT ON HENAN'S ENERGY DEVELOPMENT (2020)

新时代新使命与能源新发展

主　编／魏澄宙　谷建全
副主编／余晓鹏　王玲杰　白宏坤

社会科学文献出版社
SOCIAL SCIENCES ACADEMIC PRESS (CHINA)

图书在版编目(CIP)数据

河南能源发展报告．2020：新时代新使命与能源新发展／魏澄宙，谷建全主编．--北京：社会科学文献出版社，2020.3
（河南蓝皮书）
ISBN 978-7-5201-6133-6

Ⅰ．①河… Ⅱ．①魏…②谷… Ⅲ．①能源发展-研究报告-河南-2020 Ⅳ．①F426.2

中国版本图书馆 CIP 数据核字（2020）第 026399 号

河南蓝皮书
河南能源发展报告（2020）
——新时代新使命与能源新发展

主　　编／魏澄宙　谷建全

出 版 人／谢寿光
组稿编辑／任文武
责任编辑／李　淼

出　　版／社会科学文献出版社·城市和绿色发展分社（010）59367143
地址：北京市北三环中路甲 29 号院华龙大厦　邮编：100029
网址：www. ssap. com. cn
发　　行／市场营销中心（010）59367081　59367083
印　　装／三河市东方印刷有限公司

规　　格／开 本：787mm×1092mm　1/16
印 张：21　字 数：311 千字
版　　次／2020 年 3 月第 1 版　2020 年 3 月第 1 次印刷
书　　号／ISBN 978-7-5201-6133-6
定　　价／128.00 元

本书如有印装质量问题，请与读者服务中心（010-59367028）联系

《河南能源发展报告（2020）》编　委　会

主要编撰者简介

魏澄宙　女，河南漯河人，高级会计师，国网河南省电力公司经济技术研究院院长。长期从事大数据分析、财务审计、经营管理等领域研究工作，全面负责河南省能源大数据应用中心建设和兰考能源互联网平台建设，先后荣获多项省级管理创新成果奖。

谷建全　男，河南唐河人，经济学博士，河南省社会科学院院长，研究员，博士生导师。国家“万人计划”首批人选、国家哲学社会科学领军人才、国务院特殊津贴专家、文化名家暨全国宣传文化系统“四个一批”优秀人才、河南省优秀专家。中国劳动经济学会副会长、河南省信息化专家委员会副主任委员。主要从事产业经济、科技经济、区域经济研究。近年来，公开发表学术论文200余篇，出版学术论著15部，主持国家级、省级重大研究课题30余项。

摘　要

本书由国网河南省电力公司经济技术研究院与河南省社会科学院共同编撰，全书搜集整理了能源行业相关数据，从研究角度出发，以“新时代新使命与能源新发展”为主题，深入系统地分析了2019年河南能源的发展态势，并对2020年发展走势进行了研判。全方位、多角度地研究和探讨了河南以新发展理念为引领，以能源供给侧结构性改革为主线，推进能源结构优化调整、强化能源供应保障的举措及成效，并提出了新时代河南推动能源高质量发展的对策建议，对于政府部门施政决策，能源企业、广大研究机构和社会公众研究、了解河南能源发展状况具有较好的参考价值。全书包括总报告、行业发展篇、预测展望篇、能源新发展篇、调研报告五部分。

本书的总报告是关于河南能源发展的年度分析报告，阐明了本书对2019~2020年河南能源发展形势分析与预测的基本观点。报告认为，2019年，面对复杂多变的内外部形势和能源转型发展任务，河南能源领域以习近平新时代中国特色社会主义思想为指导，深入贯彻习近平考察调研河南时的重要讲话精神，认真落实省委省政府各项决策部署，着力推动能源高质量发展，实现了能源供应平稳有序、能源结构持续优化，全省能源发展质效稳步提升，擦亮了河南能源绿色发展的底色、为民惠民的本色、农村能源的特色、创新发展的亮色。与此同时，河南实现能源高质量发展仍面临诸多问题和挑战。考虑新型冠状病毒肺炎疫情影响，预计2020年全省能源消费总量约2.4亿吨标准煤，其中，煤炭消费总量持续下降，天然气、非化石能源消费保持增长，全省能源油气替代煤炭、非化石能源替代化石能源的清洁转型步伐进一步加快。

本书的行业发展篇，分别对河南省煤炭、石油、天然气、电力、可再生能源等各能源行业2019年发展态势进行了分析，总结了各能源行业发展面临的政策要求、主要机遇和存在问题，并对各行业2020年的发展走势进行了展望，提出了新时代加快河南各能源行业高质量发展的对策建议。

本书的预测展望篇，主要通过建立相关指标体系和量化分析模型，运用定量分析和定性分析相结合的研究方法，分别对河南省电力与经济关系、地热资源开发利用、电力需求响应和储能产业的发展现状及典型应用场景进行了分析展望。

本书的能源新发展篇，聚焦新时代河南能源转型发展路径、农村能源革命背景下的能源互联网平台建设、河南新能源发电出力特性及消纳预警、河南省成品油市场发展历程、河南省生物质能高效综合利用、河南省春节期间人口流动对电力需求影响等热点专题，进行了深入、系统的分析研究，突出展现了新时代能源发展的一些新特征，提出了相关发展建议。

本书的调研报告，基于实地调研、问卷调查、专题收资等第一手的研究资料，开展了“河南省‘煤改电’实施及用户用电情况”“河南省重点企业生产经营及用能情况”“河南省铁塔基站和电动汽车储能及负荷可调节能力”“河南省电能替代实施情况及发展潜力”研究摸底，可为相关政策制定、策略研究提供借鉴参考。

关键词：河南　能源转型　高质量发展

目　录

Ⅰ　总报告

Ⅱ　行业发展篇

Ⅲ 预测展望篇

Ⅳ 能源新发展篇

Ⅴ 调研报告

皮书数据库阅读**使用指南**

总 报 告

General Report

B.1

新时代新使命 推动能源新发展

——2019年河南省能源发展分析与2020年展望

河南能源蓝皮书课题组*

摘 要： 2019年，河南省以习近平新时代中国特色社会主义思想为指导，深入贯彻习近平总书记考察调研河南时重要讲话精神，坚持稳中求进工作总基调，坚持新发展理念，全面落实“四个革命、一个合作”能源安全新战略，深入推进能源领域供给侧结构性改革，全省能源发展呈现供需平稳有序、结构不断优化、质效持续提升的良好态势，初步统计全年能源消费总量2.3亿吨标准煤左右。2020年，河南能源发展面临的有

* 课题组组长：魏澄宙、谷建全。课题组副组长：余晓鹏、王玲杰、白宏坤。课题组成员：杨萌、邓方钊、刘军会、李虎军、赵文杰、杨钦臣、尹硕、宋大为、金曼、李宗、柴喆、马任远。执笔：邓方钊，国网河南省电力公司经济技术研究院工程师；杨萌，国网河南省电力公司经济技术研究院高级工程师。

利条件和制约因素并存，宏观环境总体向好。考虑新型冠状病毒肺炎疫情影响，预计2020年全省能源生产总量在0.95亿吨标准煤左右，能源消费总量在2.4亿吨标准煤左右，其中煤炭消费总量持续下降，天然气和非化石能源消费保持增长，“油气替代煤炭、非化石能源替代化石能源”的清洁低碳转型步伐愈加稳固。

关键词： 河南省 能源 高质量发展 新时代

2019年，河南以习近平新时代中国特色社会主义思想为指导，坚持稳中求进工作总基调，坚持新发展理念，坚持推动高质量发展，坚持以供给侧结构性改革为主线，着力发挥优势打好“四张牌”，全省经济运行总体平稳、稳中有进，全省能源发展呈现供需平稳有序、结构不断优化、质效持续提升的良好态势。2020年，河南能源发展的外部环境依然复杂，能源转型发展仍然面临诸多问题。河南应深入学习贯彻习近平总书记考察调研河南时重要讲话精神，把总书记指示要求转化为推动能源高质量发展的巨大动力，不断强化推动新时代能源事业高质量发展的使命担当，着力构建清洁低碳、安全高效的现代能源体系，为决胜全面建成小康社会、谱写新时代中原更加出彩绚丽篇章提供绿色坚强能源保障。

一　2019年河南能源发展态势分析

2019年，面对复杂多变的内外部形势和能源转型发展新要求，河南全面落实“四个革命、一个合作”能源安全新战略，以供给侧结构性改革为主线，着力推动能源质量变革、效率变革、动力变革，实现了全省能源的供需平稳有序、结构不断优化、质效持续提升，“擦亮了绿色发展底色、坚持了为民惠民本色、打造了农村能源特色、突出了创新发展亮色”。

（一）2019年河南能源发展总体情况

能源生产方面，生产总量稳中有降，非化石能源有效供给能力持续提升。2019年，全省能源生产继续保持“化石能源下降、非化石能源上升”的态势，预计全年能源生产总量约0.98亿吨标准煤，同比下降约2%，其中原煤、原油、天然气、非化石能源产量的增速预计分别约为－4%、－4%、－3%、15.6%，非化石能源占一次能源生产的比重将首次突破10%，清洁有效供给能力持续提升（见图1）。

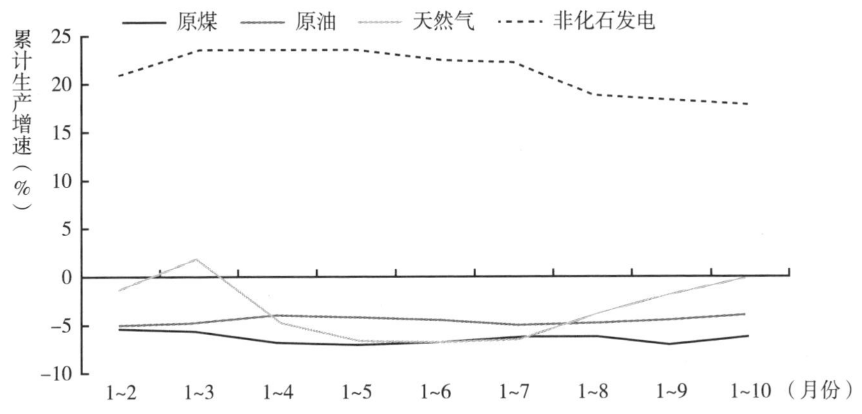

图1　2019年1～10月河南主要能源品种累计生产增速

资料来源：原煤、原油、天然气数据来自国家统计局；非化石发电数据来自国网河南省电力公司，主要包括水电、风电、太阳能发电、生物质发电。

能源消费方面，煤炭消费减量替代成效显著，清洁能源消费稳步增长。2019年，全省能源消费继续保持“油气替代煤炭、非化石能源替代化石能源”的良好态势，预计全年能源消费总量约2.3亿吨标准煤。其中，煤炭消费减量替代成效显著，预计能够完成河南年度煤炭消费总量削减目标；成品油销售同比增长约6.8%，天然气消费较上年增长趋缓，同比增长约1%；非化石能源消费增长仍较迅速，预计同比增长约12.7%（见图2）。

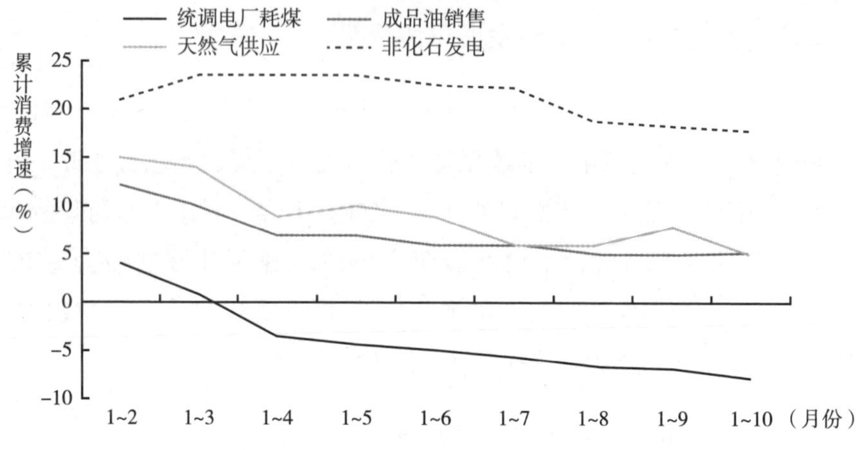

图2　2019年1～10月河南主要能源品种累计消费增速

资料来源：统调电厂耗煤数据来自国家能源局河南监管办公室；成品油销售、天然气供应数据来自河南省发展改革委员会能源规划建设局；非化石发电数据来自国网河南省电力公司。

能源供需总体平稳，各品类能源保持有序供应。其中，统调电厂耗煤预计全年呈现“W”形态势，1月采暖季电煤供应趋紧，采暖季结束后统调电厂耗煤及价格同比均呈下降趋势；成品油销售较为平稳，供需形势保持宽松；天然气供应预计全年呈现“U”形特征，度冬期间需求增长较快，河南通过多方开拓资源、强化运行调度，天然气供需平稳有序、民生用气保障有力；受新旧动能转换力度加大、凉夏暖冬等影响，电力需求增速整体放缓，全省各级电网保持安全稳定运行（见图3）。

能源结构不断优化，清洁能源消费占比持续提升。2019年，预计全省煤炭消费占比将降至70%左右，基本提前一年完成“十三五”规划结构调整目标。非化石能源消费比重预计较上年提高约0.5个百分点，达到8.5%左右，超过“十三五”规划目标1.5个百分点以上（见图4）。

能源投资再创历史新高，基础设施短板加速补齐。2019年，预计全省能源重点项目总投资将达到约823亿元，同比增长约1.9%，投资额度将创历史新高。从投资分布来看，电网项目约占能源总投资的46%，主要为220千伏及以下城乡配电网和农村电网项目；煤炭领域投资主要集中于优质煤矿

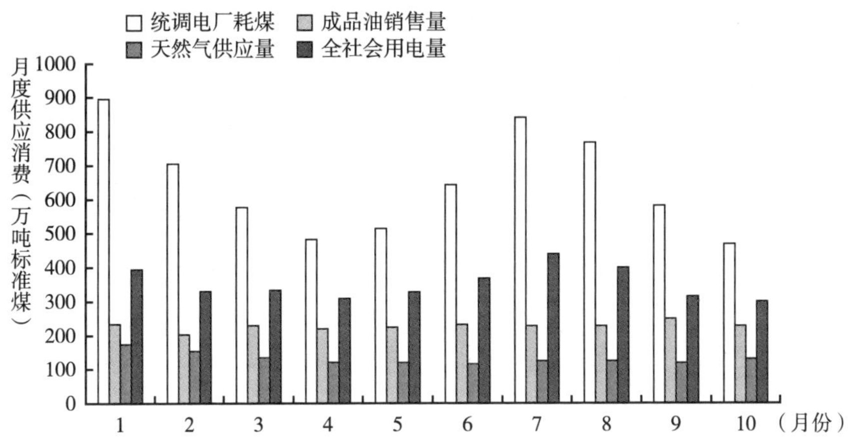

图3　2019年1～10月河南主要能源品种供应消费情况（折标煤量）

资料来源：统调电厂耗煤数据来自国家能源局河南监管办公室；成品油销售、天然气供应数据来自河南省发展改革委员会能源规划建设局；全社会用电量数据来自国网河南省电力公司。

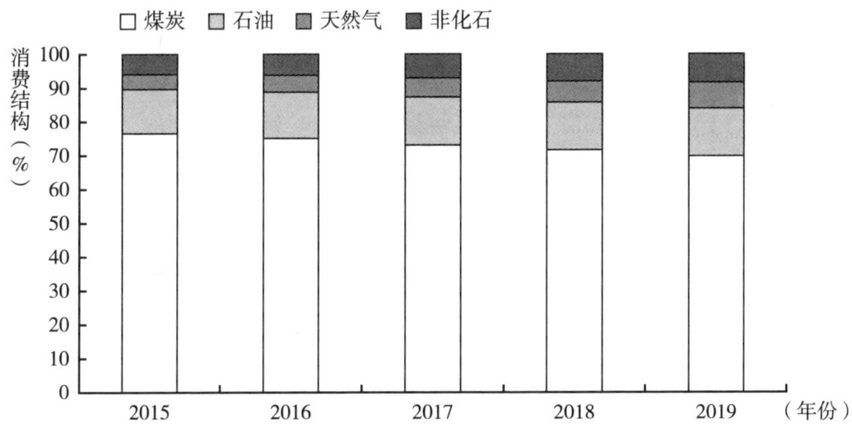

图4　2015～2019年河南一次能源消费结构变化情况

资料来源：2015～2017年数据来自《河南统计年鉴2018》，2018年、2019年为初步统计、预计值。

建设、煤矿安全改造和物流园区建设；油气投资项目主要有洛炼一期、日照－濮阳－洛阳原油管道、濮阳文23储气库、鄂－安－沧输气管道、省内6座LNG应急储气中心等。

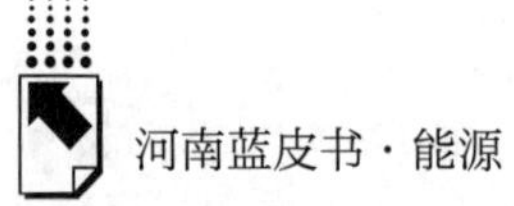

（二）2019年河南能源行业发展情况

1. 煤炭产供储配体系优化升级，行业运行基本平稳

煤炭产供储配体系优化完善，行业发展质量持续提升。煤炭生产供应侧，产业结构持续优化，2016～2019 年累计关闭退出煤炭产能 6334 万吨，超额完成“十三五”去产能总量任务。有序释放优质产能，新增优质产能 180 万吨。煤炭存储配送侧，储配中心建设持续推进，鹤壁煤炭物流园区一期工程基本建成投产，新增储备能力 50 万吨/年。

煤炭供需基本平稳，电煤价格持续下行。煤炭生产保持基本稳定，预计 2019 年全省原煤生产总量约 1.1 亿吨，与上年相比略有下降。煤炭消费减量成效明显，预计 2019 年全省煤炭消费量将降至约 2.1 亿吨，全年预计削减煤炭消费约 1000 万吨。煤炭静态缺口约 1 亿吨，皆由省外调入，煤炭供应整体平稳有序。1～12月电煤价格持续下行，由年初 584.86 元/吨降至 480.19 元/吨。

2. 油气基础设施持续完善，供应保障能力不断增强

油品项目建设进展顺利，“一炼两线一库”工程稳步推进。其中，洛炼 1800 万吨/年炼油扩能改造（一期）进展顺利，预计可于 2020 年 6 月建成，届时全省成品油炼化能力、石化产业质量将得到较大提升；配套日照－濮阳－洛阳原油管线河南段已大部完工，可与洛炼项目同步建成；洛阳－新郑国际机场航煤管线确定路由，建成后可有力保障机场航空煤油供应；洛阳原油商业储备库罐体建设提速，全省原油储备体系不断完善。

天然气产供储销体系不断完善，“外引多元、内联通畅、调节有力”的格局正在形成。一是天然气外引通道取得积极进展，鄂－安－沧输气管道濮阳支线建成投运，西气东输三线中段、潜江－中原储气库群管道完成路由踏勘；二是管网互联互通不断完善，濮阳－范县－台前、周口－漯河等天然气管道开工建设，社旗－镇平、商丘－柘城等输气管道建成投运，全年新增管道 277 公里，总里程达到 6474 公里；三是“租地下库容、引海气入豫、建区域中心”的储气能力建设河南模式加速落地，濮阳文 23 储气库（一期）

全面投产注气，省内6座区域性储气中心主体工程完工。

供需保持基本平衡，油气供应保障有力。生产方面，受资源禀赋制约，油气产量保持下降趋势，预计全年原油产量约249万吨，同比下降约4%，天然气产量约2.8亿立方米，同比下降约3%。消费方面，油气增长较为平稳，成品油消费量1951万吨，同比增长6.8%，天然气消费量121亿立方米，同比增长1%，其中城市燃气、工业用气增长显著。供应方面，面对省内油气资源逐渐枯竭、消费持续增长的省情，河南大力引入省外资源，预计全年原油对外依存度接近80%，主要来自西北油田和海外；成品油对外依存度将超过70%，主要依托兰州－郑州－长沙成品油管道、齐鲁石化及山东地方炼厂调入；天然气对外依存度保持在95%以上，主要依托西气东输一线、二线、榆济线（河南段）、鄂－安－沧线（河南段）以及端氏－博爱煤层气5条天然气长输管道调入，并由LNG、CNG进行补充。

3. 电力供需保持平稳有序，发展质量得到明显提高

电力需求增速有所回调，吸纳区外电量创历史新高。电量方面，受新旧动能转换、凉夏暖冬等因素影响，全年全社会用电量约3364亿千瓦时，同比下降1.6%，增速较上年回落约9.5个百分点。负荷方面，全社会最大负荷6902万千瓦，同比增长2.3%，增速较上年下降9.5个百分点，其中降温负荷2720万千瓦，同比增长160万千瓦。吸纳区外电力方面，河南全年净吸纳外电规模首次突破500亿千瓦时，达到约545亿千瓦时，创历史新高，同比增长超过23%，有力推动了全省能源清洁转型。

电力供应绿色可靠，电源电网项目扎实推进。电源侧，河南全年关停煤电机组168万千瓦，超额完成省政府确定的年度关停任务，以应急调峰储备机组方式新增大型绿色煤电机组292万千瓦，最大限度地降低了电煤消耗。电网侧，青豫直流工程稳步推进，配套1000千伏驻马店－南阳特高压交流输变电工程全面开工、进展顺利，500千伏“鼎”字形主网架基本形成，区域电网互供能力、末端电网支撑能力持续增强，市域220千伏环网分区进一步优化，110千伏及以上电网工程投产1789万千伏安、3415公里。

电力体制改革扎实推进，各项成果持续巩固。市场建设方面，多元竞争

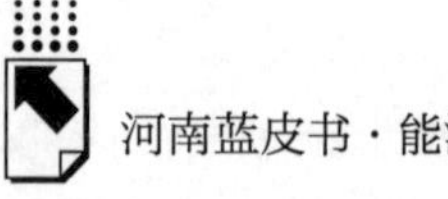

的电力市场加快形成，全年完成市场化电量1047亿千瓦时，连续两年超过千亿千瓦时。机制建设方面，河南省电力交易机构股份制改造加快推进，交易公司工商登记和国有企业产权登记均完成变更，《河南省电力市场交易规则》《河南中长期交易监管实施办法》《河南电力调峰辅助服务交易规则（试行）》等一系列实操性制度印发实施，交易规则不断完善。增量配电改革方面，试点范围持续扩大，第四批8个试点项目获国家批复，全省累计30个项目列入国家试点。

4. 新能源发展质效不断提升，平价和消纳成为行业关注焦点

可再生能源开发利用规模持续扩大，有力支撑清洁低碳转型。2019年，预计河南可再生（非化石）能源生产总量约1230万吨标准煤，同比增长约15.6%，其中可再生能源发电量达到374亿千瓦时，同比增长18.4%。计及消纳三峡水电、西北风电等区外清洁电力后，全省非化石能源利用量将达到约2100万吨标准煤，同比增长约12.7%。截至2019年底，全省风电装机794万千瓦，提前完成“十三五”风电600万千瓦的装机目标；光伏发电装机跻身千万千瓦级别，达到1054万千瓦；生物质发电总规模达到80万千瓦，全年预计新增地热供暖能力1300万平方米。各类可再生能源开发利用规模的迅速增长，有力支撑了能源结构调整和绿色低碳转型。

行业发展政策导向持续优化，平价和消纳成为各方关注焦点。一是开展平价上网项目试点，推动补贴持续退坡。2019年年初国家能源局发布《关于积极推进风电、光伏发电无补贴平价上网有关工作的通知》（发改能源〔2019〕19号），鼓励在符合本省可再生能源建设规划、国家新能源发电年度监测预警有关管理要求、电网企业落实接网和消纳条件的前提下，由省级政府能源主管部门组织实施本地区平价、低价上网项目，试点项目不受年度建设规模限制。河南组织实施了第一批风电、光伏平价上网项目申报，风电共11个项目、总规模110万千瓦获得国家能源局批复，光伏共4个存量项目、总规模27万千瓦转为平价上网项目。二是进一步完善新能源发电上网电价机制，将标杆上网电价改为指导价，实行市场竞争配置。2019年国家发改委发布《关于完善光伏发电上网电价机制有关问题的通知》（发改价格

〔2019〕761 号)、《关于完善风电上网电价政策的通知》(发改价格〔2019〕882 号),将集中式光伏电站标杆上网电价、陆上风电标杆上网电价改为指导价,新增集中式光伏电站上网电价原则上、新核准的集中式陆上风电电价全部通过竞争方式确定,不得高于所在资源区的指导价。按照国家要求,河南组织开展了 2019 年光伏发电竞争性配置方案筛选,全省共 95 个、总规模 27.96 万千瓦屋顶光伏发电项目通过筛选,并获得国家批复。三是更加关注新能源发展与电网接纳条件的协调,将消纳因素作为规模管理的重要考量。2019 年国家发改委发布《关于建立健全可再生能源电力消纳保障机制的通知》(发改能源〔2019〕807 号),对电力消费设定可再生能源电力消纳责任权重,包括总量消纳责任权重和非水电消纳责任权重,按省级行政区域确定配额指标,于 2019 年颁布实施、模拟运行,2020 年起全面进行监测评价和正式考核。河南非水电可再生能源电力 2019 年最低消纳责任权重为 9.5%,2020 年最低消纳责任权重为 10.5%。

(三)2019年河南能源发展特征

1. 注重生态文明建设,擦亮了绿色发展底色

2019 年,河南深入贯彻习近平生态文明思想,强化“绿水青山就是金山银山”的理念,持续优化产业结构、能源结构、运输结构,不断擦亮绿色发展的底色。在能源供给侧,清洁能源有效供给不断增加,截至 2019 年底,全省可再生能源发电装机总规模达到 2336 万千瓦,占全口径发电装机比重达到 25.1%,较上年同期提高约 2.9 个百分点,可再生能源发电量 374 亿千瓦时,占全社会用电量的比重突破 11%;全年净吸纳区外电量突破 545 亿千瓦时,区外来电占全社会用电量的比重达到约 16%。在能源需求侧,终端用能清洁化水平持续提升,焦化、化工、有色等非电行业用煤下降 15%以上;天然气、非化石等清洁能源消费比重持续上升,预计“十三五”以来累计提高约 5.4 个百分点;交通运输电气化水平不断提升,前三季度新增充换电站 159 座、充电桩 4865 个。

2. 提升基础服务能力，坚持了为民惠民本色

2019 年，河南能源领域坚持以人民为中心的发展理念，尽力而为、量力而行切实保障和改善民生，让能源发展成果更好更公平地惠及了广大人民群众。一是助力打赢脱贫攻坚战，持续做好电网脱贫、光伏扶贫工作，全年完成投资 60 亿元，新建、改造变电站 97 座，完成贫困县 1500 个非贫困村电网改造，有效改善了贫困地区电网发展不均衡问题。黄河滩区居民迁建二批试点项目配套电网全部送电。累计建设光伏扶贫项目 258.5 万千瓦，实现了有条件地区光伏扶贫电站的全覆盖。省内 1 万多个村集体拥有了持续 20 年的稳定集体收益，惠及 40.4 万余户贫困群众，已累计结算收益近 15 亿元。二是着力办好民生实事，“宜煤则煤、宜气则气、宜电则电”协调推进清洁取暖，保障人民群众温暖过冬，三门峡、济源纳入国家第三批清洁取暖试点城市，实现全省重点区域城市清洁取暖中央资金全覆盖，全年全省完成“双替代”209 万户。三是持续释放改革红利，天然气增值税税率由 10% 下调至 9%，天然气基准价格、配气及销售价格同步下调，一般工商业电价实现再降 10%，预计可减少企业年用电成本 33.8 亿元。

3. 服务乡村振兴战略，打造了农村能源特色

2019 年，河南全力服务实施乡村振兴战略，以兰考全国首个农村能源革命试点建设为依托，率先探索建设农村现代能源体系。一是推进资源能源化，将风、光、生物质、生活垃圾等转化为可用能源，提高清洁能源有效供给能力。目前，兰考县可再生能源发电量占用电量比重达到 65% 以上，生活垃圾无害化处理率达到 90%。二是推进能源智慧化，农村能源互联网平台“一库三中心”基本完成，能源数据库、能源监测中心、公共服务中心、协调优化中心接入了兰考全县电力、燃气、热力、成品油等各类数据，达到“全品类、全链条、全县域”能源运行可观可测。三是推进能源产业化，依托能源项目建设，带动上下游产业链完善升级，增加财政收入与劳动就业。仪封、谷营、产业集聚区三个示范片区分别初步形成了“清洁能源 + 农业产业化”“多能互补 + 特色旅游”“能源互联网 + 工业强县”的能源产业化三种模式。四是推进能源普惠化，补齐农村能源基础设施短板，推动农村基

础设施提档升级，实现农村能源“用得上、用得起”，全县薪柴、散煤在生活中的使用全部消除，清洁取暖普及率达到49%，公众绿色出行率达到58%。

4. 培育新技术新业态，突出了创新发展亮色

2019 年，河南积极推动能源产业与“大云物移智链”等新一代信息技术深度融合，大力实施“互联网 + 智慧能源”，加快能源基础设施数字化进程。河南能源大数据应用中心完成能源监测预警和规划管理、能源日常运行信息分析、规模以上工业行业运行状态监测、农村能源变革分析辅助决策、新能源规划与消纳监测预警、“一网通办”便民服务、电动汽车智能充电服务、重点用能单位耗能监测等 8 项应用场景主体功能开发，作为国网公司能源大数据建设典型经验在太原国际能源低碳发展论坛上发布。在冬季供暖期前建成了全省“双替代”取暖大数据平台和 App，实现“煤改电”用户档案、工程进度、运行监测等信息化在线管理，为政府科学实施“煤改电”提供决策参考。围绕 5G 应用开展探索研究，完成中州换流站和郑东新区智慧岛典型业务 5G 承载测试。

二 2020年河南能源发展形势与展望

2019 年，河南能源发展保持了供需平稳有序、结构不断优化、质效持续提升的良好态势。展望 2020 年，河南宏观环境总体向好，有利条件和制约因素并存。虽然新型冠状病毒肺炎疫情给全省经济运行带来一定影响，但综合看疫情的冲击是短期的、暂时的，也是可控的，河南经济长期向好的基本面和内在向上的趋势没有改变。2020 年，河南将进一步贯彻落实“四个革命、一个合作”能源安全新战略，服务黄河流域生态保护和高质量发展，推动全省能源高质量发展不断取得新进展，预计全省能源发展总体平稳。

（一）有利条件

1. 习近平总书记考察调研河南时的重要讲话精神，为河南能源高质量发展指明了方向

2019 年 9 月，习近平总书记深入河南考察调研，主持召开黄河流域生

态保护和高质量发展座谈会并发表重要讲话。总书记这次考察调研河南时的重要讲话，与总书记2014年视察指导河南和2019年3月参加全国“两会”河南代表团审议时提出的重大要求，相互贯通，是做好新时代河南工作的根本遵循。习近平总书记强调，河南要“推动经济高质量发展”“加强重大基础设施建设”，河南“在全国生态格局中具有重要地位”，必须“高度重视生态保护工作”，擦亮绿色发展的底色。在习近平总书记重要讲话精神指引下，河南将持续打好“四张牌”，加快构建低碳高效的能源支撑体系，不断推动产业结构、能源结构优化升级，培育壮大节能环保产业、清洁生产产业、清洁能源产业，加强能源、现代交通、物联网等新兴基础设施建设，加强黄河流域生态保护和高质量发展，为河南能源高质量发展积蓄更大势能。

2. 全面建成小康社会进入决胜阶段，为河南能源高质量发展提供了良好契机

2020年是我国及河南全面建成小康社会的决胜之年，处于实现“两个一百年”奋斗目标的历史交汇期：既要全面建成小康社会、实现第一个百年奋斗目标，又要开启全面建设社会主义现代化国家新征程、向第二个百年奋斗目标进军。2020年河南各级政府、社会各界都将以为“十三五”收好官、为“十四五”开好头为着眼点，做出更多谋篇布局，一系列有力度的政策规划将会出台，经济逆周期调控力度将会加大，基建领域补短板将会更加注重“三农”建设、重大基础设施建设、创新驱动和结构调整、节能环保与生态建设等方面，这些都将为河南持续推动能源高质量发展创造良好契机和坚实基础。

3. 新一轮能源技术革命方兴未艾，为河南能源产业转型提供了根本动力

回顾人类能源利用史，从薪柴到煤炭，从煤炭到油气电力，每一次能源转型均以能源利用技术创新为先导，每一次技术的重大突破，都对当时的经济、社会、文明发展产生了积极推动作用。当前，新一轮能源技术革命呈现以下三大特征和趋势，将为河南能源转型变革提供根本动力。一是能源开发利用更加绿色低碳，技术进步带来新能源成本下降、可靠性上升，例如，风力发电将在2021年全面实现平价上网，低风速平原风机使得河南一些风场

利用小时数大幅提高；光伏发电在过去10年成本下降了约90%，钙钛矿电池的进步将有可能加速这一趋势。二是能源系统正在加速与“大云物移智链”等信息技术深度融合，能源生产、运输、存储、转换和消费等环节的全方位感知、数字化管理、智能化决策和自动化运维正在逐步实现，能源综合利用效率有望得到大幅提升。三是多能互补促进不同类型能源相互渗透融合，电力网将实现与燃气网、热力网、交通网柔性互联和联合调控，新一代综合能源系统形态逐步形成。

4. 能源体制机制创新向纵深推进，为河南构建现代能源体系提供了更大活力

党的十九届四中全会对坚持和完善中国特色社会主义制度、推进国家治理体系和治理能力现代化做出重大战略部署，提出要“坚持改革创新、与时俱进”“充分发挥市场在资源配置中的决定性作用，更好发挥政府作用”。近年来，国家及河南能源体制改革取得一系列显著成效，《石油天然气管网运营机制改革实施意见》印发，油气管网改革进入实操执行阶段，“上游油气资源多主体多渠道供应、中间统一管网高效集输、下游销售市场充分竞争”的“X+1+X”运营模式可期；电力体制改革成果不断巩固，第五批增量配电业务改革试点开始报送，配售电业务向社会资本放开的步伐进一步加快；燃煤发电标杆上网电价机制即将取消，自2020年起将执行“基准价+上下浮动”的市场化价格机制，有利于兼顾上下游波动、提高电力市场化交易程度；水电气价格放管服工作持续深入，主要由市场决定价格的机制进一步完善，能源发展活力不断增强。整体来看，河南能源各领域体制机制创新不断向纵深推进，为河南实现能源治理体系和治理能力现代化、构建现代能源体系提供了更大活力。

（二）制约因素

1. 能源对外依存度持续上升，供应保障压力不断加大

当前，河南仍处于工业化发展的中期，工业化和城镇化均未完成，三次产业和居民生活用能需求刚性增长的空间仍然较大，全省能源消费总量还将处于递增阶段。与此同时，河南能源保障基础相对脆弱，供应

缺口不断加大，在全国能源版图中将成为生产供应的“洼地”。一是相比西部，河南资源禀赋不佳，煤炭开发难度加大、油气资源面临枯竭、风光利用小时数偏低；二是相对东部，河南能源位势欠优，东部省份快速增长的海上风电、沿海核电、海运煤炭及LNG使其相对河南的能源供应优势不断加大；三是相较中部，一些既有优势正在逐步弱化，山西全国首个能源革命综合改革试点已正式开启，主供“两湖一江”（鄂湘赣）的能源大动脉浩吉铁路业已开通。总体上看，河南能源供应保障面临较大挑战。

2. 能源生产供应成本高企，转型发展腾挪空间受限

成本是企业的“生命线”，也是能源替代的主要决定因素。当前河南产业结构仍然偏重，工业比重尤其是高载能工业比重较高，对能源成本的承受能力较弱。与此同时，在生态保护、绿色转型的压力下，河南价格较低的煤炭资源利用总量受限，成本较高的油气、电力等清洁能源需求量持续上升，天然气消费量2017～2019年年均增速在9%左右，用电量2017～2019年年均增速在5%左右，可再生发电量的扩张、煤电机组利用小时数的持续走低又进一步促使发电成本上升。按照目前全省煤炭消费量初步测算，每减少1个百分点的煤炭消费，至少直接增加用能成本20亿元，全省能源转型发展的迫切需求与用能成本持续走高的矛盾日益显现。如何采取切实有效的措施降低综合用能成本，促使清洁能源成本下降、提高竞争力，进而推动能源转型发展，既是迫切需求，也是严峻挑战。

3. 能源系统调节能力不足，整体运行效率有待提升

灵活性对现代能源系统的运行至关重要，当系统灵活性不足或缺失时，其运行的经济性和效率将会下降。近年来，河南持续加强煤炭产供储配体系、天然气产供储销体系、电力系统调峰能力建设，全省能源系统运行调节能力得到较大的提升，但仍与产业结构、能源结构调整的新要求有所差距。在能源生产环节，风光等随机性电源占比不断增大，而煤电机组灵活性改造迟滞，抽蓄等可调节性电源不足；在能源传输环节，电力、热力、油气等不同供能系统间的集成互补、梯级利用程度不高，能源网络柔性不足、互济能

力较差；在能源使用环节，需求侧响应机制尚未充分建立，电力、燃气峰谷差逐步增大，运行效率有待进一步提升。

4. 新型冠状病毒肺炎疫情突发及蔓延，对能源行业影响需持续关注

2020 年春节以来，突如其来的新型冠状病毒肺炎疫情爆发并迅速蔓延，河南作为人口输出大省，疫情防控形势严峻，全省经济和能源运行受到一定影响。短期看，能源供给方面，1~2 月全省煤炭产量同比下降 7.3%；能源需求方面，1~2 月全社会用电量、成品油销量、天然气消费量同比分别下降 13.7%、35%、12.5%。长期看，疫情冲击造成供需两端同时走弱，经济平稳运行面临的风险和挑战进一步增多。随着疫情在全球扩散蔓延，相关人员、货物流动受到较大影响，国际产业链供应链受到严重冲击，大宗商品、金融市场剧烈震荡，给本就曲折的经济复苏带来了更大不确定性，世界银行、国际货币基金组织先后下调全球经济增速预期。在疫情冲击影响下，国内生产、流动、销售等各个环节受到较大抑制，经济运行由短期波动向趋势性下行演变的风险加大，需要持续跟踪疫情全球性蔓延扩散对河南经济和能源运行的后续影响程度。

（三）2020年河南能源发展预判

1. 能源需求基本稳定，对外依存度保持高位

2020 年新冠肺炎疫情发生以来，全省上下坚决落实习近平总书记关于统筹推进疫情防控和经济社会发展工作的重要指示精神，打出了应对疫情影响、稳定经济运行的“组合拳”，全省疫情防控形势持续向好，生产生活秩序逐步恢复。2020 年是河南全面建成小康社会决胜之年，积极因素和新兴力量正在加速积聚，全省经济将继续保持平稳发展的良好势头。整体来看，预计全年传统制造业运行态势稳定，能源消费的基本盘稳固；乡村振兴、先进制造业、新型城镇化、新型基础设施建设快速发展，对天然气、电力等清洁能源的需求仍然较大，总体判断，疫情对能源消费的冲击将主要集中在一季度，全年能源消费保持稳定的基本面没有改变。计及新冠肺炎疫情影响，预计 2020 年全省能源消费总量约 2.4 亿吨标准煤，能源生产总量约 0.95 亿

吨标准煤，能源对外依存度将接近60%。考虑到新冠肺炎疫情全球范围持续的蔓延扩散，对世界经济走势和能源市场影响的不确定性增大，2020年全省能源供需情况仍需进一步持续关注。

2. 煤炭消费减量完成既定目标，供需基本保持平稳

2020年，预计通过削减低效产能、深化节能改造、加快清洁替代等减煤措施，河南煤炭消费总量将降至2亿吨左右，可实现《河南省煤炭消费减量行动计划（2018～2020年）》做出的“到2020年，力争全省煤炭消费总量比2015年下降15%左右”目标。1～2月，受疫情影响，全省煤炭产量1585万吨，同比下降7.3%，随着复工复产力度不断加大，预计全年省内煤炭产量在1.05亿吨左右，煤炭需求缺口约0.95亿吨。考虑到近年来晋陕蒙等主要煤炭调出区产能不断释放，其调出量仍有增长，在全国整体“控煤”形势下，全省煤炭价格有望继续下行，煤炭供应基本平稳。由于河南煤炭应急储备仍需健全，特殊时段煤炭供应趋紧或仍将出现。

3. 油气需求基本稳定，保障体系更趋完善

油品方面，受疫情影响2020年1～2月全省成品油销售量193万吨，同比减少104万吨、下降35%，从疫情防控形势来看，疫情冲击主要集中在1～2月份，随着国际原油价格暴跌致使国内成品油价格调低，以及复工复产之后由于安全考虑私家车出行增多，预计3～12月份成品油销售量可能好于预期。计及新冠肺炎疫情影响，预计2020年全省成品油销售量约1963万吨，同比增长约0.6%，供需仍呈宽平衡状态；省内原油产量约239万吨，同比下降约4%。

天然气方面，受疫情影响2020年1～2月全省天然气供应量21亿立方米，较上年同期减少3亿立方米，同比下降12.5%。预计疫情冲击过后，在阶段性降低非居民天然气价格、支持企业复工复产利好政策下，城镇燃气、工业燃料用气消费需求仍将保持旺盛。计及新冠肺炎疫情影响，预计2020年全省天然气消费量约125亿立方米，同比增长约3%；天然气产量约2.74亿立方米，同比下降约2%。天然气产供储销体系有望进一步完善并发挥作用，其中，省内6个LNG应急储备中心有望建成投产、发挥储气调峰

作用，周口－漯河、镇平－西峡等天然气管道预计将建成通气，气化人口进一步增加。

4. 用电量同比基本持平，负荷仍保持较快增长

用电量方面，初步判断电解铝产能转移、化工行业安全生产等拉低2019年电力需求增速的因素将基本消除，随着“煤改电”清洁取暖、电能替代等深入推进，第三产业、居民用电等领域新增用电需求将逐步释放。考虑到新型冠状病毒肺炎疫情对一季度用电量具有较大影响，初步预计2020年全省全社会用电量将达到约3365亿千瓦时，同比基本持平。负荷方面，初步判断下半年疫情影响消除后，企业加快生产释放产能、消费逐步回升带动第三产业用电增长，计及夏季高温因素，预计全省度夏期间用电负荷仍然保持高位，最大负荷预计达7300万千瓦，同比增长5.8%左右。

供应方面，根据电源投产、退役计划，2020年预计新投产煤电机组270万千瓦，同时关停落后煤电机组约240万千瓦，河南煤电装机总规模预计将达到6610万千瓦左右。2020年夏季大负荷期间，全省电网晚高峰缺口100万千瓦左右。电量平衡方面，预计全省电源发电量约2780亿千瓦时，煤电机组平均利用小时数约3570小时。

5. 可再生发电装机增速平稳，非化石能源利用量持续扩大

可再生能源发电装机方面，受补贴政策时限影响，风电领域抢装将导致风电装机增长速度较快，预计2020年新增风电装机在350万千瓦以上。光伏新增装机将主要为平价光伏项目或分布式项目，预计全年新增光伏发电装机约50万千瓦。生物质发电将以生物质热电联产县域清洁供暖示范项目为主，预计全年新增生物质发电装机20万千瓦。总体来看，2020年全省可再生能源发电新增装机在420万千瓦以上，总规模将达到2760万千瓦左右，同比增长约18%。

非化石能源生产利用方面，2020年1～2月疫情期间，全省可再生能源发电量54.4亿千瓦时，同比增长18.6%，仍然保持了良好增长态势，预计2020年可再生能源发电量将达到400亿千瓦时左右，同比增长约7%，计及其他非化石能源利用形式后，全省非化石能源生产总量将达到1330万吨标

准煤左右，同比增长约8%。考虑吸纳三峡、西北清洁电力，预计2020年全省非化石能源利用总量将达到2250万吨标准煤左右，同比增长约7.1%。

综合前述分析，计及新冠肺炎疫情影响，预计2020年全省能源发展将继续保持供需平稳、结构优化的良好态势。其中，全省能源生产总量约0.95亿吨标准煤，能源消费总量约2.4亿吨标准煤，能源供需缺口扩大至约1.45亿吨标准煤，区外保障能力建设愈显重要。一次能源消费结构中，煤炭消费占比持续下降，天然气和非化石能源消费占比持续提升，“油气替代煤炭、非化石能源替代化石能源”的结构优化步伐持续推进（见表1）。

表1　2019～2020年河南省能源发展预测

年度	能源总量（亿吨标准煤）		煤炭（亿吨）		原油、成品油（万吨）		天然气（亿立方米）		非化石能源（万吨标准煤）
	生产	消费	生产	消费	原油生产	成品油消费	生产	消费	利用量
2019年总量	0.98	2.3	1.1	2.1	249	1951	2.8	121	2100
2019年增速	-2%	—	-4%	—	-4%	6.8%	-3%	1%	12.7%
2020年总量	0.95	2.4	1.05	2.0	239	1963	2.74	125	2250
2020年增速	-3%	—	-4%	—	-4%	0.6%	-2%	3%	7.1%

三　新时代推动河南能源高质量发展的对策建议

当前，我国及河南省能源发展正处于转型变革的关键时期，面临着前所未有的机遇和挑战。河南应以习近平总书记考察调研河南时的重要讲话精神为指引，持续落实能源安全新战略，既着眼于促进2020年河南能源平稳向好发展，又着眼于推动“十四五”及今后更长一个时期河南能源高质量发展，构建清洁低碳、安全高效的现代能源体系，为决胜全面建成小康社会、谱写新时代中原更加出彩绚丽篇章提供更加坚实的能源保障。

（一）提升能源供给的多元绿色水平

保障全省能源有序供应、服务经济社会发展大局，是河南能源的重要使命。河南应紧密结合自身省情，坚持“内源优化、外引多元”发展战略，深化供给侧结构性改革，不断提高能源供给的质量和效率，实现兼顾安全保供、经济实用、效率提升的协调发展。

推动化石能源清洁高效开发，稳固发展的基石。煤炭方面，加大省内煤炭资源勘查开发力度，推进安全高效煤炭项目建设，增强优质高效煤炭产能保障能力；充分利用浩吉和瓦日铁路运输通道，加大省外煤炭调入量。油气方面，积极争取省外多元资源供应，稳定省内现有产量。煤电方面，有序发展绿色煤电，适当安排应急调峰储备电源，优化煤电结构和布局，在豫南、豫东南电网薄弱区域谋划储备一批高效清洁支撑电源项目。

提高非化石能源比重，增加绿色有效供给。坚持可再生能源集中式与分布式开发并举，推动已纳入年度建设方案的风电项目早开工、早投产，有序推进有消纳优势的分散式风电、分布式光伏项目；因地制宜推广地热供暖，完善地热供暖产业服务体系，力争 2020 年新增地热能供暖能力 1400 万平方米；有序发展生物质能，争取国家批复的 14 个生物质热电联产县域清洁供热示范项目全部建成，新增生物质供暖面积 200 万平方米。加强可再生能源消纳能力建设，开展重点地区消纳能力研究，统筹可再生能源项目建设与送出工程建设，确保国家下达河南可再生能源电力消纳责任权重保质保量完成。

打造新型能源基础网络，推动智慧高效安全运行。煤炭方面，深化大数据智能化在煤炭生产、供应、物流领域应用，充分挖掘矿区铁路网络潜力，打通“最后一公里”。油气方面，加快油气基础设施项目建设，争取早日开工西气东输三线中段、潜江－中原储气库群输气管道等天然气外引通道，力争天然气管道里程达到 7000 公里，运用自动化控制系统做好油气管道保护。电力方面，建设坚强智能电网，确保青电入豫工程按期投产，提前谋划确定外电入豫第三条通道，持续完善主干电网目标网架建设，持续提升农网保障能力，提高电网发展质量和效率。

提升系统综合调节能力，增强煤油气安全储备和电力系统柔性控制能力。煤炭方面，加快煤炭储配中心建设，争取到 2025 年基本形成豫北、豫南、豫东、豫西四个大型煤炭储配基地格局。油气方面，加快天然气产供储销体系建设，确保省内6个LNG应急储备中心投产使用、濮阳文23储气库达容达产、平顶山盐穴储气库顺利开工，加强天然气需求侧管理，早日形成天然气调节有力格局。电力方面，加快电力系统调峰能力建设，推进天池、洛宁等抽蓄项目建设进度，再谋划储备推动一批抽蓄项目落地；实施煤电机组灵活性改造，综合采用“关而不拆”等方式多措并举增强电力应急保障能力，推动源网协调优化运行；扩大电力需求侧响应实施范围和规模，有序推进电力辅助服务市场建设，通过市场化方式推动系统效率提升。

（二）提升能源利用的清洁高效水平

河南能源消费体量居全国第5位，与英国、意大利能源消费基本相当，且仍处于能源消费递增阶段，消费结构中煤炭占比偏高。河南需牢固树立节能是“第一能源”的理念，贯彻落实“节能优先”发展战略，促进重点用能领域能效提升、低碳转型，推动用能方式变革。

强化能源消费总量和强度“双控”，推动全社会节约利用能源。深入推进煤炭消费减量替代，持续压减焦炭、钢铁、有色、化工、建材等行业低效产能，开展燃煤设施整治。调整优化煤电结构，全面完成淘汰煤电落后产能三年行动计划确定的500万千瓦关停任务，加快煤电节能减排综合升级改造，力争到2020年全省煤电企业平均供电煤耗降到300克/千瓦时。加快全省重点用能单位能耗在线监测平台建设，健全完善用能权有偿使用和交易制度。

推动重点用能领域绿色低碳转型，增大清洁能源利用范围。加快推进清洁取暖试点城市改造任务，提升集中供热能力，对城市周边纯凝煤电机组实施供热改造，对现有热电机组进行供热深度改造，力争2020年新增集中供热能力2000万平方米以上；大力推进“双替代”供暖工作，力争实现北方平原地区散煤取暖基本“清零”，争取2020年完成“双替代”供暖100万户左右。

加快终端用能电气化，继续扩大电能替代范围。在居民生活、生产制造、交通运输等领域因地制宜、稳步有序推进经济性好、节能减排效益佳的电能替代项目，扩大电能替代范围。提高居民生产生活电气化水平，加大老旧小区改造力度，完善城乡配电网及电力接入设施、农业生产配套供电设施；推进“公改铁”和市政、物流电动汽车普及化，加快充电设施建设，完善全省电动汽车充电设施智能服务平台，力争2020年新增充电站200个、充电桩2万个，服务全省用户清洁出行。

（三）提升能源产业的创新引领水平

基础深厚、持续创新的能源产业体系是推动能源系统变革的深层次力量。改革开放40年来，河南建立了较为完善的能源工业体系，在新时代能源清洁低碳、安全高效发展的新要求下，河南需坚持“创新引领”发展战略，利用先进能源技术，将相关产业培育成产业升级的新增长点，不断培育能源新业态新模式，增强能源产业发展活力。

促进新能源产业创新，加快技术应用示范。搭建供需交流平台，推动省内可再生能源资源开发与装备制造业协同发展。在豫西、豫北等新能源密集区域，以空气储能、氢储能等形式，组织开展“风、光、储”一体化试点示范。融合大数据、互联网、人工智能、微电网等技术，建成一批技术先进、有特色的智能风光发电项目，提升风光发电效率。

顺应科技革命新要求，培育能源新业态新模式。推进兰考农村能源革命试点建设，建成农村能源互联网平台，初步形成多能互补、城乡统筹的能源生产消费新模式，打造河南农村能源革命示范区。初步建成河南省能源大数据应用中心，扩大数据归集范围，基本实现能源行业数据、政务数据、能源骨干企业数据的统一归集与管理，实现多元化应用场景体系。依托能源大数据中心，探索开展电力金融服务、重点用能单位节能降耗、电动汽车智能充电服务等新业务形态，强化数据价值创造。

（四）提升能源体系的现代治理水平

统一开放、竞争有序的能源市场体系和放管结合、服务导向的能源管理体系是促进能源产业高质量发展的重要保障。面对改革开放格局持续扩大的新局面，河南需不断深化能源体制改革，发挥市场在能源资源配置中的决定性作用，深入推进“放管服”改革，探索建立现代化的能源治理体系。

加快推进能源市场化改革，完善能源价格形成机制。稳步推进油气体制改革，推动省内天然气管网整合，提升管网高效集输水平。深入推进电力体制改革，完成第二监管周期输配电价核定工作，研究电力现货市场机制，推动增量配电改革试点项目规范建设、运营和管理。完善市场化定价机制，进一步放开发用电计划，扩大市场化交易规模，实行煤电非市场化交易电量“基准价＋上下浮动”的定价机制，在鹤壁、兰考、禹州组织开展分布式发电市场化交易试点建设，探索分布式发电市场化交易模式。

深入推进“放管服”改革，推动实现能源治理能力现代化。强化能源法治体系建设，深入推进“放管服”改革，建立能源领域负面清单、权力清单、责任清单，划定政府、市场、企业权责边界，建立能源市场主体信用评级制度，进一步加强能源行业监管。突出规划引领，强化政策协同，做好2020年能源年度计划和规划的对接，认真做好“十四五”及更长一个时期的能源发展规划和重大课题研究，明确发展目标和思路，做好与国家规划衔接，推动新时代河南能源事业高质量发展。

参考文献

习近平：《在黄河流域生态保护和高质量发展座谈会上的讲话》，《求是》2019年第20期。

《坚定信心埋头苦干奋勇争先　谱写新时代中原更加出彩的绚丽篇章》，《人民日报》2019年9月19日，第1版。

《中共中央关于坚持和完善中国特色社会主义制度　推进国家治理体系和治理能力现代化若干重大问题的决定》，《人民日报》2019年11月6日，第1版。

章建华：《推动新时代能源事业高质量发展》，《人民日报》2019年8月13日，第9版。

行业发展篇

Industry Development

B.2 2019~2020年河南省煤炭行业发展形势分析与展望

杨钦臣　宋大为*

摘　要： 2019年，河南省煤炭生产总体平稳，继续向骨干煤企集中，煤炭价格仍处于较高水平，稍有下行；煤炭消费减量步伐进一步加快，在全省一次能源消费结构中占比持续下降。2020年预计全省煤炭生产总量约1.05亿吨，消费总量约2.0亿吨，可实现“十三五”下降15%的目标。在绿色发展的大环境下，河南煤炭行业发展需继续以供给侧结构性改革为主线，积极发展接续先进产能，充分利用煤炭入豫通道，加快省内煤炭储配中心建设，拓宽产业合作发展路径，坚持煤炭清洁

* 杨钦臣，工学硕士，国网河南省电力公司经济技术研究院工程师，研究方向为能源电力供需与电网规划；宋大为，管理学博士，国网河南省电力公司经济技术研究院高级经济师，研究方向为能源经济与战略。

高效利用，推动全省煤炭经济持续平稳运行。

关键词： 河南省　煤炭行业　减煤　智能化　储配中心

2019年以来，河南省全面贯彻落实国家决策部署，坚定践行习近平生态文明思想，加快淘汰落后低效产能，大力发展安全高效产能，积极推进煤炭清洁生产和稳定供应，有力支撑和保障了全省经济社会平稳发展。2020年，河南煤炭行业“去总量”任务依然艰巨，煤炭行业需积极优化煤炭产业结构，充分利用煤炭入豫通道，扩大优质供给，加快省内煤炭储配中心建设，着力稳定煤炭市场运行，确保完成煤炭消费“十三五”减量15%的目标任务。

一　2019年河南煤炭行业发展情况分析

2019年，河南省坚持供需两端发力，把严格控制电煤消费增量和大力削减非电行业煤炭消费总量作为主要抓手，严控增量、削减存量、提升能效、清洁替代等多措并举，着力提升能源利用效率，增加优质供给，保持了全省煤炭行业运行总体平稳态势。

（一）煤炭产量趋于稳定

1. 煤炭生产总量略有下降

2019年1～11月，全省原煤产量达到1.0亿吨，同比下降5.5%。预计2019年，河南煤炭生产总量约1.1亿吨，与上年产量相比下降4%。长期来看，河南原煤产量自2009年达到峰值之后，已连续10年下降，年均下降7.1%。“十三五”以来，河南落实国家减量置换严控煤炭新增产能政策，大力淘汰煤炭行业落后产能，2016～2019年全省煤炭生产总量总体稳定在1.1亿～1.2亿吨区间，虽有小幅下降，但产量基本稳定（见图1）。

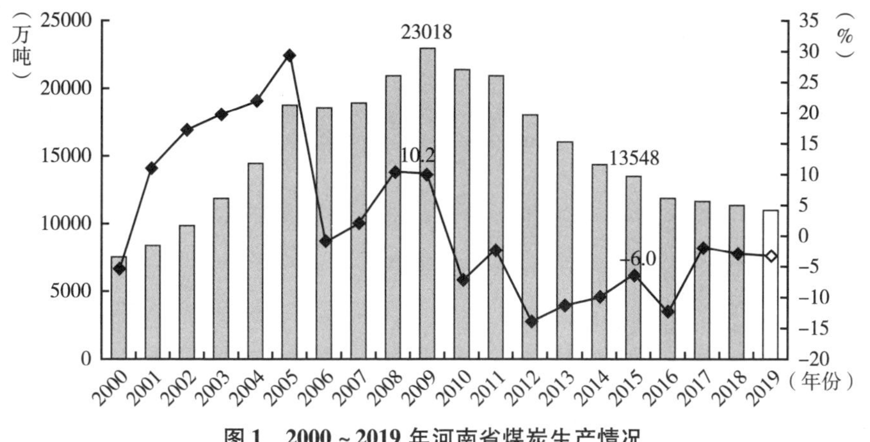

图1　2000～2019年河南省煤炭生产情况

注：2019年为预测数据。

资料来源：历年河南统计年鉴。

2. 煤炭生产进一步向骨干煤企集中

2019年1～11月，全省骨干煤矿企业原煤产量9034.35万吨，同比下降2.6%；占全省煤炭产量的比重达93.1%，与上年同期基本持平。2010～2018年，全省骨干煤企的煤炭生产量从1.53亿吨降至1.0亿吨，年均下降5.1%，占全省煤炭产量的比重从83.9%上升至92.8%。地方煤矿的生产量从2941万吨降至781万吨，年均下降15.3%，占全省煤炭产量的比重从16.1%下降至7.2%。煤炭生产进一步向骨干煤企集中，有利于发挥优质产能作用，提高河南煤炭业整体开发水平（见图2、图3）。

（二）煤炭减量步伐进一步加快

1. 煤炭消费总量持续下降

2019年，预计河南省煤炭消费总量约2.1亿吨。全省煤炭消费领域高度集中，电力、焦化、化工、有色、钢铁、建材、煤炭洗选业等7个行业占比96%以上。近年来受重点行业去产能、双替代及环保治理力度加大影响，全省煤炭消费总量自2011年达到峰值2.84亿吨后逐年下降，至2018年年均下降3.6%。河南通过加强高耗能行业落后产能用煤管控，压减焦化行业煤炭消费，压减化工行业煤炭消费，严格控制有色行业产能产量等方式大力

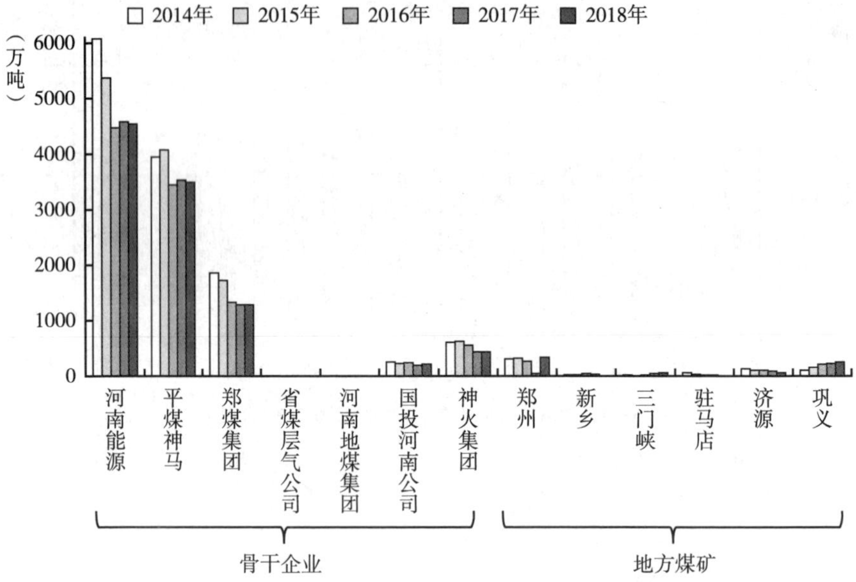

图2　2014～2018年河南省煤炭企业生产情况

资料来源：河南煤矿安全监察局。

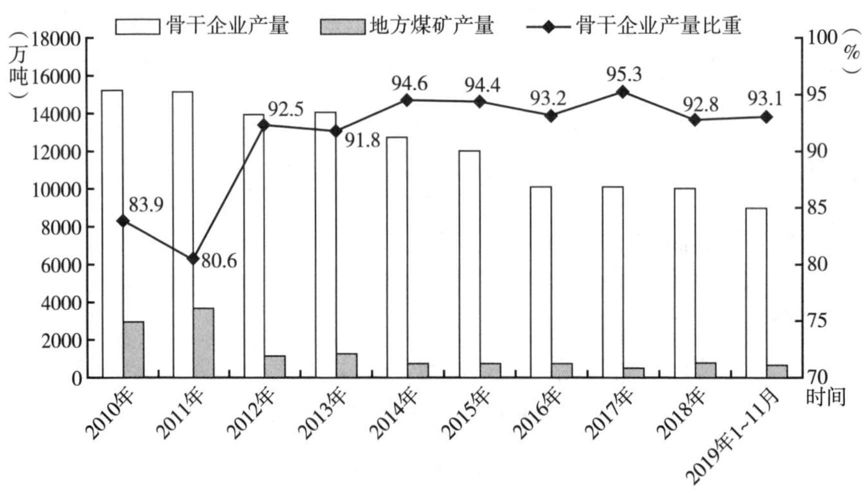

图3　2010～2019年河南省煤炭骨干企业、地方煤矿生产情况

资料来源：河南煤矿安全监察局。

削减非电行业用煤，实现了煤炭消费总量连续8年下降，2019年煤炭在全省能源消费结构中的占比进一步降低（见图4）。

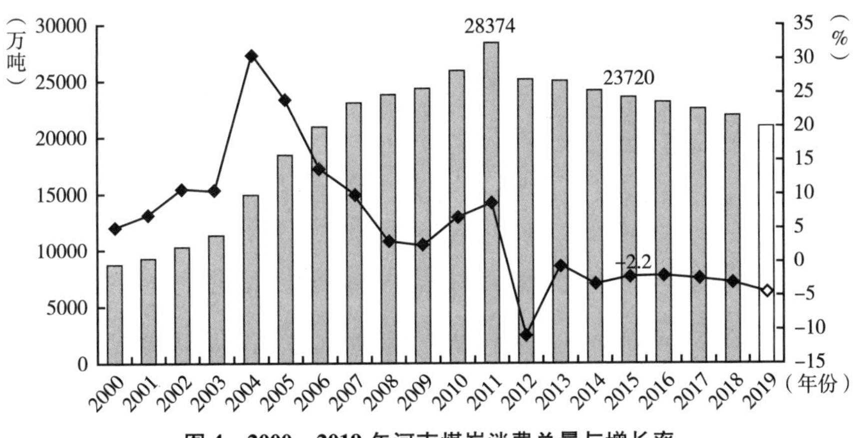

图4　2000～2019年河南煤炭消费总量与增长率

注：2019年为预测数据。
资料来源：《河南统计年鉴》。

2. 煤炭对外依存度变化趋于稳定

2019年，河南省煤炭产需差约1亿吨，全省煤炭对外依存度约47.6%，对外依存度变化趋于稳定。河南煤炭生产、消费皆已过峰值，但受可开采量减少、煤井枯竭、行业去产能等影响，全省煤炭产需差不断扩大，最高达到-1.13亿吨，对外依存度最高达48.7%。“十三五”以来，外省调入煤炭基本维持在1亿吨左右，省内煤炭消费量逐年降低，全省煤炭对外依存度略有下降（见图5）。

（三）煤炭价格呈持续下降态势

1. 煤炭价格持续回落

2019年，河南煤炭行业加快推进供给侧改革，综合化解煤炭过剩产能的各项措施持续发力，全省煤炭产销量保持平稳。省内电煤价格仍维持高位，呈逐步下降态势，11月河南电煤价格为488.87元/吨，较年初下降了95.99元/吨，较2016年电煤价格低点仍显偏高。1～11月，河南省电煤平

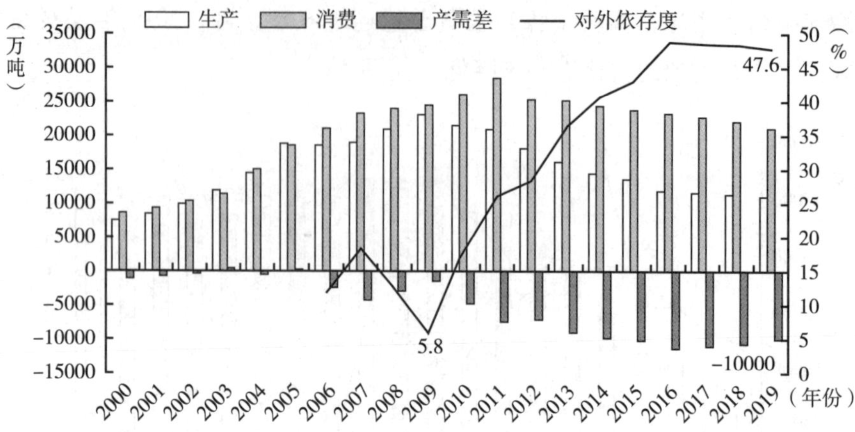

图5 2000～2019年河南省煤炭产需差及煤炭对外依存度情况

资料来源：历年河南统计年鉴。

均价格较全国高约37元/吨，两者价格差距从年初的73元/吨缩小到11月的6元/吨（见图6）。

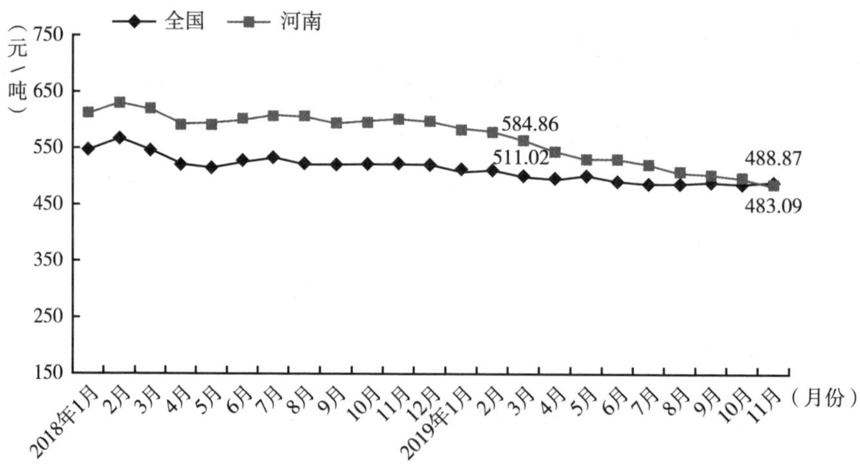

图6 2018年1月～2019年11月全国与河南省电煤价格变化情况

资料来源：国家发展和改革委员会价格监测中心。

2. 电煤价格与周边省份相比处仍于较高水平

2019年1～11月，河南省电煤均价较全国平均价格高约37元/吨，在周边省份中，略低于湖北、安徽、山东，明显高于山西、陕西和河北（见图7），整体价格水平在全国各省份中排名第15位。河南煤价较高的主要原因：一是运输成本偏高，河南煤炭运输以汽运和铁路运输为主，运输成本普遍高于海运、江运，且还受省内资源禀赋、运输方式和运输距离等因素影响；二是省内煤炭资源开采条件欠佳，采出率低，成本增长因素多，如焦作矿区多为高瓦斯和涌水量大的矿井；平顶山煤矿区开采煤炭时容易出现不稳定的煤层；义马矿区虽然煤炭储量很大，但地质较复杂，开采难度高。

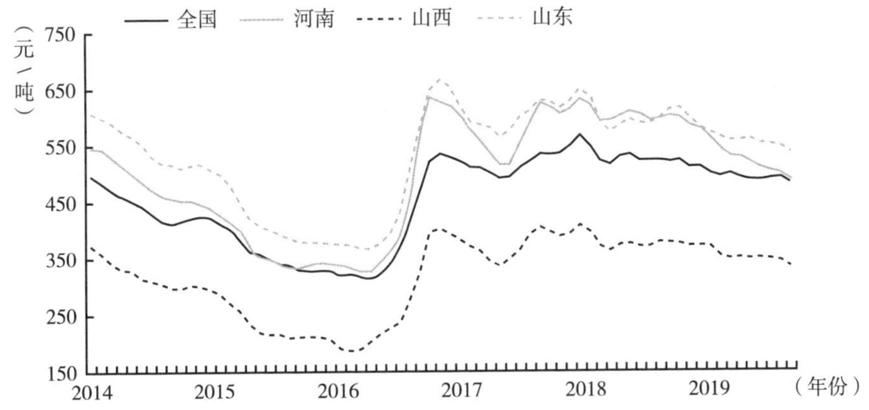

图7　2014～2019年全国、河南及主要周边省份电煤价格情况

资料来源：国家发展和改革委员会价格监测中心。

（四）煤炭行业转型发展提质增效

1. 煤炭产业结构进一步优化升级

2019年河南持续优化煤炭生产结构，2016～2019年累计关闭退出煤炭产能6334万吨，超额完成“十三五”去产能总量任务。目前全省煤矿产能1.5亿吨左右，已实现《河南省“十三五”能源发展规划》设定目标。2019年以来，全省在不断加大落后产能淘汰退出力度的同时，持续推进大众、梁北煤矿改扩建，平煤神马集团二矿、四矿、十一矿产业升级改造，大磨岭煤矿建设等一批安全高效煤炭建设项目，积极发挥优质产能作用，提升煤炭供给质量，做好全省煤炭产能接续。

2. 煤电市场化机制不断完善

2019 年 9 月，国家发改委、国家能源局联合印发了《关于加大政策支持力度进一步推进煤电联营工作的通知》，明确了煤电联营发展方向、细化了煤电联营实现形式。同月，国务院常务会议决定，从 2020 年 1 月 1 日起，取消煤电价格联动机制，对于尚未进入市场进行交易的燃煤发电电量，将现行标杆上网电价机制改为“基准价 + 上下浮动”的准市场化机制，进一步加大电力体制改革力度，推进煤炭、发电企业实施联营一体化发展，构建产业协同发展新优势。

3. 煤炭项目投资稍有回暖

2019 年以来，全省积极开展煤矿改扩建、安全改造，以及煤炭物流园区建设，推动煤炭行业“上大压小、增优减劣”和产业结构调整，践行生态优先、绿色发展。2019 年 1 ~9 月，全省煤炭项目完成投资约 28 亿元，同比增长 53%，预计全年煤炭项目总投资达到 33 亿元左右，同比增长 3.8%。

二　2020年河南煤炭行业发展形势展望

2019 年 10 月 22 日召开的太原能源低碳发展论坛，习近平总书记致信指出，“能源低碳发展关乎人类未来”。随着全省产业和能源结构调整加速，河南省“去总量”任务依然艰巨。2020 年全省煤炭行业发展的重点是进一步加强煤炭市场化交易和储配能力建设，推动煤炭安全绿色高效智能开发和清洁高效低碳利用，提升煤炭产业基础能力和产业链水平，保障全省能源安全供应。

（一）行业发展形势研判

1. “去总量”任务依然艰巨

2018 ~2019 年，河南省相继印发了煤炭消费减量行动计划、煤炭消费减量工作方案以及大气污染防治攻坚战实施方案，强化煤炭消费总量管控，强力推进煤电行业污染治理，要求到2020年，全省力争煤炭消费总量比2015年下降15%左右，煤炭消费集中度进一步提高，电煤消费占比达到52%以上。“十三五”以来，全省煤炭消费总量持续下降，前三年累计减煤7.3%，随着双替代的持续推进，一些常规性技术减煤措施基本用尽，剩余减煤潜力较小，全省煤炭减量任务艰巨。

2. 煤矿智能化建设将全面开启

随着国家大数据战略的不断推进，5G、人工智能、工业互联网等新技术已开始应用于煤炭行业。煤矿的智能化建设将推动煤炭开采由机械化、自动化向数字化、智能化发展，开辟煤炭无人（少人）智能开采新模式，推动充填开采、精准开采、保水开采等绿色开采技术，形成煤、瓦斯、水、热等能源协同开发模式。

2019年9月，河南省政府审议通过了《河南省煤矿智能化建设实施方案》，河南将全面启动煤矿智能化建设，预计2020年底建成5～10个省级智能化示范煤矿，创建3～5个国家级智能化示范煤矿，冲击地压、采深超千米的煤与瓦斯突出矿井所有采煤和掘进工作面实现智能化；2021年底，全省年生产能力60万吨及以上煤矿基本完成智能化改造，年生产能力60万吨以下煤矿全面实现机械化生产。

3. 煤炭供储配产业链进一步优化升级

河南省目前已建成鹤壁及义马煤炭物流园区一期工程，静态储备能力均为50万吨，动态储配能力1000万吨/年。南阳（内乡）煤炭储配基地正在加紧建设，静态储配能力50万吨，动态储配能力1000万吨/年；永煤集团正计划建设豫东储配煤基地，到2025年，基本形成豫北、豫南、豫东、豫西四个大型煤炭储配基地格局。随着浩吉铁路的开通运营，煤炭入豫通道不断拓宽，河南煤炭保障能力进一步提升。2019年7月，首家国家级煤炭交易中心正式成立，全国煤炭交易中心以降低贸易交易成本、提升市场效率为核心，将充分发挥国家级的煤炭交易中心在煤炭交易市场体系建设中的作用，将优化配置区域性煤炭交易中心资源，进一步稳定煤炭价格，更好地服务地区经济发展。

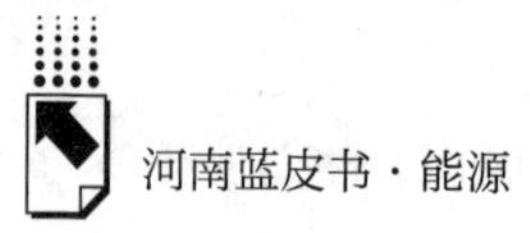

（二）2020年行业发展展望

2020 年，河南煤炭行业绿色低碳发展需继续控制煤炭消费总量，着力削减非电行业用煤，确保完成煤炭消费减量目标任务。应充分利用煤炭入豫通道，在维持优质产能、扩大优质供给的同时，保证全省煤炭安全稳定供应。

供应方面。2020 年 1～2 月，受新冠肺炎疫情影响，全省煤炭产量 1585 万吨，同比下降 7.3%，预计随着复工复产力度加大，全年全省煤炭产量在 1.05 亿吨左右，较上年略有下降。目前，全省生产煤炭产能 1.5 亿吨左右，2019 年计划化解过剩产能 1064 万吨，预计到 2020 年，全省煤炭产能约 1.4 亿吨，可基本实现《河南省推进能源业转型发展方案》中“到 2020 年，全省煤炭产能控制在国家规划的 1.65 亿吨以内，省骨干煤炭企业产业集中度达到 90% 以上”的目标。

需求方面。“十三五”以来，河南为打赢大气污染防治攻坚战，强化煤炭消费总量管控，深化煤电行业污染治理，加强工业企业用煤管理，全省煤炭消费总量持续下降。预计 2020 年河南煤炭消费需求约 2.0 亿吨，全省煤炭消费总量可实现《河南省煤炭消费减量行动计划（2018～2020 年）》做出的“到 2020 年，力争全省煤炭消费总量比 2015 年下降 15% 左右”目标。

供需方面。2020 年全省煤炭需求缺口约 0.95 亿吨。省内产能难以保证全省煤炭供应，随着鹤壁、义马等煤炭物流园区的正常运行，国内煤炭交易市场不断完善，全省煤炭供需基本面总体平衡。电煤受煤炭企业调整产品结构，以及电厂补库存和采暖、用电高峰影响，动力煤供需仍呈现季节性偏紧现象。

投资方面。由于省内平煤神马集团二矿、四矿、十一矿产业升级改造，南阳（内乡）煤炭物流园区一期等项目均计划 2019 年内完成，2020 年无新增煤矿建设项目，预计 2020 年煤炭项目投资将有所下降。

三　推动河南煤炭行业高质量发展的建议

党的十九大以来，生态文明建设被摆在了前所未有的突出位置，绿色发展已经成为共识。2019 年 9 月，习近平总书记考察调研河南时强调，河南“在全国生态格局中具有重要地位”，必须“高度重视生态保护工作”，“必须树立抓生态保护就是抓高质量发展的理念”，擦亮绿色发展的底色。2020 年，河南煤炭行业发展需继续以供给侧结构性改革为主线，积极发展接续先进产能，稳定省内煤炭供应；充分利用煤炭入豫通道，加快省内煤炭储配中心建设；拓宽产业合作发展路径，推进煤电联营一体化发展；坚持煤炭清洁高效利用，满足经济社会绿色高效发展，实现煤炭经济持续平稳运行。

（一）稳生产，着力推动煤炭行业高质量发展

在加快淘汰省内落后和低效产能的同时，发展接续先进产能，稳定省内煤炭供应。加大资源勘查及开发力度。进一步梳理全省煤炭资源及开发状况，查清后备资源状况，研究深井开采关键技术，合理开发经济效益好、省内稀缺煤种，提高煤炭资源利用效率。推进安全高效煤炭项目建设。在加快淘汰落后低效产能，完成化解过剩产能任务同时，有序推进省内重点煤炭项目建设，增强优质高效产能保障能力。加强煤矿安全工程建设，加大煤矿安全投入，实行项目建设节点计划管控，提升矿井安全生产保障水平。扎实推进煤炭清洁生产，推广新技术新工艺，加强对煤矸石废矿石和土渣等废弃固体物的利用，推进煤炭洗选能力建设，提高煤炭产品质量。

（二）强储配，着力打造煤炭储运保供新模式

利用国家多条运煤通道途经河南省的区位优势，进一步提高煤炭调入的运力，布局全省煤炭储配基地建设，保障省外煤炭供应。浩吉铁路的开通为华中地区增加 2 亿吨铁路煤炭运输能力，增加了华中地区煤炭供应。河南省目前已建成鹤壁及义马煤炭物流园区一期工程，南阳（内乡）煤炭储配基地正在加紧建设，预计 2019 年年底一期工程建成试运行。目前，省内储配煤基地仅仅是为其配套电厂服务，应充分利用浩吉、瓦日、焦枝等晋陕蒙煤炭入豫通道，利用和挖掘矿区铁路网络潜力，打通“最后一公里”，完善储

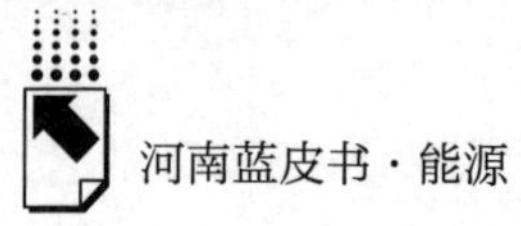

运体系和区域性的配送网络建设，形成煤炭产、储、运供应链管理的保供新模式，保障全省煤炭稳定供应。

（三）重合作，着力保障煤炭市场平稳运行

河南省煤炭产业不断延伸产业链条的同时，应积极拓宽不受原有业务影响的产业合作发展路径，例如，大力进行煤炭深加工，不断提升产品附加值，有效达成产业内部循环模式；加大煤炭相关产品研发力度，进一步推动煤化工与煤层气产业协同发展，大力促进产业链延伸，提高煤炭相关服务产业发展水平；以及地质勘探、科技研发、一体化发展等与煤炭利用休戚相关的产业，为煤炭市场注入新活力。应积极落实国家政策，推进省内有条件的煤炭、发电企业联营一体化发展，构建煤电协同发展新优势，保障煤炭市场平稳运行。

（四）提质效，着力深化煤炭清洁高效利用

煤炭清洁高效利用应从科技驱动、绿色开发、全面提质，以及运输优化、先进发电转化升级和节能降耗等多方面，在整个产业链上实现煤炭清洁高效利用。加快推进煤炭产业发展由资金和资源推动向以技术创新驱动为主的方式转变，提高共伴生资源的利用效率。提高煤制油、煤制气技术，实现煤转化后的清洁能源能远距离输送。开展煤炭分质分级梯级利用，充分利用低阶煤分级分质技术，实现煤气、煤焦油、化工产品的联合生产，提高煤炭的能源转化率和利用效率。发展超低排放燃煤发电，逐步提高电煤在煤炭消费中的比重，推进煤电节能减排升级改造。

参考文献

河南省人民政府办公厅：《河南省“十三五”能源发展规划》（豫政办〔2017〕2号），2017年1月。

国务院:《关于印发打赢蓝天保卫战三年行动计划的通知》(国发〔2018〕22号),2018年6月。

河南省人民政府:《关于印发河南省煤炭消费减量行动计划(2018~2020年)的通知》(豫政〔2018〕37号),2018年12月。

河南省人民政府:《河南省煤电行业淘汰落后产能优化生产结构三年行动计划(2018~2020年)》(豫政办〔2018〕86号),2018年12月。

河南省人民政府:《河南省2019年煤炭消费减量工作方案》(豫节减办〔2019〕1号),2019年1月。

河南省人民政府:《关于印发河南省2019年大气污染防治攻坚战实施方案的通知》(豫环攻坚办〔2019〕25号),2019年2月。

B.3
2019～2020年河南省石油行业发展形势分析与展望

刘军会　李虎军*

摘　要： 2019年，受省内资源禀赋和开采成本较高的影响，河南原油生产量继续下降；城乡公共交通系统基础设施不断完善，社会出行需求保持增长等因素促进成品油消费继续增长；"外引多元"战略的实施有效保障了油品供应，全年油品供需总体平稳。随着新建炼化产能的释放以及储运体系的建设，预计2020年河南成品油供需整体进一步宽松。为保障油品安全高效供应，应加快重大基础设施建设进度，加强省内原油和页岩油勘探开发力度，推动石油化工与盐化工、煤化工融合发展，探索实现炼油转化工的转型升级路径。

关键词： 河南省　石油行业　原油生产　成品油消费　油品供需

一　2019年河南省石油行业发展情况分析

2019年河南省原油生产量继续下降，成品油消费保持增长，"外引多元"战略的实施有效保障了油品供应，全年原油和成品油供需总体平稳。

---

* 刘军会，工学硕士，国网河南省电力公司经济技术研究院工程师，研究方向为能源经济与电力市场；李虎军，工学硕士，国网河南省电力公司经济技术研究院高级工程师，研究方向为能源电力供需与电网规划。

石油储运基础设施建设进一步完善，“两线一库”工程加快推进。受国际油价波动和国内税改影响，2019 年油价呈现波动态势。

（一）油品供需整体平稳

1. 原油生产量继续下降

由于剩余石油资源开发的边际成本高、省内油田后备资源接替不足，河南原油产量自 2015 年开始下降。由于中原、河南两大油田可开采资源进一步减少，原油产量将呈继续下降趋势。2019 年 1～11 月，河南省原油产量 229.9 万吨，同比下降 3.5%。预计全年河南省原油产量 249 万吨，同比下降 4.0% 左右，降幅比上年收窄 4.5 个百分点（见图 1）。

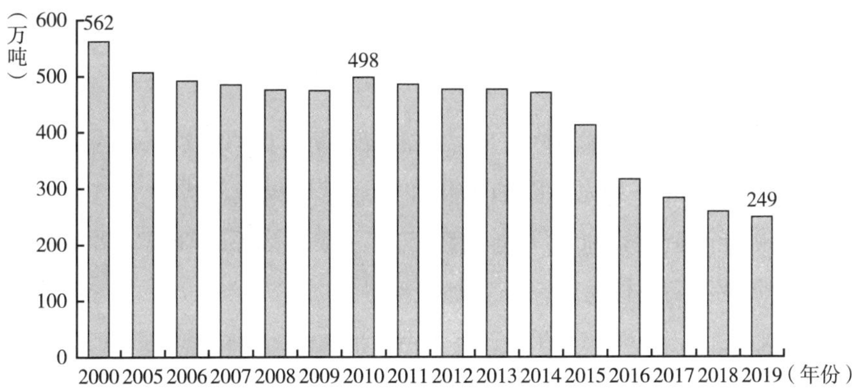

图 1　2000～2019 年河南省原油产量

注：2019 年为预测值。
资料来源：历年河南统计年鉴。

2. 成品油消费保持增长

近年来，河南城乡公共交通系统基础设施不断完善，社会出行需求保持增长，多部门联合加大对黑加油站的打击力度，有效拉动了成品油消费增长。另外，高铁客运对公路运输替代增强、机动车限行区域的扩大以及绿色出行方式的普及在一定程度上影响成品油消费需求的增长。预计 2019 年河南成品油消费继续保持增长，全年消费量 1951 万吨，同比增长 6.8%。

3.“外引多元”保障油品供需平稳

省内生产能力不足，而消费需求不断增长，近年来河南省油品供应存在一定的压力。其中，原油对外依存度接近80%，成品油对外依存度已超过70%。为保障油品平稳供应，河南实施“外引多元”战略，多方引油入豫：一方面推动国家海油登陆入豫管道建设，打通河南省利用海上原油管输通道；另一方面按照国家“北油南运、沿海内送”的成品油运输通道布局，完善成品油入豫网络。目前，省外原油供应主要来自西北油田和沙特阿拉伯，并正在加快建设日照－濮阳－洛阳原油管道。成品油则主要依托兰州－郑州－长沙成品油管道、齐鲁石化及山东地方炼厂调入。“外引多元”战略的实施有效保障了全省油品稳定供应，2019年全省原油和成品油供需总体平稳。

（二）石油炼化和储运基础设施建设进一步完善

在本省原油产量持续下降，成品油消费不断增长的情景下，为确保油品安全可靠供应，进一步完善石油炼化和储运基础设施建设意义重大。2019年，洛炼扩能改造项目和“两线一库”（日－濮－洛原油管线、洛－郑航煤管线、洛阳原油商业储备库）工程加快推进。

1. 洛炼1800万吨/年炼油扩能改造项目稳步推进

作为打造中西部最大的高端石油化工产业基地重点项目，洛炼1800万吨/年炼油扩能改造项目稳步推进。项目新建260万吨/年渣油加氢、120万吨/年重整联合、12万吨/年乙苯回收和10万吨/年硫黄回收4套装置；对常减压装置改造至1000万吨/年、对两套催化裂化装置扩能至340万吨/年、对蜡油加氢装置改造为150万吨/年加氢裂化装置、对航煤加氢装置扩能50%等。预计2020年6月全面建成投运，届时河南航煤产能增加到180万吨/年，汽油增产100万吨/年，将更好满足本省及周边地区油品市场需求和经济发展需要。

2. 日照－濮阳－洛阳原油管道工程建设进展顺利

日照－濮阳－洛阳原油管道项目整体进展顺利，已完成管道焊接295公里，管道回填279公里。日照－濮阳－洛阳原油管道河南段全长300公里，设计输量近期为1000万吨/年，远期为2800万吨/年，途径濮阳、焦作、新乡等5个地市，主要输送海外进口原油，为洛炼1800万吨/年炼油扩能改造项目提供充足的原油保障，助力洛阳石化实现产品结构优化调整和油品质量升级，打造中西部最大高端石化产业基地的龙头，推动洛阳乃至河南化工产业转型升级。

3. 洛阳－新郑国际机场航煤管道开工建设

作为“两线一库”项目的重要组成部分，洛阳－新郑国际机场航煤管道计划年内开工建设。该工程起自中石化洛阳分公司厂内杨东村位置处，终至郑州新郑国际机场航煤油库储罐，途径洛阳、焦作、郑州三市，管道全长152公里，设计输量300万吨/年。作为唯一一条通过炼厂直供机场的输油管道，此航煤管道将成为郑州新郑国际机场航空煤油主要供应保障渠道。建成后对于扩大省内航煤市场，确保机场能源供应以及航空港区发展具有重要意义。

4. 洛阳原油商业储备库建设提速

在原油对外依存度高企的大背景下，为保障石油市场稳定供应和平抑价格剧烈波动，河南需要构建完备的原油储备体系。其中，商业储备作为政府储备和企业义务储备的有效补充，对于应对突发事件、防范石油供给风险、保障能源安全意义重大。作为洛阳石化炼油结构调整配套项目，洛阳原油商业储备库实现了河南原油商业储备零的突破，新建8座10万立方米原油储罐以及附属配套工程正加快推进，计划年底前建成投运。

（三）成品油价格全年呈波动态势

2019年河南成品油价格波动与国际原油供需形势息息相关。2019年1～5月，OPEC自年初推行的减产计划持续推进，美国对伊朗以及委内瑞拉的制裁也加剧了国际原油供应的紧张局势，国际油价持续上涨，国内成品油价格也连续走高，5月底河南汽油、柴油价格分别上升至8860元/吨、7855元/吨。其间，随着《关于深化增值税改革有关政策的公告》印发，成品油增值税率由16%降至13%，3月底成品油价格出现小幅下跌。6月以来，特朗普的关税政策以及全球贸易争端加剧了对全球经济的负面影响，全球原油需求增长放缓，国际油价陷入低迷。受此影响，国内成品油价格呈现震荡下滑走势。9月，全球最大石油企业沙特阿美两处重要石油设施遇袭，国际油价短时小幅回升，国内成品油价格也随之上调。11月，美国活跃钻井平台数量及原油库存下降，市场对中美贸易谈判持乐观预期，在诸多利好因素影响下，国际油价呈现震荡上涨走势，维持在接近两个月来的最高水平。受此影响，河南汽油、柴油价格分别上调至8470元/吨、7460元/吨，均已高于年初水平（见图2）。

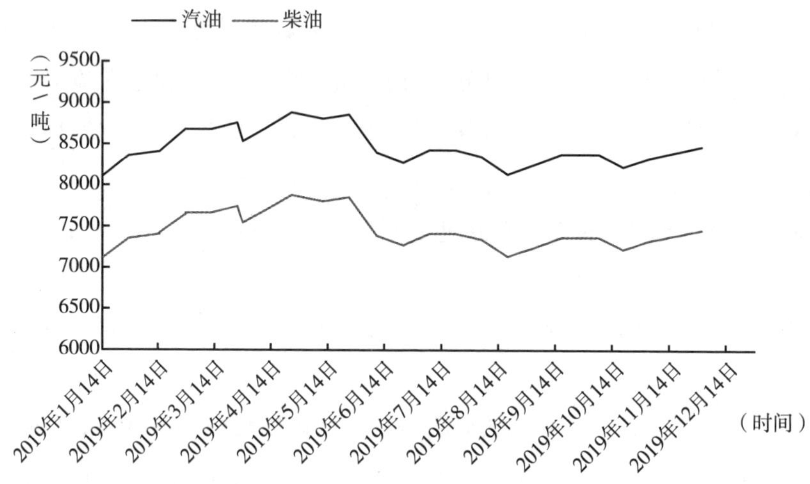

图2　2019年河南汽油、柴油价格调整

资料来源：中国金融信息网。

二　2020年河南省石油行业发展情况分析

随着国家加强油气勘探开发力度，进一步放开原油进口“两权”以及成品油市场对外开放，国家石油天然气管网公司成立，河南原油和成品油外部供应环境持续优化。但同时也面临省内原油“稳产”压力大、成品油对外依存度偏高等问题。计及新冠肺炎疫情影响，预计2020年河南成品油需求小幅增长，随着新建炼化产能的释放以及储运体系的建设，供需整体进一步宽松。

（一）面临的机遇

1. 国际原油和国内成品油供需总体宽松，油品外部供应环境良好

国际原油供大于求的格局尚未发生根本转变，尽管OPEC成员国以及其他产油国削减原油产量，但由于美国二叠纪原油以及巴西石油产量持续增长，主要石油消费国经济增速放缓，石油供应过剩的情况仍将持续。同时，国内成品油市场供应整体过剩，我国炼油能力近年来增长迅猛，国内原油加工量增幅较大，运输结构调整加速，电动车发展迅速，成品油过剩已经成为常态。国内外较为宽松的供需形势为河南油品供应提供了良好的外部保障。

2. 国家加强油气勘探开发力度，原油自给能力有所提升

在能源安全战略驱动下，全国油气资源勘查开发投资持续回升，油气探明储量不断增加。2018年新增三个探明储量大于1亿吨的盆地，新增一个探明储量大于1亿吨的油田。2019年中石油勘探发现10亿吨级的庆城大油田，其中，新增探明地质储量3.58亿吨，预测地质储量6.93亿吨。这些重大勘探成果将大大缓解我国油气对外依存度过高的局面，对于保障国内原油供应具有重要战略意义，也为未来河南省原油供应提供了保障。

3. 原油进口进一步放开“两权”，地炼原油加工量不断增长

随着国家油气体制改革的推进，在原油进口方面，国家赋予符合条件的地方原油加工企业非国营贸易进口资质，进一步扩大非国营贸易进口允许量。地方炼厂原油进口双权实现并轨，获批“进口原油使用权”的地方炼厂获批“原油进口权”，拿到与“进口原油使用配额”相等的“原油进口配额”。作为河南唯一一家地方炼油企业，河南丰利石化有限公司在2019年累计获得222万吨的进口允许量，达到原油使用配额的100%，将

推动地方炼厂原油加工量不断增长，对未来河南成品油供应市场将形成有益补充。

4. 成品油市场进一步加大对外开放，市场竞争日趋激烈

作为我国石油领域对外开放的一项重要举措，《外商投资准入特别管理措施（负面清单）（2018 年版）》正式取消外资连锁加油站超过 30 家需中方控股的限制，外资进入国内成品油市场门槛降低。我国油气下游销售领域进一步放开，国有、民营和外资多元化的市场格局逐步形成。除中石油、中石化两大集团外，河南民营、集体、国有等所有制在册社会加油站占比已接近六成，已初步形成两大集团和众多社会站点并存的格局，经营主体多元，油品终端市场竞争更加激烈。

5. 国家石油天然气管网公司正式组建，行业市场化进程加快

2019 年 3 月，中央全面深化改革委员会第七次会议审议通过《石油天然气管网运营机制改革实施意见》，明确提出组建国家石油天然气管网公司，12 月国家管网公司正式挂牌成立。统一管网高效集输有利于减少重复建设、降低运营成本，一系列市场制度或规则将随之出台，行业市场化进程加快，对于提高油气资源配置效率，保障油气安全稳定供应意义重大。

（二）存在的问题

1. 原油后续可开发资源严重不足

河南石油资源储量相对较少，人均储量远低于全国的平均水平。资源主要分布在濮阳和南阳两地，探明程度较高，进一步增储潜力有限。经历了近 40 年的连续开采，剩余石油资源开发的边际成本高，依赖于大量新技术的应用来维持原油产量，油区产能不足，“稳产”压力增大。

2. 成品油对外依存度持续升高

随着中石化中原油田石化总厂、南阳石蜡精细化工厂两家炼化企业退出成品油行业，河南成品油企业仅剩中国石化洛阳分公司和丰利石化两家成品油炼化企业，全省原油一次加工能力为 1030 万吨/年。中国石化洛阳分公司 1800 万吨扩能改造项目正在实施，将于 2020 年建成投运。原油加工能力不

足导致省内成品油生产量不能满足全省的消费需求，河南成品油对外依存度已超过70%。

3. 新型冠状病毒肺炎疫情加大油品供需宽松态势

2020年春节期间，新型冠状病毒肺炎疫情爆发并迅速蔓延，1月25日河南启动突发公共卫生事件Ⅰ级响应，在全省上下和广大人民群众共同努力下，河南疫情防控形势持续向好，至3月18日应急响应级别由Ⅰ级调整为Ⅱ级。期间，河南成品油销售受到显著冲击，1～2月全省成品油销售量193万吨，同比减少104万吨、下降35%，考虑到运输结构调整下“公转铁”力度加大、新能源汽车蓬勃发展，预计河南成品油销售市场宽松态势将愈发明显。

（三）2020年河南省石油供需形势预测

1. 原油“稳产”压力增大

南阳和濮阳的油田已进入资源枯竭期，“稳产”的压力较大、短期内尚未在省内勘探发现大规模有潜力的石油地质储藏，原油生产接续能力不足，产量将延续逐年下降的趋势。预计2020年原油产量239万吨，同比下降4%左右。

2. 成品油供需整体宽松

随着新冠肺炎疫情防控形势逐步好转、复工复产力度不断加大，初步判断疫情对成品油消费的影响将主要集中在一季度。全年来看，全省经济继续向高质量发展迈进，复工复产之后由于安全考虑私家车出行增多，成品油需求量将略有上升，预计成品油消费量1963万吨，同比增长约0.6%。其中，在传统乘用车市场领域，考虑到不断完善的交通基础设施以及超过2000万台的机动车保有量，预计2020年河南省汽油消费将维持中低速增长。在柴油消费领域，受经济转型、产业升级影响，制造业、采掘业、建筑业等行业柴油消费需求较低，同时政府加大“公转铁”推进力度，拥有铁路专用线的大型工矿企业和新建物流园区铁路运输比例原则上达到80%以上，交通运输柴油需求动力减弱，预计2020年河南省的柴油

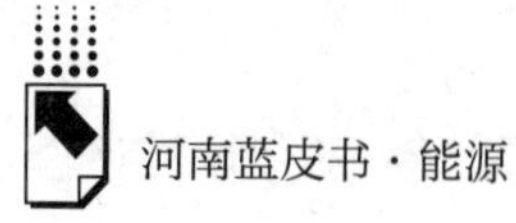

消费需求增速较2019年有所降低。考虑到原油进口政策红利释放地炼企业加工能力，以及成品油市场对外开放步伐加快，预计2020年成品油供需总体宽松。

3. 成品油价格与国际市场原油价格联动性加强

成品油价格走势与国际市场大环境密切相关。当前全球贸易局势仍较为紧张，新冠肺炎疫情在世界范围内扩散致使原油需求大幅下降，沙特、俄罗斯为抢占原油市场份额开展价格战，致使国际原油价格暴跌，2020年一季度WTI原油期货价格一度跌破20美元/桶，国内汽、柴油价格也实现三次下调，截至一季度末河南汽油价格（95#）为5.9元/升。目前来看，随着新冠肺炎疫情的全球扩散，全球经济复苏的步伐将放缓，原油需求依然疲软，原油价格大幅上升的支撑仍较弱，2020年省内汽、柴油价格走势将与国际油价基本一致。

三　2020年河南省石油行业发展对策建议

为确保全省油品安全可靠供应，建议加快重大基础设施建设，加强省内原油和页岩油勘探开发力度，推动石油化工与盐化工、煤化工融合发展，探索实现炼油转化工的转型升级路径。

（一）加快推进储运基础设施建设

加快推进储运基础设施建设是夯实发展基础、提高保供能力的重要举措。建议加快推进日－濮－洛原油管道项目建设，持续推进洛阳石化1800万吨/年炼油扩能改造项目一期工程以及洛阳－新郑国际机场航煤管道项目，确保按期建成投产，持续跟踪洛阳石化百万吨乙烯项目。

（二）加强省内资源勘探开发力度

资源勘探是提高省内原油产量的根基。建议利用复杂山地高精度三维地震勘探技术，积极推进东濮老区勘探，重点钻探东濮老区庆古3井，争取实现更多的勘探突破和商业发现。非常规资源方面，建议密切关注国内外相关技术最新进展，利用多级分段压裂技术积极勘探泌阳凹陷陆相页岩油，争取早日形成替代能力。

（三）集全省之力推动石化产业转型升级

发挥河南省交通区位和市场潜力较大优势，借鉴浙江石化、山东石化带动力经验，成立河南石化集团，促进石油化工与盐化工、煤化工融合发展，不仅能够满足河南及周边省份对石化产品的需求，同时也是河南应对石油化工行业资源不足和转型升级双重压力的重要举措。东濮老区原油产能不足，但东濮凹陷已发现储量达1400亿吨的岩盐资源，开发利用潜力巨大。建议充分利用濮阳地区石化产业基础较好的有利条件，实现石油化工与盐化工融合发展。同时，河南省煤炭资源较为丰富，煤化工产业基础坚实，煤制甲醇供应充足，建议开展煤制甲醇深加工，以实现石油类原料的替代补充。

（四）探索炼油转化工的转型升级路径

在成品油供需整体宽松且市场竞争日益加剧的大背景下，建议积极探索石油行业炼油转化工的转型升级路径，实现产品由燃油类向化工原料类扩展和延伸。利用洛阳、濮阳和南阳的石化产业基础，充分考虑化工原料市场需求、投资和成本控制等因素，延伸产业链条，采用深度催化裂解加工路线，重点生产乙烯、丙烯、丁烯等化工原料；或者以渣油加氢和重油催化裂化为核心，延伸和强化聚乙烯、聚丙烯、聚苯乙烯、石油芳烃等化工链条，实现资源合理利用和产品附加值的提升。

参考文献

国家统计局能源司编《中国能源统计年鉴2017》，中国统计出版社，2017。

国家统计局能源司编《中国能源统计年鉴2018》，中国统计出版社，2019。

国家税务总局：《关于深化增值税改革有关政策的公告》（财政部、税务总局、海关总署公告 2019 年第 39 号）。

俞俊：《原油进口双权放开后对国内油品运输市场带来的变化》，《中国化工贸易》2017 年第 12 期。

自然资源部油气资源战略研究中心：《全国石油天然气资源勘查开采情况通报（2018 年度）》。

商务部：《商务部关于追加下达 2019 年第一批原油非国营贸易进口允许量的通知》（商贸函〔2019〕145 号）。

中共中央全面深化改革委员会第七次会议：《石油天然气管网运营机制改革实施意见》。

B.4

2019 ~2020年河南省天然气行业发展形势分析与展望

刘军会　苏 东　李 宗*

摘　要： 2019年，河南省经济平稳运行，污染防治攻坚力度持续加大，"气化河南"工作有序推进，拉动全省天然气消费继续保持增长态势，预计全年消费量达到121亿立方米，同比增长1%左右。省内天然气产量持续下降，产供储销体系建设积极推进，全年天然气供应稳定有序。2020年，随着河南省经济结构深入调整和能源转型持续推进，全省天然气消费仍将保持增长，计及新冠肺炎疫情影响，预计全年天然气消费量将达到125亿立方米，同比增长3%左右，整体供需将呈现阶段性紧平衡。建议从完善产供储销体系建设、保障供暖季天然气供应、开发利用非常规天然气等方面着手，推动全省天然气行业协调发展。

关键词： 河南省　天然气行业　供需情况　产供储销　区域性储气中心

一　2019年河南省天然气行业发展情况分析

2019年河南省天然气消费继续保持增长态势，全省天然气供应主要依

* 刘军会，工学硕士，国网河南省电力公司经济技术研究院工程师，研究方向为能源经济与电力市场；苏东，河南省石油和化学工业协会常务副会长兼秘书长，高级工程师，研究方向为石油化工行业发展；李宗，经济学硕士，国网河南省电力公司经济技术研究院经济师，研究方向为能源经济与电力市场。

托天然气长输管道由省外调入，其余由 LNG、CNG 及省内产量进行补充供应，天然气供需全年保持平稳。一年来，河南稳步推进天然气产供储销体系建设，着力提升全省天然气供应保障能力，取得了显著成效。

（一）天然气供需形势保持平稳

1. 天然气消费量保持快速增长

2019 年，全省宏观经济平稳运行，“气化河南”工作有序推进，“气代煤”进展顺利，拉动天然气消费量持续增长。1～9 月河南省天然气消费量 87.5 亿立方米，同比增长 5%；考虑冬季气温整体偏暖，采暖用气量偏低，预计全年天然气消费量 121 亿立方米，同比增长 1% 左右。逐月来看，天然气消费高峰时段为 11 月至次年 3 月，与供暖季重合，季节性特征显著。分用气领域看，城市燃气、工业用气增长显著，发电、化工用气有所下降。城市燃气消费持续快速增长，主要原因是省内天然气储运设施不断完善，京津冀大气污染防治通道以及汾渭平原城市大气污染防控要求不断提升，用气人口不断增加。工业用气量快速增长，随着国家推进天然气价格改革及加强输配气价监管，理顺非居民管道天然气价格，下游用户用气成本有所降低，年内天然气基准门站价格每千立方米降低 20 元。驻马店中原燃机、郑州燃机电厂受试行两部制上网电价影响，发电用气量有所下降。

2. 天然气产量延续下降态势

河南天然气生产主要有常规天然气和煤制天然气两大类。其中，常规天然气主要集中在中原油田和河南油田，经过多年的开发已进入枯竭期，2005 年以后，常规天然气生产量逐年下降（见图 1）。煤制天然气方面，三门峡义马气化厂拥有年产 2.33 亿立方米标准天然气的生产能力。受 7·19 义马气化厂爆炸事故影响，8 月以来该厂基本处于停产状态。1～11 月河南省天然气产量 2.7 亿立方米，预计全年天然气产量 2.8 亿立方米，同比下降 3% 左右。

3. 天然气供需总体平稳

在省内持续增长的天然气消费需求拉动下，河南从省外调入天然气量持

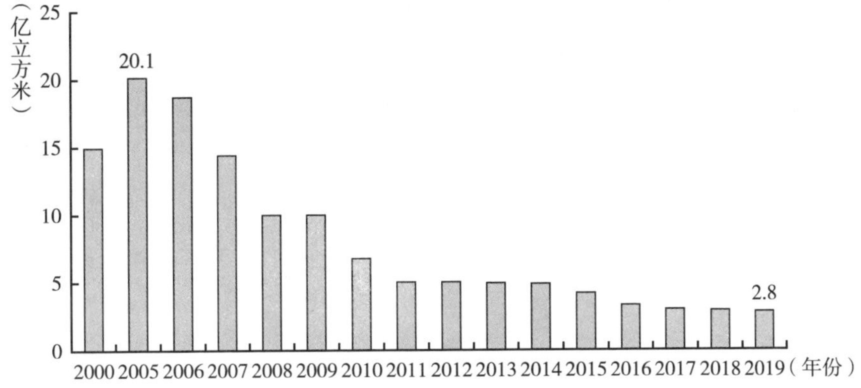

图1　2000～2019年河南省天然气产量

注：2019年为预计值。

资料来源：历年河南统计年鉴。

续增长，对外依存度维持在95%以上的高位。天然气供应主要依托西气东输一线、二线、榆济线（河南段），以及端氏－博爱煤层气4条天然气长输管道，其余由LNG、CNG补充供应。2019年鄂安沧线（河南段）建成投运，进一步提升了天然气外引保障能力，天然气供需全年保持平稳。

（二）天然气产供储销体系建设稳步推进

2019年，河南按照“租地下库容、引海气入豫、建区域中心”的思路，加快推进天然气产供储销体系建设，取得积极进展，有力保障了全省天然气的安全可靠供应。

1. 天然气储气库项目建成投运

天然气在供暖季需求旺盛而夏秋两季消费减弱，易发生季节性供应紧张的情况。2019年7月31日，濮阳市文23储气库项目（一期工程）顺利实现全面投产注气。作为我国中东部地区最大的储气库，文23储气库设计总库容104亿立方米，一期工程设计库容84亿立方米，日注气量最高达1500万立方米，可为榆济线、鄂安沧线等多条长输管线的平稳运行提供服务和保障，承担着应急调峰、市场保供的重要任务，在改善华北地区大气环境质量、优化能源消费结构和提高人民生活水平方面发挥巨大作用。

2. 引海气入豫项目顺利推进

随着能源转型推进，能源结构调整升级将带来天然气消费需求的快速增长，国家沿东部海岸线布局 LNG 接收站，打造北起大连、南至北海的“绿色大动脉”。依此绿色大动脉，河南在陆路管道输气以外，“引海气入豫”成为又一主要的天然气供应模式。液态天然气通过海路经船舶运输至沿海 LNG 接收站存储，经气化后进入干线管网输送至河南。

3. 区域性储气中心加快建设

依托河南地处中原、内陆地区交通枢纽的区位优势，开展 LNG 储备建设工作。在郑州、周口、驻马店、洛阳、焦作和南阳 6 地市规划建设 6 座 LNG 应急储备中心。在应急保障或冬季调峰时，将站内 LNG 经加压、气化后送入省级输气干线；或通过槽车运送至未接通输气管道的县城，进一步提高区域天然气保供能力。2019 年，河南省内 6 座区域性储气中心主体工程完工，有效提升了全省天然气储备调节能力，有助于天然气推广应用和大气环境改善。

4. 天然气互联互通管网不断完善

在外引通道入豫方面，2019 年鄂安沧输气管道濮阳支线建成投运，苏皖豫、日照 – 洛阳、济南 – 濮阳输气管道已纳入国家《天然气产供储销体系建设深化实施方案》。在省内管网互联互通方面，2019 年 5 月，濮阳 – 范县 – 台前输气管道工程开工建设。线路全长 69 公里，年输气量可达 9 亿立方米，将结束台前县不通管道天然气的历史，并满足沿线地区生产、生活用气需求。7 月，周口 – 漯河天然气输气管道工程开工建设。作为河南省“十三五”天然气发展规划的省级骨干网，途径漯河、驻马店、周口三地，全长 103 公里，可实现西气东输一线、二线互联互通与统筹调度，并为周口市引入第二气源，提高区域天然气安全稳定供应能力。“唐伊线”方城 – 南召、社旗天然气支线项目在年内重点推进，作为南阳市民生工程，该项目途经南阳四区（卧龙区、宛城区、城乡一体化示范区和鸭河工区）、四县（社旗、方城、南召、镇平），设计年气量 15 亿立方米/年，可满足沿线 200 余万居民的用气需求，为优化南阳市能源结构、实现天然气“县县通”提供基础设施支撑。

（三）全省用气成本进一步降低

2019 年 4 月，《关于调整天然气基准门站价格的通知》（发改价格〔2019〕562 号）和《关于调整天然气跨省管道运输价格的通知》（发改价格〔2019〕561 号）正式印发。文件明确天然气增值税税率下调一个百分点，由 10% 调整至 9%。河南省天然气基准价格连续第二年下调，自 2018 年由 1910 元/千立方米调整至 1890 元/千立方米后，每千立方米降低 20 元，达到 1870 元/千立方米。基准门站价格的下调进一步降低了用户用气成本。

（四）“煤改气”清洁采暖规模持续扩大

2019 年 9 月，《京津冀及周边地区 2019～2020 年秋冬季大气污染综合治理攻坚行动方案》正式印发。要求继续加快建设天然气基础设施互联互通重点工程，优化采暖期新增天然气使用方向，重点向京津冀及周边地区倾斜。为确保农村居民用得起、用得好，文件要求进一步完善农村居民天然气取暖运营补贴政策，同时采暖期京津冀及周边“气代煤”地区天然气门站价格不上浮。8 月，河南省污染防治攻坚战领导小组办公室印发《河南省加快推进“双替代”供暖实施方案》，争取完成“气代煤”供暖 20 万户，加大力度推进“气代煤”供暖。清洁取暖范围进一步扩大，将有力支撑供暖季大气污染防治攻坚。

二　2020年河南省天然气行业形势展望

在能源转型发展的大背景下，天然气作为优质高效的清洁能源，消费市场前景广阔。国家大力推进产供储销体系建设，稳步推进天然气体制改革，为扩大天然气利用规模提供较好的保障。随着“气化河南”的推进，以及

“气代煤”规模不断增加，并计及新冠肺炎疫情影响，预计 2020 年河南省天然气消费仍将保持增长，供应将仍以省外调入为主。

（一）面临的机遇

1. 天然气消费市场前景广阔

从国际能源发展趋势看，BP、IEA 等机构预测 2035 年左右天然气将超过煤炭成为第二大能源，成为唯一增长的化石能源。从国内能源发展形势看，国家加大油气资源勘探开发力度、着力提升管道互联互通水平和储气调峰能力，积极开展国际合作促进进口多元化，国内天然气产供储销体系逐步完善，安全供应能力持续提升。随着河南省经济社会发展，“气化河南”不断推进，全省天然气消费市场前景广阔。

2. 国家产供储销体系逐步完善

加强油气勘探开采投入，天然气探明储量大幅增加，2018 年国内勘探发现两个盆地和三个气田，新增探明储量均大于 1000 亿立方米，分别为鄂尔多斯、塔里木盆地，以及苏里格、米脂、克拉苏气田。2019 年中石油在四川盆地发现万亿立方米页岩气大气区，累计探明储量 10610.3 亿立方米。基础设施互联互通和储气能力建设持续推进。2018～2019 年供暖季前，“南气北上”等互联互通工程确保华北地区新增供气能力 6000 万立方米/天，上游供气企业建成储气能力约 140 亿立方米。2019 年 10 月，中俄天然气管道北段全线贯通，年内可接收 50 亿立方米俄罗斯天然气，天然气供应保障能力进一步提升。河南省天然气对外依存度已超过 95%，国家大力推进产供储销体系建设为河南天然气外引提供更多路径选择和外部保障，可进一步确保河南“有气可引，有气可用”。

3. 天然气体制改革稳步推进

天然气领域进一步加大对外开放，《外商投资准入特别管理措施（负面清单）（2019 年版）》正式取消“石油、天然气（含煤层气、油页岩、油砂、页岩气等除外）的勘探、开发限于合资、合作”，“50 万人口以上城市的燃气管网建设、经营必须由中方控股”的限制；并将对外合作项目总体开发方案由审批制改为备案制。外资进入天然气勘探开发以及管网建设的门槛降低。2019 年 12 月，国家石油天然气管网公司正式组建。统筹考虑区域资源配置，整合三大石油公司油气管道资源，并引入社会资本扩建管网，油气管道基础设施建设进程有望加快。管网设施运营更加公平开放。2019 年 5 月，新版《油气管网设施公平开放监管办法》正式印发，文件要求油气管网设施运营企业应当无歧视地向符合开放条件的用户提供油气输送、储存、气化、装卸、转运等服务；并鼓励根据市场需求和设施运行特点提供年度、季度、月度及可中断、不可中断等多样化服务。天然气领域改革进一步释放市场活力，管网建设、投资将更加开放，设施利用率将进一步提高，服务也将逐步均等规范，河南天然气安全可靠供应能力将实现本质提升。

（二）存在的问题

1. 省内非常规天然气开采仍受技术制约

河南省内天然气资源有限，近年来产量逐年下降，天然气利用对外依存度不断提高。省内虽有较为丰富的煤层气资源和页岩气资源，但勘探开发较为滞后，无法形成有效接续。煤层气方面，煤层埋深在 2000 米以内煤层气资源量近 1 万亿立方米，煤层埋深浅于 1500 米的资源量达 2600 亿立方米，规模化抽采仍存在“两高一低”难题，即开发技术要求高、成本高、单井产量低。页岩气方面，全省页岩气地质资源量约 3.71 万亿立方米，勘查开发前景十分广阔但受制于资源赋存条件、开采技术等因素，勘探开采尚处于起步阶段。

2. 供暖季天然气安全保供压力不断增大

天然气作为优质高效的清洁能源，在民用燃料、工业燃料、化工原料等领域得到广泛应用。一方面，随着“气代煤”的推进实施，天然气利用范围进一步扩大。尤其进入供暖季节，天然气储运及使用量大增，保供压力较大。另一方面，天然气易燃易爆，如果泄漏到空气中的浓度达到 5% 至 15%，遇到火源就会爆炸。随着天然气消费量的大幅增长，安全生产和安全使用的风险也随之增大。

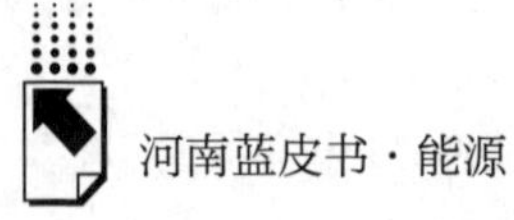

3. 新型冠状病毒肺炎疫情对天然气消费带来一定影响

2020 年春节期间，新型冠状病毒肺炎疫情爆发并迅速蔓延，1 月 25 日河南启动突发公共卫生事件Ⅰ级响应。连日来，在全省上下和广大人民群众共同努力下，河南疫情防控形势持续向好，至 3 月 18 日应急响应级别由Ⅰ级调整为Ⅱ级。期间，河南天然气消费受到冲击，1～2 月是传统天然气消费旺季，但受疫情影响，全省天然气供应量 21 亿立方米，较上年同期减少 3 亿立方米，同比下降 12.5%，2020 年也成为近几年来这一时段天然气消费量唯一下降的年份。

（三）2020年河南省天然气供需形势预测

1. 天然气消费量保持增长

2020 年，预判新冠肺炎疫情对天然气消费的影响将主要集中在一季度，随着企业逐步复工复产、“气代煤”工程持续推进、阶段性降低非居民用气成本，预计全年天然气消费仍将保持增长，全年消费量约 125 亿立方米，同比增长 3% 左右。

从全年各领域用气消费来看，工业领域，工业燃料是天然气消费的重要市场，也是潜力最大的市场，在进一步巩固传统工业用气市场的基础上，天然气作为经济转型、结构升级的手段之一，在陶瓷、玻璃、钢铁等领域淘汰落后产能及燃煤、燃油工业锅炉置换等方面将发挥优势，预计 3～12 月份工业燃料用气增长显著。发电领域，天然气在技术、环保方面虽优于煤炭，但影响其发展的最大障碍是经济性，受两部制电价的影响，发电消费增长缓慢。化工领域，在合成氨、甲醇方面，由于产能过剩、市场低迷，在经济上无法与煤炭展开竞争；在制氢方面，与煤炭制氢相比经济优势并不明显，预计化工行业用气需求量仍然较少。城镇燃气领域，根据《河南省经济社会发展“十三五”规划纲要》，到 2020 年全省城镇化率将从 2015 年的 46.8% 提高到 56%，气化人口达到 4000 万人，考虑“气代煤”用户持续增大，预计 2020 年城市燃气需求量持续增长。

2. 天然气供应仍以省外调入为主

河南天然气产量继续下降，预计2020年产量约2.74亿立方米，同比下降2%左右。省内天然气供应仍将主要依靠省外调入。2020年仍将保持以中石油西气东输、中石化榆济线等管输天然气为主和山西煤层气以及液化天然气、压缩天然气为辅的供应格局，维持较高的对外依存度。为保障天然气供应，需要继续与上游供气企业积极沟通衔接，确保全年供需总体平衡。

三 2020年河南省天然气行业发展对策建议

随着河南省天然气消费的持续快速增长，全省天然气供应保障压力不断加大。近年来，全省加快推进产供储销体系建设，初步建立了“租地下库容、引海气入豫、建区域中心”的河南模式，天然气供应保障能力稳步提升，但供暖季及极寒天气下资源保障仍有较大不确定性。建议全省统筹产供储销体系建设完善、供暖季天然气供应保障、非常规天然气开发利用等方面，着力推动全省天然气行业协调健康发展。

（一）持续完善天然气产供储销体系

持续完善天然气产供储销体系，进一步提升河南天然气供应能力。储气能力建设方面，建议按期开工建设平顶山盐穴储气库项目，积极推进6座LNG应急储备中心建设。外引通道建设方面，应对来气方向相对单一，提前谋划西南、东南、东北方向“外气入豫”新通道建设，积极推进西气东输三线中段、潜江－中原储气库群、苏皖豫、日照－洛阳、济南－濮阳等输气管道前期工作。

（二）多措并举提升供暖季天然气保供能力

随着冬季清洁取暖工作的推进以及“气代煤”项目的实施，天然气消费量不断增大，供暖季用气保供压力较大，极寒天气下资源供应依然偏紧。建议在天然气供应有保障地区，供用气双方抓紧签订合同，确保气源供应；多方开拓资源，加强与上游供气企业沟通衔接，最大程度争取天然气资源供应量；优先落实和保障燃气公交车、出租车等民生用气；根据宜电则电，宜清洁煤则清洁煤，多种渠道推进冬季供暖，减小供暖季天然气需求；提前与用户衔接，制订需求侧调峰用户清单和应急保气预案。

（三）有序发展非常规天然气

立足省内资源禀赋，推动煤层气规模化抽采应用，增强天然气供应能力。河南省煤层气资源整体比较丰富，但不同煤田气含量差异较大。含气性较好的，一般为10～25立方米/吨的煤田，主要分布在安阳、鹤壁、焦作、新密、登封和禹县；平顶山煤田属中等含气区，一般为8～12立方米/吨；其他煤田一般小于8立方米/吨。建议密切关注山西煤层气开发进程，加大豫西、豫北等地区勘探开发力度，积极建设鹤壁矿区、焦作矿区煤层气开发等示范项目，推进战略技术储备，力争规模化开采早日实现突破。

（四）加大“气代煤”清洁采暖推进力度

坚持先北后南，以大气污染防治通道和汾渭平原等重点区域城市为重点，兼顾豫东、豫南等非重点区域有序推进“气代煤”。在经济承受能力较弱的农村地区，加大力度推广燃气壁挂炉等分散式天然气取暖，其他建筑因地制宜建设燃气锅炉房等小型集中供暖、天然气分布式能源等项目。对农村地区的福利院、敬老院等社会福利场所同步实施清洁取暖；对集中供暖暂不能覆盖区域，结合城镇发展规划和资源条件，自行实施电能、燃气、地热等清洁能源替代。

参考文献

国家统计局能源司编《中国能源统计年鉴2018》，中国统计出版社，2019。

中共中央全面深化改革委员会第七次会议：《石油天然气管网运营机制改革实施意见》。

自然资源部油气资源战略研究中心：《全国石油天然气资源勘查开采情况通报（2018年度）》。

国家发展改革委：《关于调整天然气基准门站价格的通知》（发改价格〔2019〕562号）。

国家发展改革委：《关于调整天然气跨省管道运输价格的通知》（发改价格〔2019〕561号）。

国家发展改革委：《关于印发〈油气管网设施公平开放监管办法〉的通知》（发改能源规〔2019〕916号）。

国家能源局石油天然气司、国务院发展研究中心资源与环境政策研究所、自然资源部油气资源战略研究中心：《中国天然气发展报告（2019）》。

中国石化经济技术研究院：《2019中国能源化工产业发展报告》。

国家发展改革委：《国家发展改革委办公厅关于加快推进2019年天然气基础设施互联互通重点工程有关事项的补充通知》（发改办能源〔2019〕230号）。

生态环境部：《关于印发〈京津冀及周边地区2019～2020年秋冬季大气污染综合治理攻坚行动方案〉的通知》（环大气〔2019〕88号）。

河南省发展和改革委员会办公室：《关于我省天然气调峰发电机组试行两部制电价的通知》（豫发改办价管〔2019〕22号）。

河南省生态环境厅：《河南省污染防治攻坚战领导小组办公室关于印发河南省加快推进“双替代”供暖实施方案等4个方案的通知》（豫环攻坚办〔2019〕103号）。

B.5 2019~2020年河南省电力发展形势分析与展望

赵文杰　杨　萌*

摘　要： 2019年，受产业结构调整、气候等因素影响，河南省全社会用电量和用电负荷增速回落，电力供需基本平衡；电力供给清洁转型，各级电网协调发展，营商环境优化、扶贫攻坚、清洁取暖深入推进。2020年，面对复杂的经济能源发展环境，电力供需形势逐步趋紧，系统调峰及新能源消纳压力增大，全省应大力推进电力清洁绿色发展，着力提升电力供应保障能力，加强系统灵活性建设，以电力行业转型升级引领能源行业转型发展，服务人民美好生活，推动黄河流域生态保护和高质量发展。

关键词： 河南省　电力行业　清洁转型

一　2019年河南省电力行业发展情况分析

2019年，河南省电力行业面临的外部环境愈加复杂，受产业结构调整、凉夏暖冬等因素影响，全省电力需求增速回落。同时，全省电力供

* 赵文杰，工学硕士，国网河南省电力公司经济技术研究院工程师，研究方向为能源经济与电网规划。杨萌，工学硕士，国网河南省电力公司经济技术研究院高级工程师，研究方向为能源经济与电网规划。

应加速向清洁低碳化转型，各级电网平稳快速发展，电力体制改革稳步推进，扶贫及清洁取暖工程又上新台阶，电力行业高质量发展迈出坚实步伐。

（一）电力需求增速明显回落

2019 年，河南省受电解铝产能关停外迁、凉夏暖冬等因素叠加影响，电力需求增速大幅回落，全社会最大负荷 6902 万千瓦，同比增长 2.3%，增速较上年同期下降 9.5 个百分点，全社会用电量 3364.2 亿千瓦时，同比下降 1.6%，增速较上年回落约 9.5 个百分点。2019 年河南省电力需求增速情况如图 1 所示。

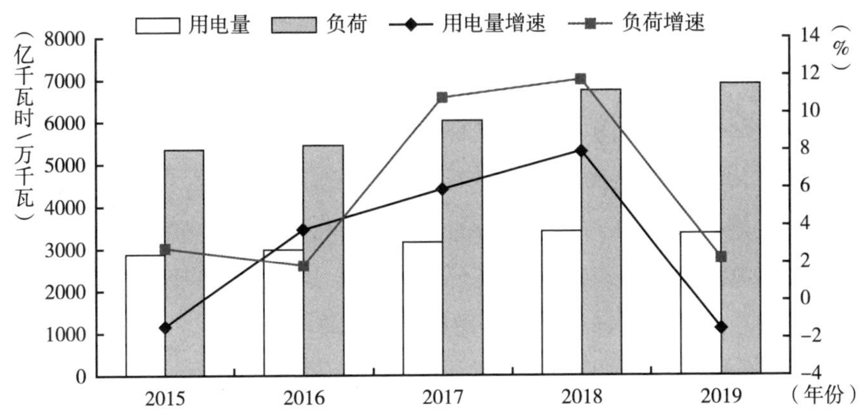

图 1　2015～2019 年河南省全社会用电量及负荷增速情况

资料来源：行业统计数据。

2019 年，全省一产、二产、三产和城乡居民用电量同比分别增长 -6.5%、-3.9%、5.5%、1.2%，对全社会用电量增长的拉动百分比分别为 -0.1、-2.5、0.8 和 0.2。第三产业和居民生活用电仍为拉动用电量增长的主要动力。工业用电量的大幅下降是全社会用电量增速下降的主要原因。2019 年河南省各产业用电量如表 1 所示。

表1 2019年河南省全社会用电量情况

分类	用电量(亿千瓦时)	同比增速(%)	拉动百分比	结构占比(%)
全社会用电量	3364.2	-1.6	—	—
第一产业用电量	43.2	-6.5	-0.1	1.3
第二产业用电量	2160.7	-3.9	-2.5	64.2
第三产业用电量	549.7	5.5	0.8	16.3
城乡居民用电量	610.6	1.2	0.2	18.2

工业用电量下降主要受电解铝行业产能转移影响。2018年9月开始，河南省电解铝企业因产业转型政策影响，陆续向西南省份转移产能，关停及转移产能合计约100万吨，受此影响，2019年电解铝行业较上年减少电量88亿千瓦时，拉低全社会用电量增速约2.6个百分点。

第三产业及城乡居民用电量主要受凉夏暖冬影响，增速有所放缓。2019年度夏期间，全省平均气温较上年同期低0.2℃，且未出现持续的极热天气，时间及空间上晴雨交织的气象特征明显，导致降温电量较上年大幅减少，经测算，2019年度夏期间降温电量较上年减少约33亿千瓦时。2019冬季，全省整体气温偏高，其中11月上中旬平均气温较上年同期高1.8℃，导致全省用电量低于上年同期13亿千瓦时，自11月下旬供暖电量才开始缓慢增长，暖冬因素使全社会用电量增长进一步放缓（见图2、图3）。

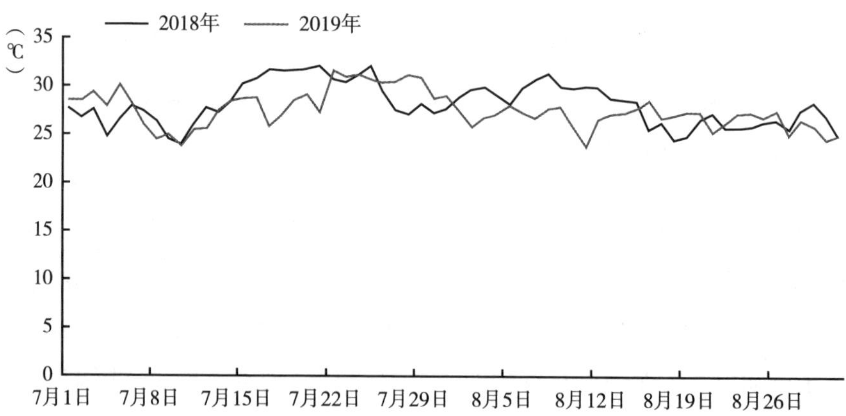

图2 2018年、2019年7月、8月平均气温对比

资料来源：行业统计数据，下同。

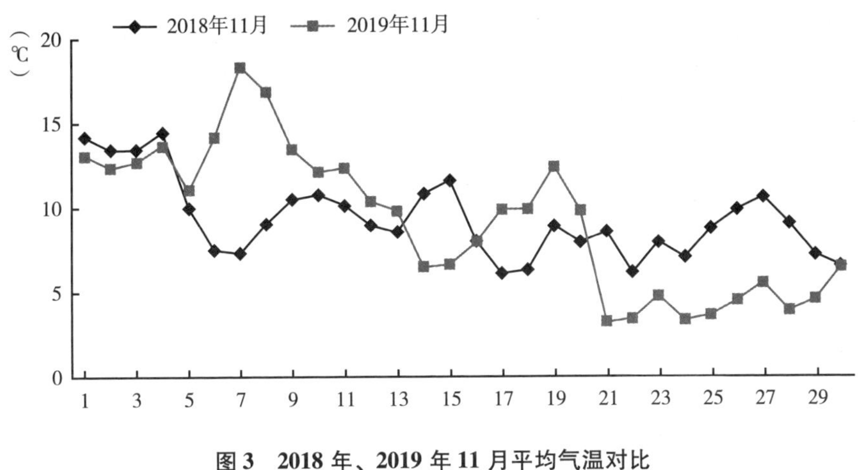

图3　2018 年、2019 年 11 月平均气温对比

（二）电力供应清洁低碳化转型

2019 年，河南省电力行业大力贯彻能源业转型发展要求，持续优化电源结构，加大吸纳省外清洁电力规模，电力供应继续向清洁低碳化转型。

电源结构持续优化。有序推进绿色煤电建设，全年新增大型低煤耗高效煤电机组 292 万千瓦（洞林电厂 132 万千瓦、丹河 100 万千瓦、韵唐 60 万千瓦），全部为应急调峰储备机组。继续加快淘汰煤电落后产能，2019 年，全省在保障电力供应及供热需求的前提下，通过“上大压小”（大型高效清洁机组替代发电）淘汰煤电机组 72 万千瓦，通过“关而不拆”（关停机组但不拆除设备）作为应急备用电源，退出煤电机组 65 万千瓦，全省煤电占比下降至 70.7%。风电、光伏装机占比进一步提升，风电、光伏装机同比增长 26.7%，高于全省电源装机平均增速 19.5 个百分点，占比进一步提升至 19.9%。

清洁能源发电量占比持续提升。2019 年，风电、太阳能发电量合计 189.7 亿千瓦时，较上年增长 49 亿千瓦时，同比增长 34.8%。风电、太阳能发电占全省发电量的比重提升至 6.7%，较上年提升了近 2 个百分点（见图 4）。

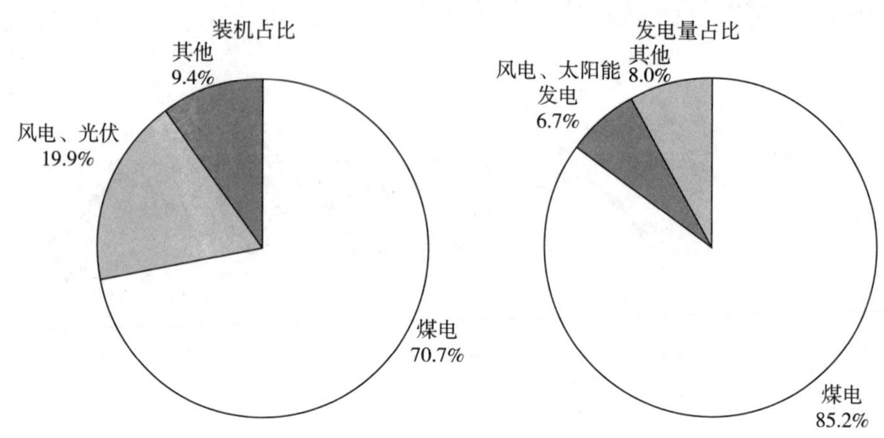

图 4　2019 年河南省电源装机及发电量结构

吸纳省外清洁电量规模大幅提升。全省全年净吸纳区外电量首次突破 500 亿千瓦时，达到 545 亿千瓦时，占全社会用电量比重达到 16% 以上，有力助推了全省清洁绿色发展。

（三）电力引领新型能源基础设施建设

覆盖全省的坚强智能电网进一步完善。2019 年，河南电网发展总投入连续五年超过 300 亿元。其中，青豫直流及其配套工程顺利推进，建成主网工程 238 项，配网工程 1 万余项。500 千伏主网架持续完善，覆盖全省的“鼎”字形网架基本形成，城乡电网建设和农网改造工程加快实施，全省电网优化资源配置能力明显提升。

新型能源基础设施建设创新起航。当前，能源革命和信息革命的深度融合已经成为发展大势，河南作为国家大数据综合试验区和国内首个拥有农村能源革命试点的省份，新型能源基础设施建设取得了积极进展。河南省能源大数据应用中心项目完成了省能源监测预警和规划管理、一网通办便民服务等 8 项应用场景主体功能开发，并在太原国际能源低碳发展论坛上发布。兰考能源互联网平台“一库三中心”建成上线，初步实现了全县能源运行情况在线监测。

（四）电力体制改革扎实推进

2019年，河南省继续深入推进国资国企改革，淅川县电业局国有产权划转正式取得国务院国资委批复，历史性结束了全省农电代管体制。同时，电价调整、电力市场建设和增量配电等各方面改革也取得了积极进展。

一般工商业电价再降10%。2019年，河南省4月和7月两次下调工商业电价，累计降低工商业电价6.38分/千瓦时，完成国家要求工商业电价再降10%的目标任务，预计可减少企业年用电成本约33亿元。同时河南明确要求各转供电环节不得有任何截留，并持续加强监督检查，全省工商业电价的进一步降低，将给电力需求增长带来长期利好。

公平有序的电力市场加快完善。2019年，河南省电力交易机构股份制改造加快推进，交易公司工商登记和国有企业产权登记均完成变更。多元竞争的电力市场加快形成，全年完成市场化电量1047亿千瓦时，连续两年超过千亿千瓦时。

增量配电改革试点有序推进。2019年河南省增量配电改革试点范围持续扩大，第四批8个试点项目获国家批复，全省累计30个试点项目列入国家试点。其中，15个确定项目业主，9个试点项目获得电力业务许可证，3个新增配电网项目已开工建设，郑州航空港经济试验区改革试点已建成投运，全省增量配电试点项目建设步伐进一步加快。

电力调峰辅助服务市场建设探索起步。为完善和深化河南电力辅助服务补偿机制，提升清洁能源消纳，提高电网调峰能力，河南省能源监管办按照“谁受益、谁承担”原则，制定了《河南电力调峰辅助服务交易规则（试行）》，为火电机组深度调峰交易和应急启停交易制定了指导办法，全省电力辅助服务市场建设迈出了关键性步伐。

（五）电力服务重大攻坚工程进展

电力助力营商环境改善。2019年，河南省全面贯彻习近平总书记考察调研河南时的重要讲话精神，主动适应国家营商环境评价新形势，全面打响优化营商环境、提升供电服务水平攻坚战。大力倡导“一切为了客户”理念，省政府及省内13个地市出台了优化营商环境电力接入政策，推行政企业务联办，通过在河南政务服务网开通电力入口，共享电力、公安、工商、不动产中心数据资源，实现了高低压新装、增减容等常用办电业务“一网通办”，全省电力投诉总量明显下降。

电力助力河南脱贫攻坚。在2018年实现全省“贫困县、贫困村”电网脱贫“两提前”的基础上，2019年河南继续加大农网特别是省内贫困地区的电网建设改造力度，全年完成投资60亿元，新建、改造变电站97座，完成贫困县1500个非贫困村电网改造，有效改善了贫困地区电网发展不均衡问题。黄河滩区居民迁建二批试点项目配套电网全部送电。光伏扶贫方面，2019年河南将50万千瓦项目纳入第二批光伏扶贫补助目录，全省累计建设光伏扶贫项目258.5万千瓦，覆盖全省111个县40万户贫困户，累计结算收益近15亿元，助力河南脱贫攻坚和民生改善。

电力助力污染防治攻坚。2019年，河南持续加大“双替代”清洁取暖实施力度，三门峡、济源入选国家第三批清洁取暖试点城市，全省清洁取暖试点范围进一步扩大。全年完成“双替代”用户209万户，为保障“煤改电”用户可靠用电，全省持续加大财政支持力度，出台采暖季阶梯电价，将电供暖“集中打包”交易覆盖到所有“电代煤”用户，并安排专项资金补贴取暖设备，降低取暖成本，确保居民“用得起电”；全力推进配套电网工程建设，确保居民“用得上电”。

创新开展季节性电力需求响应。2019年度夏大负荷期间，豫南、豫中东等地，电力供需形势依然偏紧。2019年7月15日至8月15日，在豫南、豫中东10个地区供电偏紧的地区组织145户用户开展季节性需求响应，其中工业用户141户，商业用户4户，共削减负荷35.2万千瓦，季节性电力需求响应有效转移了高峰用电需求，保障了豫南、豫中东地区的电力供需平衡。

二　2020年河南电力行业发展形势展望

2020年是河南全面建成小康社会的决胜之年，也是国家实现“两个百年”“两步走”奋斗目标的关键节点年。当前，全省经济社会运行虽然遭受了新冠肺炎疫情的冲击，但全省疫情防控形势持续向好，生产生活秩序逐步恢复，经济长期向好的基本面没有改变，为电力行业高质量发展提供了基本支撑。计及新冠肺炎疫情影响，并考虑省内电解铝产能转移、化工安全生产等影响电力需求增长的因素已基本出清，预计2020年河南全社会用电量与上年基本持平。

（一）2020年河南省电力行业发展形势

1. 外部形势整体向好，有力支撑电力行业发展

习近平总书记河南考察调研工作时的重要讲话精神为电力行业发展提供方向指引。2019年9月，习近平总书记亲临河南，深入信阳、郑州等地考察调研，主持召开了黄河流域生态保护和高质量发展座谈会，并发表了重要讲话。习近平总书记指出，河南要在中部地区崛起中奋勇争先，谱写新时代中原更加出彩的绚丽篇章。总书记还就推动经济高质量发展、扎实实施乡村振兴战略、高度重视生态保护工作、黄河流域生态保护和高质量发展等做出了重要指示和要求。习近平总书记河南考察调研重要讲话精神为全省经济社会发展和生态保护工作指明了方向，也为新时期河南电力行业发展提供了根本遵循。

全省经济发展长期向好的基本面没有改变。当前，全国在以习近平同志为核心的党中央坚强领导下，国内疫情防控取得阶段性重要成果，经济社会秩序有望在二季度恢复正常；随着更加积极有为的财政政策和灵活适度的货币政策效应不断显现，经济发展的动力和活力将进一步释放。2020年是全面建成小康社会的收官之年，河南将继续贯彻落实中央经济工作会议精神，坚持稳中求进工作总基调，确保打赢疫情防控的人民战争、总体战、阻击战，确保实现决胜全面建成小康社会、决战脱贫攻坚目标任务，实现经济稳定增长。1～2月，新冠肺炎疫情对全省经济运行短期内造成了巨大冲击、长期看总体可控，经济发展持续向好的基本面没有改变，预计2020年全省经济发展将保持总体平稳的良好态势，给电力行业转型发展提供了强有力

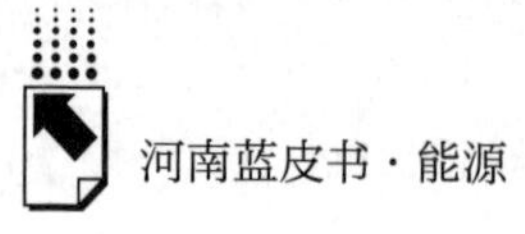

支撑。

以电力为中心推动能源转型发展。2020 年是河南省转型发展的重要节点，也是电力行业转型升级的攻坚时刻，全省将努力破解资源禀赋约束困境，加快调整能源结构，减少煤炭消费，大力发展可再生能源，进一步发挥电力在能源体系中的主导作用，推动全省经济高质量发展。河南省可再生能源发电装机规模将持续稳步提升，全省电源结构将不断优化，电能替代规模将持续扩大，电能占终端能源消费比重将进一步上升，以电力为中心扎实推动能源转型发展。

2. 新旧动能转换加速，用电新需求逐步释放

影响传统行业用电增长的不利因素基本出清。2020 年，河南省电解铝行业产能转移已基本完成，产能趋于平稳，用电量将保持平稳态势；化工行业 2019 年受江苏响水和三门峡义马安全事故影响，行业进行安全隐患排查，用电量增速放缓，2020 年随着洛阳石化 1000 万吨原油加工能力的释放、平煤神马集团 20 万吨己内酰胺项目等大项目投产，预计化工行业用电量增速将呈现较快增长。

河南省产业转型发展成效逐步显现。全省新兴产业不断壮大，政府积极落实 10 大新兴行业发展行动方案和“三个一批”清单，初步形成新能源汽车、现代生物、环保装备等一批战略新兴产业集群，产业集聚区积极承接新兴产业布局和转移。新动能的形成培育了新的用电增长点，随着全省新兴产业集群规模发展，对全省工业电量增长的贡献率将继续提升，成为拉动工业用电增长的主引擎。

城乡居民和第三产业领域用电新需求将进一步释放。新一轮城乡配电网改造升级后，全省居民用电的便利性、可靠性大幅提升。随着人民生活水平的大幅提升，居民用电与气温的相关性愈加紧密，居民用电潜能将进一步释放。省政府全力推进“电代煤”供暖行动，两年计划将全省居民散煤取暖全部替代，将有力推动居民生活用电量增长。全省产业结构调整深化、营商环境改善、大数据中心建成、高铁投运、工商业电价下调政策的实施等，将促使第三产业用电新需求保持增长。

3. 电力供应结构持续优化，调峰问题日益严峻

2020 年河南省将继续加大落后煤电关停力度，新能源装机规模及吸纳省外清洁电力比例将继续增加，全省电力供应结构将持续优化，同时由于净增容量不足，新能源出力不稳定，全省将面临高峰时段局部地区电力供需紧张、电力系统调峰和新能源消纳风险等安全运行压力。

电力供应结构将持续优化。“十三五”以来，河南省加大煤电落后产能关停力度，电源结构持续优化，但全省煤电占比依然偏高。为进一步贯彻落实能源行业绿色低碳发展理念，根据《河南省煤电行业淘汰落后产能优化生产结构三年行动计划（2018—2020）》，2020 年全省将再淘汰 240 万千瓦煤电机组，新能源装机将继续保持快速增长势头，吸纳省外清洁电力规模也在持续增大，全省电力供应结构将持续优化。

电力系统调峰和新能源消纳压力并存。近年来，随着产业结构调整深化，三产和居民用电占比持续提升，全省电力峰谷差呈逐年扩大态势，2019 年最大负荷日峰谷差超过 2000 万千瓦，且河南省风电、光伏等新能源快速增长，由于其出力的不稳定性，白天正午腰荷时段和晚间低负荷时段需要火电机组深度调峰运行，个别机组实际最高调峰深度已达 70%，系统火电机组调峰压力加大，新能源全额消纳风险剧增。2019 年，河南省 11 个项目总规模 110 万千瓦平价风电项目获得国家能源局批复，同时调整“十三五”分散式风电开发方案，增补 453.7 万千瓦分布式风电。随着全省新能源装机规模及出力的持续增大，进一步加重了系统调峰和新能源消纳风险，省内亟须新增灵活性调节电源。

（二）2020年河南省电力行业发展预测

2020 年，在河南省外部形势持续向好的大环境下，电力行业将坚持以新发展理念为引领，持续深化供给侧结构性改革，着力保障电力供给，推进电力行业高质量发展。

全社会用电量预计同比基本持平。其中，高耗能行业逐步提质增效转型，预计四大高耗能行业用电量整体呈下降态势；其他第二产业用电将在装

备制造、汽车、食品等主导产业的拉动下稳步增长。第三产业和居民用电量方面，随着生产性服务业、生活性服务业加快发展，和居民生活水平不断提高、电能替代工作持续推进，预计部分领域新增用电需求持续增长。考虑到新型冠状病毒肺炎疫情对一季度用电量具有较大的影响，预计全年全社会用电量将达到约 3365 亿千瓦时之间，同比基本持平。

电力供应结构更加清洁，新能源装机比重进一步提高。预计 2020 年全省电力总装机达 9740 万千瓦左右，新增装机容量约 430 万千瓦；煤电机组总装机约 6610 万千瓦，占比下降至 67.9%。南阳内乡、鹤壁滑浚热电等机组合计投产 270 万千瓦，预计将关停落后煤电机组约 240 万千瓦。预计 2020 年风电、光伏合计新增 400 万千瓦左右，风电、光伏总装机达 2250 万千瓦左右，风电和光伏机组占比进一步上升至 23%，与上年相比上升 3.2 个百分点。

电力供需形势趋紧。2020 年，考虑新增煤电装机、煤电落后产能关停及新能源出力的不稳定性，全省电力供需紧张局面将出现。电力平衡方面，受用电负荷较快增长、火电装机净增容量偏少、新能源装机参与平衡能力有限等因素影响，预计 2020 年全省电力供需形势将趋紧。2020 年夏季大负荷期间，电网晚高峰缺口约 100 万千瓦，需要提前采取需求侧响应应对。电量平衡方面，预计全省电源发电量约 2780 亿千瓦时，全省煤电机组平均利用小时数约为 3570 小时。

新能源消纳风险值得关注。根据全省对分地市进行新能源消纳预警分析，2020 年全省呈现“2 红 6 橙 4 黄 6 绿”的状态，其中三门峡、鹤壁地区弃风（光）风险严重，建议地方暂缓规划，开发企业慎重决策，安阳、濮阳、洛阳、商丘、南阳、周口，建议地方谨慎规划，按照消纳空间合理安排新建项目。

三　河南省电力行业发展对策建议

2020 年，河南电力行业应以习近平新时代中国特色社会主义思想为指导，以新发展理念为引领，围绕服务全省经济社会和能源转型发展大局，以“保供应、调结构、惠民生、促改革”为着力点，推动电力行业高质量发展，为河南决胜全面小康、让中原更加出彩提供坚强可靠、低碳清洁的电力保障。

（一）保供应，提升电力热力供应能力

保障电力热力供应是电力行业的最基本要求，应从电源侧和电网侧协同发力，共同提升供应保障能力。电源侧方面，推进南阳内乡、鹤壁滑浚热电、洛阳新安等在建电源项目建设步伐；做好南阳鸭河口2号，姚孟电厂2号、3号及三门峡火电厂1号4台“关而不拆”机组日常维护工作，确保大负荷期间能够发挥顶峰作用；结合煤电淘汰落后产能，按照“等容量、减煤量”原则，有序推进民生热电及应急调峰储备电源项目建设。电网侧方面，加快外电入豫通道建设。加快青豫特高压直流工程建设进度，确保2020年度冬前单极投运，具备送电河南370万千瓦的能力；加快外电入豫第三条直流前期论证工作，尽快明确来电方向及落点；加快华中“日”字形特高压交流环网建设，确保直流满功率运行。同时，通过需求侧响应、储能等柔性措施削减尖峰负荷。持续扩大需求侧响应实施范围，2020年全省力争具备200万千瓦响应能力；在发挥国内首批10万千瓦电网侧储能工程的基础上，加快储能规划布点及建设，增大全省储能规模。

（二）调结构，大力发展清洁绿色电力

在供给侧结构性改革大背景下，面对清洁绿色发展新要求，河南省去煤化任务仍然艰巨，需持续加大力度淘汰落后煤电机组、积极实施煤电机组清洁化改造、多措并举促进新能源消纳，扩大吸纳省外清洁电力的规模。继续推进郑州主城区煤电“清零”、洛阳主城区煤电基本“清零”工作，2020年再退出240万千瓦煤电机组。加快推进煤电机组节能改造和环保提标改造，进一步降低全省煤电平均供电煤耗。通过加快实施煤电机组灵活性改

造、加快在建抽蓄电源的建设进度，提升系统调峰能力；同时深化电力辅助服务补偿机制，提高煤电机组深度调峰的积极性；推动集中并网的新能源项目配备相应规模的储能装置，实现储能系统与新能源、电网的协调优化运行。

（三）惠民生，全力满足人民美好生活用电需求

河南省电力行业将全力助推乡村振兴、清洁取暖及清洁出行，服务人民美好生活。助力乡村振兴，推进县城电网网架升级和农田机井通电配套电网建设，持续提升农网保障能力；深挖农村生产领域电能替代潜力，提高农民生活领域电气化水平，逐步推进农业现代化、电气化；做好扶贫搬迁配套电网建设，巩固贫困地区电网发展成果。继续推进清洁取暖，提前做好城区供热煤电机组关停或搬迁的热力替代工作，保障居民供暖需求；持续推进“煤改电”供暖工作，进一步加强“煤改电”配套电网工程建设，推动电采暖电价、设备购置等补贴政策落实。积极推进交通领域电气化，优化布局新能源汽车充电桩基础设施，加快配套电网建设，完善全省电动汽车充电设施智能服务平台，实现便民服务。

（四）促改革，推动电力体制改革向纵深推进

河南省电力体制改革进程逐步深入，需继续稳妥有序推进电力体制改革工作实施。积极稳妥推进电力交易机构规范化运营，持续推进电力交易机构相对独立工作，加快建设河南省电力市场交易规则体系，完善中长期交易规则，深入开展电力辅助服务市场化机制研究，推动电力市场有序竞争、规范运行。有序推进增量配电改革，加快推动增量配电改革试点项目建设，规范试点项目的运营和管理。加快完善新能源消纳长效机制，积极深化电力调峰辅助服务交易细则，提升煤电机组调峰积极性，激发新能源消纳潜力。进一步完善市场化定价机制，落实国家进一步放开发用电计划的要求，扩大市场化交易规模，建立非市场化交易电量“基准价＋上下浮动”的定价机制。

参考文献

河南省发改委：《全省能源工作会议〔2019〕1号》，2019年1月14日。

国家发改委：《关于下达2019年煤电行业淘汰落后产能目标任务的通知》（国能发电力〔2019〕73号）。

河南能源监管办：《河南电力调峰辅助服务交易规则（试行）》，2019年8月16日。

河南省发展改革委员会：《关于做好河南省"十三五"分散式风电开发方案调整工作的通知》。

河南省发展改革委：《河南省2019～2020年秋冬季大气污染综合治理攻坚行动方案》，2019年10月25日。

河南省人民政府：《关于印发河南省煤炭消费减量行动计划（2018～2020）的通知》（豫政办〔2018〕6号），2018年12月20日。

河南省人民政府：《河南省人民政府关于印发河南省污染防治攻坚战三年行动计划（2018～2020年）的通知》（豫政〔2018〕30号），2018年9月7日。

河南省发改委：《关于转发国家发展改革委 国家能源局关于规范开展第三批增量配电业务改革试点的通知》（豫发改能源〔2018〕437号），2018年6月25日。

环境保护部、国家发改委等：《关于印发京津冀及周边地区2018～2019年秋冬季大气污染综合治理攻坚行动方案的通知》（环大气〔2018〕100号），2018年9月21日。

B.6
2019 ~2020年河南省可再生能源发展形势分析与展望

尹 硕 杨 萌*

摘 要： 2019年，河南持续擦亮能源绿色发展底色，围绕能源转型发展和污染防治攻坚，着力推动可再生能源发展，可再生能源利用规模不断扩大，预计全省全年可再生能源利用量将达到2100万吨标准煤左右，保持两位数以上的快速增长，占一次能源消费比重提升约0.5个百分点。2020年，在分布式能源、储能、多能互补、生物质能和地热能梯级利用等新技术新业态带动下，预计2020年全省可再生能源仍将保持快速发展态势，可再生能源利用量将达到2250万吨标准煤左右，同比增长7.1%，占一次能源消费比重达到9%左右。

关键词： 河南省 可再生能源 绿色发展

2019年9月，习近平总书记在河南考察调研时指出，河南“在全国生态格局中具有重要地位”，必须“高度重视生态保护工作”。大力推动可再生能源发展，培育清洁能源产业，优化能源结构，打造绿色低碳循环发展的经济体系，擦亮能源绿色发展的底色，是解决生态环境问题的治本之策。

---

* 尹硕，经济学博士，国网河南省电力公司经济技术研究院高级经济师，研究方向为能源经济与电力市场；杨萌，工学硕士，国网河南省电力公司经济技术研究院高级工程师，研究方向为能源经济与电网规划。

2019 年，河南风能、太阳能资源开发有序推进，生物质能、地热能资源利用取得积极进展，可再生能源利用规模进一步扩大。2020 年，面对土地资源稀缺和消纳风险的挑战，理顺可再生能源价格体系、推动创新发展，积极探索培育可再生能源开发利用新业态，是河南加快绿色转型步伐、践行低碳发展的关键。

一 2019年河南省可再生能源发展情况分析

2019 年，河南围绕能源转型发展和污染防治攻坚战整体工作部署，积极推进可再生能源发展，全省可再生能源保持高速发展态势，风电、光伏项目投资、建设更加有序，地热能清洁供暖规模化利用稳步推进。2019 年河南可再生能源发电装机累计达到 2336.1 万千瓦，占全口径发电装机比重 25.1%，其中风电装机达到 794.3 万千瓦，提前 1 年完成河南省“十三五”能源发展规划目标。可再生能源发电量 374 亿千瓦时，占全口径发电量比重突破 13%。

（一）可再生能源保持高速发展态势

1. 可再生能源发电装机保持高速增长

2019 年，在国家优化调整可再生能源发展思路的背景下，河南省可再生能源开发建设规模仍然保持了快速增长的势头，风电装机规模提前 1 年完成“十三五”规划目标，有力支撑了全省能源供应结构优化调整和绿色低碳转型。2019 年，河南省可再生能源发电装机达到 2336.1 万千瓦，同比增长 21.5%，占全口径发电装机比重达到 25.1%，较上年同期提高约 3 个百分点。其中，风电装机容量达到 794.3 万千瓦，同比增长 69.8%，成为带动可再生能源发电增长的核心力量；光伏发电装机突破 1000 万千瓦，达到 1053.9 万千瓦，同比增长 6.4%，目前全省光伏发电装机增量以分布式为主，增速有所放缓（见图 1）。全省分布式可再生能源装机达到 519 万千瓦，同比增长 19.3%。

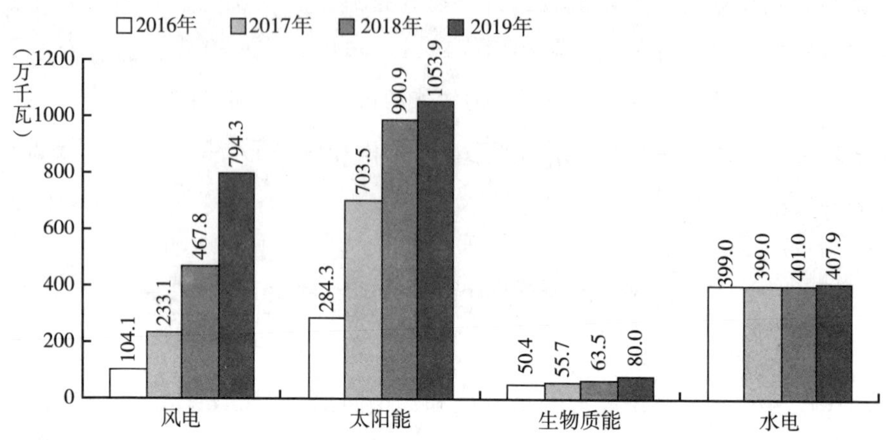

图1 2016～2019 河南省可再生能源分类装机情况

从投资建设规模看，2019 年河南可再生能源行业保持了快速增长态势，预计全年将突破 200 亿元。2019 年，全省可再生能源累计新增装机容量达到 413 万千瓦，占全省全口径净增装机容量的约 66%。其中，风电新增装机 326 万千瓦，风电新增装机规模居全国第 1；光伏发电新增装机 63 万千瓦，生物质发电新增装机 17 万千瓦、水电新增装机约 7 万千瓦。

2. 可再生能源利用规模进一步增长

2019 年，河南保障了可再生能源发电的全额消纳，全省可再生能源开发利用规模持续扩大，擦亮了能源绿色发展的底色。2019 年，可再生能源发电量达到 374 亿千瓦时，同比增长 18%，占全口径发电量比重达到 13.3%，较上年提高约 2.5 个百分点。其中，风电发电量达到 88 亿千瓦时，同比增长 54.7%，对全省可再生能源发电量增长的贡献率约 50%；光伏发电量达到 102 亿千瓦时，同比增长 21.5%；生物质发电量达到 39 亿千瓦时，同比增长 23.8%；水电发电量达到 145 亿千瓦时，同比增长 0.7%。河南通过持续加强配套电网工程建设、优化电网运行调度，确保了全省可再生能源发电的全额消纳。从可再生能源发电设备整体利用水平看，除风电受全年新投产项目较多等因素影响，风电装机等效利用小时数较上年同期有所下降外，水电、光伏、生物质发电设备利用小时数均有不同程度增长。

预计2019年全省可再生能源利用量达到约2100万吨标准煤，同比增长12%以上，在全省一次能源消费结构中的占比达到8.5%，较上年提高约0.5个百分点。

（二）可再生能源发展质效稳步提升

1. 可再生能源发展结构持续优化

2019年，河南持续优化可再生能源发展的政策导向，全省可再生能源发展更趋科学合理，整体结构不断优化，分布式可再生能源发电项目快速发展。2019年8月，围绕可再生能源项目不占用基本农田、国家Ⅰ级公益林等要求，河南省发改委印发《关于调整河南省“十三五”分散式风电开发方案的通知》（豫发改新能源〔2019〕539号），合计增补分散式风电项目175个，总容量453.73万千瓦，调减项目6个，总容量6万千瓦，并明确强调，不得以分散式名义建设集中式风电场，有力推动了全省风电结构和布局优化。

2. 平价上网和市场竞争配置项目取得积极进展

近年来，国家持续加快风电、光伏发电补贴退坡，优先推动平价上网项目发展，将标杆上网电价改为指导价，实行市场竞争配置。河南深入贯彻国家可再生能源发展思路，在推动全省风电、光伏等可再生能源平价上网和市场竞争配置项目发展方面迈出了关键步伐。

风电、光伏发电项目迈出了平价上网的第一步。2019年年初，按照国家能源局发布的《关于积极推进风电、光伏发电无补贴平价上网有关工作的通知》（发改能源〔2019〕19号）要求，河南组织实施了第一批风电、光伏平价上网项目申报，全省共15个总规模137万千瓦项目获得国家能源局批复。其中风电共11个项目、总规模110万千瓦；光伏共4个存量项目、总规模27万千瓦经审核转为平价上网项目。

光伏市场竞争配置项目取得了积极进展。2019年，国家发改委发布《关于完善光伏发电上网电价机制有关问题的通知》（发改价格〔2019〕761

号)、《关于完善风电上网电价政策的通知》（发改价格〔2019〕882 号），将集中式光伏电站标杆上网电价、陆上风电标杆上网电价改为指导价，原则上新增集中式光伏电站上网电价、新核准的集中式陆上风电电价全部通过竞争方式确定，不得高于所在资源区的指导价，详见表 1、表 2。按照国家要求，河南组织开展了 2019 年光伏发电竞争性配置方案筛选，全省共 95 个、总规模 27.96 万千瓦屋顶光伏发电项目通过筛选，并获得国家批复。

表 1　全国陆上风电上网电价

单位：元/千瓦时

资源区	2018 年标杆电价	2019 年指导电价	2020 年指导电价
Ⅰ类	0.4	0.34	0.29
Ⅱ类	0.45	0.39	0.34
Ⅲ类	0.49	0.43	0.38
Ⅳ类	0.57	0.52	0.47

注：1. 2018 年底之前核准的陆上风电项目，2020 年底前仍未完成并网的，国家不再补贴；2019 年 1 月 1 日至 2020 年底前核准的陆上风电项目，2021 年底前仍未完成并网的，国家不再补贴。自 2021 年 1 月 1 日开始，新核准的陆上风电项目全面实行平价上网，国家不再补贴。2. 新核准的集中式陆上风电项目上网电价全部通过竞争方式确定，不得高于项目所在资源区指导价。3. 指导价低于当地燃煤机组标杆上网电价（含脱硫、脱硝、除尘电价）的地区，以燃煤机组标杆上网电价作为指导。4. 河南为Ⅳ类地区。

表 2　全国光伏发电上网电价

单位：元/千瓦时

<table>
<tr><th rowspan="2">资源区</th><th colspan="2">集中式</th><th colspan="3">分布式</th><th rowspan="2">村级扶贫电站</th></tr>
<tr><th>2018 年标杆电价</th><th>2019 年指导电价</th><th>“自发自用、余量上网”除户用以外的项目</th><th>“余额上网”工商业项目</th><th>户用项目</th></tr>
<tr><td>Ⅰ类</td><td>0.5</td><td>0.4</td><td rowspan="3">纳入 2019 年补贴规模，全发电量补贴标准调整为 0.1 元/千瓦时</td><td>0.4</td><td rowspan="3">纳入 2019 年补贴规模，全发电量补贴标准调整为 0.18 元/千瓦时</td><td>0.65</td></tr>
<tr><td>Ⅱ类</td><td>0.6</td><td>0.45</td><td>0.45</td><td>0.75</td></tr>
<tr><td>Ⅲ类</td><td>0.7</td><td>0.55</td><td>0.55</td><td>0.85</td></tr>
</table>

注：1. 国家能源主管部门已经批复的纳入财政补贴规模且已经确定项目业主，2019 年 6 月 30 日（含）前并网的，上网电价按照《关于 2018 年光伏发电有关事项的通知》（发改能源〔2018〕823 号）规定执行；7 月 1 日（含）后并网的，上网电价按照指导价执行。2. 能源主管部门统一实行市场竞争方式配置的工商业分布式项目，市场竞争形成的价格不得超过所在资源区指导价，且补贴标准不得超过 0.1 元/千瓦时。3. 河南为Ⅲ类地区。

（三）可再生能源发展助力民生改善

2019 年，河南持续扩大光伏扶贫覆盖范围，以可再生能源发展带动和促进民生改善。年内，河南省发改委、扶贫办等相关政府主管部门组织开展了光伏扶贫项目验收工作，对集中式扶贫电站进行重点督导抽查，现场召开座谈会，对于发现的问题及时整改，确保了光伏扶贫项目扎实落地。同时，河南积极开展了“十三五”第二批光伏扶贫项目申报工作，推动台前县总建设规模 1.95 万千瓦的光伏扶贫项目纳入了国家计划。

为确保光伏扶贫收益及时惠及广大贫困群众，河南紧抓国家调整、公布第一批、第二批光伏扶贫补助目录契机，推动全省 50.5 千瓦项目纳入第二批光伏扶贫补助目录，全省共有 67 万千瓦项目纳入补助目录。截至 2019 年底，河南省光伏扶贫项目总规模达到 258.5 万千瓦，实现了有条件地区光伏扶贫电站的全覆盖，省内 1 万多个村集体拥有了持续 20 年的稳定集体收益，惠及约 40.4 万余户贫困群众，已累计结算收益近 15 亿元。

（四）可再生能源发展新亮点纷呈

1. 稳步推进生物质能梯级利用

生物质能梯级利用是河南打造绿色低碳循环发展的经济体系，打赢蓝天、碧水、净土保卫战的重要一环。2019 年，河南省生物质资源开发利用取得良好成效。为积极推进生物质能源梯级利用，河南在全省范围内组织开展了“十三五”生物质发电增补计划项目申报，新增内黄、封丘等 13 个县（区）农林生物质发电项目布局。同时，积极开展生物天然气发展中长期研究工作，详细分析了全省生物天然气发展基础与现状，摸清了全省生物天然气发展的家底。2019 年，全省新增生物质发电装机 16 万千瓦，生物质发电装机总规模达到 80 万千瓦。

2. 积极有序推进地热能利用

有序推进全省地热能利用，扩大清洁取暖覆盖面，是推动习近平生态文明思想在河南落地生根的重要途径。2019 年，河南以地热供暖为着力点，大力推进地热能开发利用，取得了较大进展。在充分借鉴国内地热开发先进地区经验，实地调研了解河北雄安新区、天津等地做法基础上，省发改委、财政厅、自然资源厅、生态环境厅等六部门联合印发了《河南省促进地热能供暖的指导意见》，成为国内首个省级地热能供暖专门指导意见。为确保地热供暖工作的推进落实，河南政府主管部门在周口市组织召开了全省地热能供暖现场推进会，明确提出下一阶段将从资源勘查、编制规划、推广复制试点经验、完善服务体系等方面加快推进地热供暖扩大规模。同时，配套召开了地热供暖企业对接交流会，梳理了运营商及产品目录，推介业内优秀企业介绍先进经验。2019 年前三季度，全省新增地热供暖面积 570 万平方米，预计全年可新增地热供暖面积 1300 万平方米。

二 2020年河南省可再生能源发展形势展望

2019 年，国家持续优化调整可再生能源发展的政策导向，加快推动可再生能源发电项目平价上网。2020 年，随着补贴进一步退坡和可再生能源消纳责任制实施，可再生能源管理将逐步由供给侧向消费侧转移，如何保障可再生能源的全额消纳已成为行业发展和管理的焦点，河南可再生能源行业发展既面临较大机遇，也面临一定的挑战。

（一）面临机遇

1. 习近平总书记考察调研河南时重要讲话精神，为可再生能源发展指明了方向

2019 年 9 月，习近平总书记深入信阳、郑州等地考察调研，主持召开了黄河流域生态保护和高质量发展座谈会，并发表了重要讲话。习近平总书记指出，河南“在全国生态格局中具有重要地位”，必须“高度重视生态保护工作”。加快可再生能源发展，优化调整能源结构，推动全省绿色低碳转型，是贯彻落实习近平总书记关于加强生态保护相关要求的重要举措。习近

平总书记关于推动、黄河流域生态保护和高质量发展的重要指示和重大要求，对全省经济社会发展和生态保护工作提出了更高要求，也为河南进一步加快可再生能源发展提供了方向指引和基本遵循。

2. 可再生能源管理政策逐步向消费侧转移，消纳保障机制日趋完善

2019 年 5 月 15 日，国家发展改革委、国家能源局联合印发《关于建立健全可再生能源电力消纳保障机制的通知》，明确将按照省级行政区域确定可再生能源电力消纳责任权重，包括消纳责任权重和非水可再生能源消纳责任权重：将按照省级行政区域电力消费，规定应达到的可再生能源消纳责任权重，以及各省级行政区域必须达到的最低比重指标和超过即奖励的激励性消纳责任权重。国务院能源主管部门将对各省级行政区域消纳责任权重完成情况进行监测评价。对超额完成消纳责任权重的省级行政区域予以鼓励，对未完成消纳责任权重的市场主体要求限期整改，将可再生能源消费量与能耗“双控”考核挂钩。《通知》明确可再生能源电力消纳责任制将自 2020 年 1 月 1 日起正式进行考核，该举措将推动可再生能源管理政策逐步向消费侧转移，推动形成保障可再生能源健康发展的长效发展机制。

3. 可再生能源发电成本持续下降，行业市场竞争力不断提升

技术成本、资源情况、用地等其他成本是影响可再生能源发电成本的主要因素，近年来，随着光伏发电的技术进步、产业升级和市场规模扩大，光伏发电成本持续下降。以光伏发电领跑奖励基地中标电价为例，国内太阳能资源条件较好的地区已经实现了平价上网，如 2019 年内蒙古达拉特旗为 0.27 元/千瓦时，已经低于脱硫煤标杆电价。随着中国风电全产业链逐步实现国产化，风电设备技术水平和可靠性不断提高，风电场造价总体呈现逐年下降趋势，预计近期有望实现发电侧平价上网。尽管从资源禀赋情况看，河南等太阳能、风能资源较为一般的地区发电成本仍然相对较高，实现平价上网仍需时间过渡，但可再生能源发电成本的持续下降，将推动行业整体竞争力稳步提升。

（二）存在问题

1. 风电领域受补贴政策时限影响可能出现抢装潮

2019 年 5 月，国家发改委发布的《关于完善风电上网电价政策的通知》规定，2018 年底之前核准的陆上风电项目，2020 年底前仍未完成并网的，国家不再补贴；2019 年 1 月 1 日至 2020 年底前核准的陆上风电项目，2021 年底前仍未完成并网的，国家不再补贴。自 2021 年 1 月 1 日开始，新核准的陆上风电项目全面实现平价上网，国家不再补贴。受此政策影响，从 2019 年 5 月开始，风电行业因平价上网时间表提前而出现抢装局面。风电领域的大规模抢装潮，会降低市场资源配置效率，推高行业成本，不利于行业的健康可持续发展。

2. 可再生能源大规模发展面临资源等因素制约

“十三五”以来，河南省可再生能源实现了跨越式发展，有效推动了全省能源清洁绿色转型。但是随着可再生能源快速发展，全省整体消纳空间趋紧、可再生能源发电较为集中的局部地区接入电网受限、土地资源稀缺等问题逐步显现，难以支撑可再生能源后续大规模集中建设。2019 年，在政府主管部门大力引导、推动下，河南可再生能源发展方向得到了有效的调整，具有消纳优势的分布式项目持续快速发展，平价上网项目和市场竞争配置项目也迈出了重要步伐，但总体上看，其规模还不足以支撑全省能源转型发展，未来河南可再生能源发展仍面临严峻的消纳问题。

（三）发展展望

2020 年，河南将继续扩大风电、光伏发电、生物质能和地热能规模化利用，提高可再生能源对传统能源的替代能力，不断加强电力系统调峰能力建设，把分散式风电、分布式光伏发电作为重点投资领域，集中式风电、光伏发电项目建设从单纯规模扩大向量质齐升转变，同时，在分布式发展、储能、多能互补、生物质能和地热能梯级利用等方面，积极探索培育可再生能源开发利用新技术新模式，推动可再生能源可持续发展。

2020 年 1 ~2 月新型冠状病毒肺炎疫情期间，全省可再生能源发电量

54.4 亿千瓦时，同比增长 18.6%，仍然保持了良好增长态势，可再生能源行业受疫情影响较小、整体可控。初步预计，2020 年全省可再生能源行业投资同比增长达到 18%，可再生能源发电新增装机 420 万千瓦，新增清洁供暖能力 1600 万平方米。2020 年全省可再生能源利用量达到 2250 万吨标准煤左右，同比增长 7.1%，非化石能源消费占比达到 9% 左右，比 2019 年提高约 0.5 个百分点。其中，可再生能源发电量达到 400 亿千瓦时左右，燃料乙醇利用量 100 万吨，生物制气 18 亿立方米。

三　河南省可再生能源发展对策建议

2020 年是“十三五”收官之年，面对可再生能源发展的机遇和挑战，河南应全面贯彻落实习近平总书记考察调研河南重要讲话精神，围绕能源结构升级优化，着力提升可再生能源消费比重，完善政策体系，增强可再生能源协调发展能力，为全省能源转型提供有力支撑。

（一）统筹电源电网资源，提升系统灵活性和安全性

可再生能源发展应当与电力系统调节能力相匹配，建议统筹规划电源与电网，统筹规划抽蓄电站建设、火电机组灵活性改造、需求侧响应及电化学储能等灵活性资源，确保电力系统调节能力与系统备用充足。鼓励在可再生能源发电侧加装储能装置，对可再生能源资源进行优化、补偿，减少弃风弃光，平滑出力曲线，改善风电和光伏不稳定、不可协调的缺陷，提高系统灵活性和安全性。

（二）建立消纳保障机制，促进可再生能源全额消纳

建立可再生能源电力消纳保障机制，确保国家下达河南可再生能源电力消纳责任权重按期完成。加快输电网和城乡配电网建设，统筹可再生能源项目建设与送出工程建设，继续保持全省可再生能源发电全额消纳态势。积极构建年度预警和监管制度。以电力系统经济接纳能力为依据，综合考虑电

源、电网、负荷、市场建设等因素，合理确定新能源开发规模、布局及时序，并及时滚动修正。

（三）完善产业服务体系，因地制宜推广地热供暖

全省应积极稳妥推进地热能利用，加快全省地热资源勘查与选区评价，提前开展“十四五”地热能供暖规模化利用研究，组织资源条件好的地区编制地热发展规划，统筹地方开展地热能开发利用，为规划编制提供支撑。加快完善地热供暖产业服务体系，梳理地热供暖优秀企业、先进产品和技术目录，加大推广力度。运用互联网、物联网融合技术，建立覆盖全省的地热资源监测系统，加强对地热能开发和环境影响的监测和评价。

（四）注重融合创新，开展可再生能源示范项目

河南可再生能源创新发展能力需要进一步提高，应结合河南发展实际，积极开展试点示范项目建设。在鹤壁、兰考、禹州组织开展分布式发电市场化交易试点建设，探索分布式发电市场化交易模式。在豫西、豫北等新能源发电集中密集区域，以空气储能、氢储能等形式，组织开展“风、光、储”一体化试点示范。融合大数据、互联网、人工智能、微电网等技术，建成一批技术先进、有特色的智能风光发电项目。加强全产业链协同创新，打造集资源开发、装备制造、电场运营维护于一体的智能化可再生能源开发利用模式。

参考文献

河南省发改委：《关于进一步做好可再生能源发电接网工程建设的通知》（〔2019〕301号），2019年5月22日。

国家发展改革委、国家能源局：《关于建立健全可再生能源电力消纳保障机制的通知》，2019年5月15日。

国家发展改革委：《关于完善风电上网电价政策的通知》，2019年5月21日。

预测展望篇

Prediction and Outlook

B.7 河南省电力与经济关系发展现状及远期展望

邓方钊　刘军会　赵文杰*

摘　要： 电力消费与经济增长之间存在着密切的联系，研究把握电力经济关系发展态势，有助于深入分析经济运行和电力消费情况，科学指导电力工业发展规划。自经济发展新常态以来，河南电力消费增长的波动性明显增加，电力需求与经济增长的增速差也逐步拉大。本文结合河南经济运行实际，对新时期河南省电力与经济增长“背离”的原因进行了剖析，指出极端天气、新旧动能转换是近期用电量增速波动加大的主要

* 邓方钊，工学硕士，国网河南省电力公司经济技术研究院工程师，研究方向为能源经济与电网规划。刘军会，工学硕士，国网河南省电力公司经济技术研究院工程师，研究方向为能源经济与电力市场；赵文杰，工学硕士，国网河南省电力公司经济技术研究院工程师，研究方向为能源经济与电网规划。

原因，产业结构调整、传统产业转型升级导致并加大了用电量与经济增长的增速差。未来，随着经济和能源高质量发展，河南用电量保持中低速增长且低于 GDP 增速将成为常态。

关键词： 河南省 电力需求 电力经济关系 电力规划

对电力经济关系的深入研究和把握，是进行电力需求预测和电力规划的前提。长久以来，河南省电力需求增长与经济发展的关系较为密切，两者的增长速度、波动状态基本趋同。然而自经济发展新常态以来，河南省电力经济关系发生了一些新变化，短期内个别年份电力消费增长的波动幅度明显加大，长期来看电力消费增速与 GDP 增速的差距也有拉大的趋势。针对河南省电力经济关系所表现出的新特征，有必要深入分析其外在变化的内在逻辑，把握电力经济关系的演变趋势及规律，为科学规划河南省“十四五”及远期电力发展提供指导。

一 河南省电力经济关系回顾

电力经济关系的演变与产业结构的调整息息相关，对 2000 ~ 2018 年以来河南省电力经济增速、电力经济结构、度电产值的变化进行分析，可揭示长周期内经济与用电量关系随产业结构调整的演变规律和近期的新特征。

（一）经济与电力增速发展态势

河南省电力与经济增速的变动趋势基本一致，但用电量变动更敏感。2000 ~ 2018 年河南省全社会用电量年均增速 9.1%，GDP 年均增速 10.7%，电力弹性系数为 0.85，两者之间的变动趋势总体基本一致，呈现较强的相关性，但用电量增速波动态势较 GDP 更明显。按经济发展阶段，电力经济增速的关系可分为快速发展期、调整期和新常态期三个阶段。

快速发展期（2000～2007 年），河南省 GDP 与用电量均保持 10% 以上的高速增长。其间固定资产投资和生产规模效应对经济增长拉动作用较大，大批高耗能项目投产，用电量年均增速 14.1%，高于 GDP 增速（12.3%）1.8 个百分点。

调整期（2007～2012 年），GDP 增速保持 10% 以上，用电量增速波动较大并呈现下降态势。2008 年金融危机后宏观调控政策做出重大调整，实行积极的财政政策和适度宽松的货币政策。其间河南用电量年均增速 8.7%，低于 GDP 增速（11.5%）2.8 个百分点。

新常态期（2012 年以后），GDP 增速逐步下降到 10% 以下，用电量增速下降至中速区间，波动幅度增大。其间河南加大经济结构调整步伐，严格落实“三去一降一补”，第三产业比重逐步上升，高耗能行业转型升级，新动能逐步得到培育，河南用电量年均增速 3.7%，低于 GDP 增速（8.3%）4.6 个百分点（见图 1）。

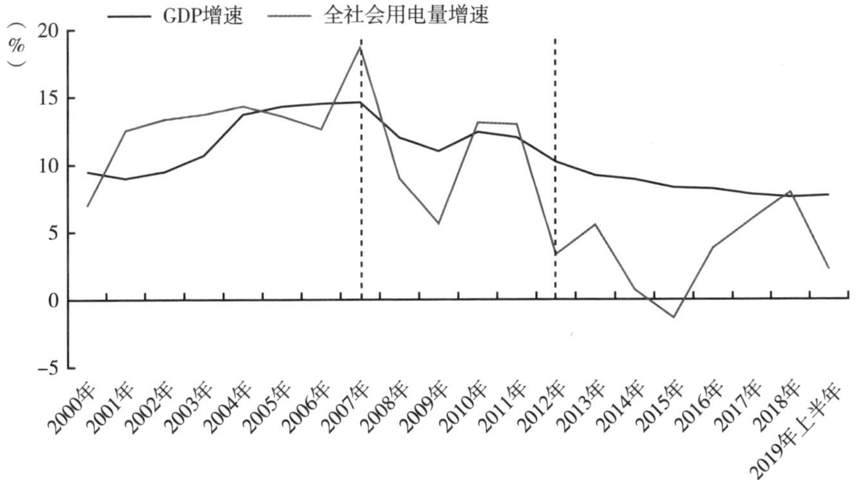

图 1　2000 年至 2019 年上半年全省全社会用电量及 GDP 增速

资料来源：《河南统计年鉴 2018》、河南省统计局网站、河南省电力公司。

（二）经济与电力结构变化态势

全省经济结构优化显著。近年来河南省主动适应经济发展形势，加快产业结构战略性调整，钢铁、电解铝、水泥、平板玻璃等产能进一步压减，传统行业逐步向“减量、延链、提质”方向转变，装备制造、食品制造、新型材料、电子制造、汽车制造、新能源及网联汽车、智能终端、生物医药以及现代服务业等行业得到较快发展，三次产业结构已由2007年的14.3∶54.5∶31.2调整为2018年的8.9∶45.9∶45.2，第三产业占比较2000年提升约13.6个百分点（见图2）。

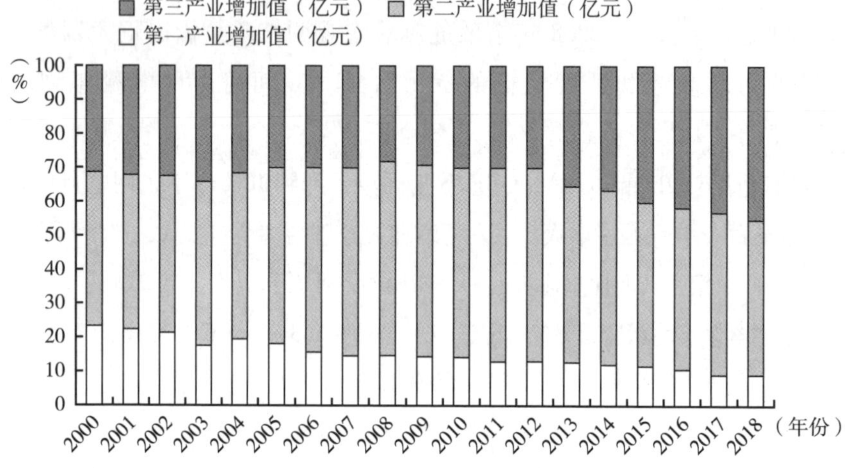

图2　2000～2018年河南省分产业增加值结构变化

用电结构随产业发展不断调整。2000～2007年，受高耗能快速发展影响，全省三次产业和居民生活用电量比重由2000年的7.5∶73.5∶8.4∶10.6调整为2007年的3.4∶80.1∶7.2∶9.2，二产用电量持续提升；2008年后受产业结构调整影响，全省三次产业和居民生活用电量比重调整为2018年的1.4∶65.8∶15.2∶17.7。2000～2018年居民生活用电量占比提升了7.1个百分点，第三产业用电量占比提升了6.8个百分点（见图3）。

（三）度电产值变化态势

纵向看，全省度电产值不断提高，经济发展质量和效益不断改善。2000年全省度电产值为10.2元/千瓦时，2018年增至13.5元/千瓦时（2010年可比价），与全国的差距从低1.1元/千瓦时到高2.8元/千瓦时，河南省第三产业度电产值自2014年之后已超过全国平均水平（见图4）。

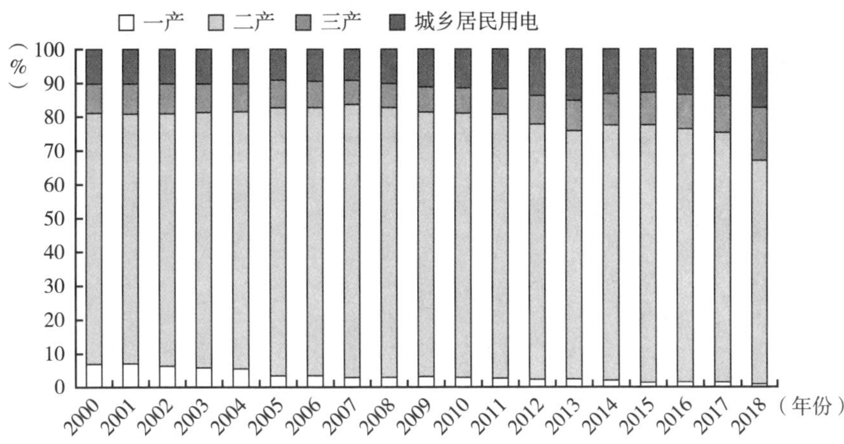

图 3　2000～2018 年河南用电量结构变化

资料来源：历年河南省电力统计年鉴。

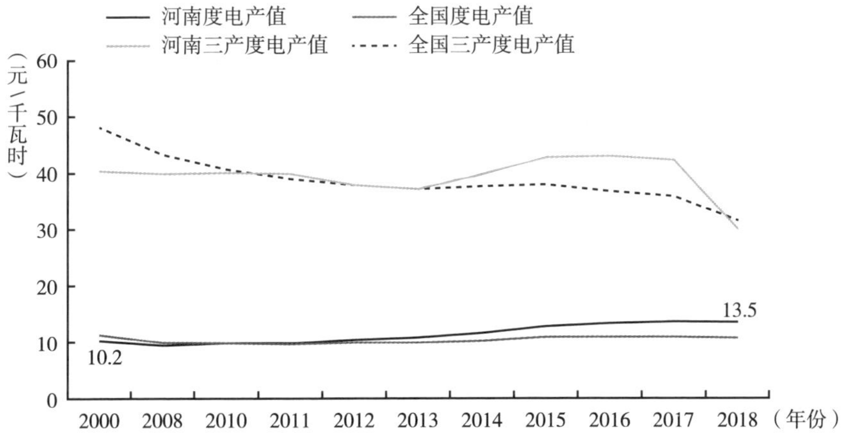

图 4　2000～2018 年河南度电产值

资料来源：经济数据来自国家统计年鉴、河南省统计年鉴，采用 2010 年可比价；电量数据来自中电联电力快报、河南省电力统计年鉴。

横向看，河南省度电产值与发达省份相比还有较大差距。2000 年以来河南省度电产值均低于北京、上海、江苏、广东等省市，2018 年河南省度电产值较北京、上海、江苏、广东四地市中最高的北京市低 12.4 元。从中部六省看，虽然河南省经济总量始终居首，但度电产值却较低，与安徽持平，仅高于山西省。2018 年河南省的度电产值低于湖南 6.8 元/千瓦时、低于湖北 4.9 元/千瓦时（见图 5）。

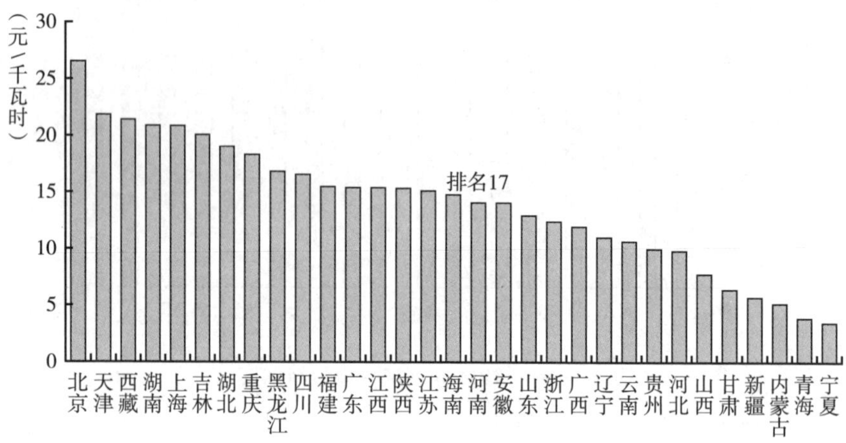

图 5　2018 年全国 31 省份度电产值排名

资料来源：经济数据来自国家统计局网站，采用 2018 年当年值；电量数据来自中电联电力快报。

二　近期用电量增速波动加大的原因分析

如前所述，长期来看全省用电量和经济增速之间呈现较强的相关性，但短期看，个别年份 GDP 增速与用电量增速出现了较大背离，如 2014 年全省 GDP 增速 8.9%，用电量增速 0.7%；2015 年全省 GDP 增速 8.3%，用电量增速仅为 -1.4%；2019 年上半年 GDP 增速 7.7%，用电量增速 2.19%。为解释这一现象，从极端天气影响、新旧动能转换等方面来加以分析。

（一）极端天气等非经济性因素

极端天气加大了用电量增速的波动幅度。随着生活水平的提高，极端天气对降温采暖负荷和电量的影响程度逐年增大。近年来几次极端天气的出现，在一定程度上加大了用电量增速的波动性。2013 年 7～8 月，全省平均气温 28.8℃，较常年同期偏高 1.8℃，创 1961 年来最高值；2014 年、2015 年连续两年夏季全省出现了罕见“凉夏”，全省 7 月、8 月平均气温分别为 26.4℃、26.3℃，较常年同期低 0.6℃、0.7℃。2017 年、2018 年夏季，河南连续两年出现极端高温天气，其中 2018 年度夏期间，全省出现了连续 12 天超过 35℃高温闷热天气，创 1961 年以来高温持续时间最长纪录。全省天气异常变化导致降温和采暖电量大幅波动，从而影响全年用电量增长。采用降温采暖电量测算方法进行分析发现，2013 年、2014 年、2015 年、2017 年和 2018 年受极端天气影响，当年降温电量较正常气温条件下分别增长 50 亿、-6 亿、-17 亿、61 亿和 74 亿千瓦时，将其影响剔除后，全省用电量增速波动幅度趋缓（见图 6）。

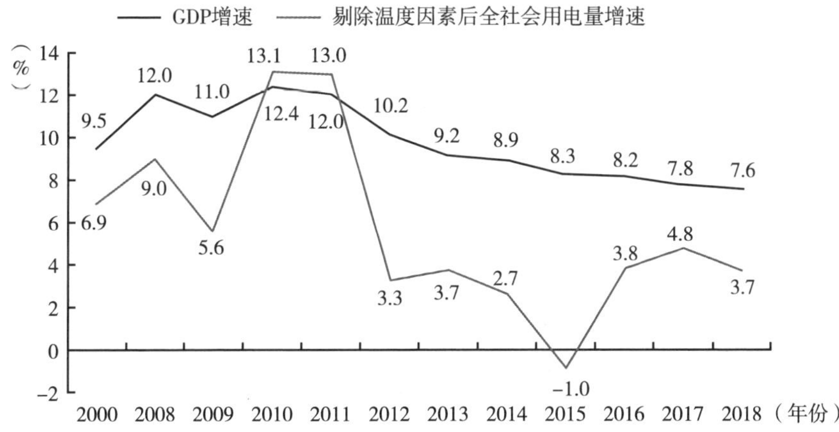

图 6　2000～2018 年河南省用电量和 GDP 增速对比

（二）新旧动能转换的影响

新动能不断增强，低电耗创造高产值。河南明确了重点发展的五大主导产业（装备制造、食品制造、新型材料制造、电子制造、汽车制造）、战略性新兴产业和高技术产业，出台了一系列推动相关产业发展的政策指导意见、发展规划。2018 年，全省五大主导产业、高技术制造业用电量增速分别较工业用电量低 0.3、6.3 个百分点，增加值增速高于规模以上工业 0.5、5.1 个百分点。其中，五大主导产业用电量约占规模以上工业企业总用电量的 11.8%，却创造了 45.2% 的规模以上工业增加值（见图 7）。

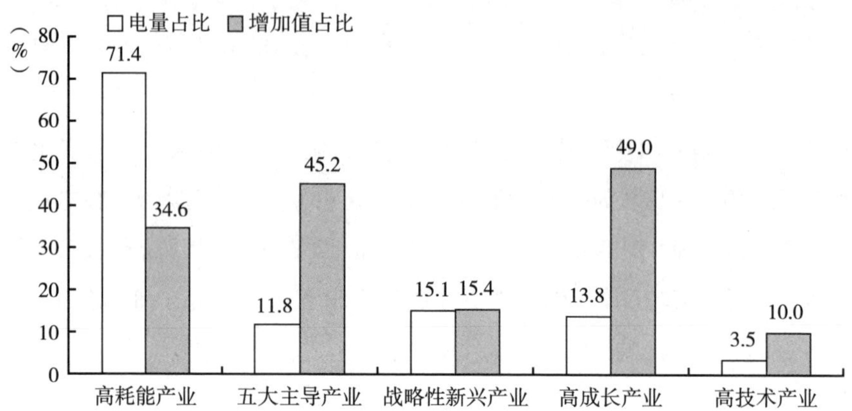

图 7　2018 年规模以上工业增加值与用电量占比

注：数据来自规模以上工业用电统计核算；其中，高成长产业包括装备制造、电子信息、现代家居、食品制造、汽车、服装服饰；五大主导产业包括装备制造、电子制造、食品制造、汽车制造、新型材料制造。

旧动能转型升级不断加速，比重逐步降低。“十二五”期间，全省全面淘汰 400 立方米及以下高炉、160 千安电解槽、各种规格的干法中空窑、湿法窑等落后工业技术设备，累计淘汰炼钢产能 492 万吨、电解铝产能 48.7 万吨、水泥产能 1276 万吨。“十三五”以来全省进一步提高淘汰标准，逐步关停不符合节能减排和安全生产要求的独立炼铁、独立转炉炼钢企业，达不到新的环保排放标准的日产 3000 吨及以下的水泥熟料生产线，全省钢铁、电解铝、水泥、平板玻璃过剩产能得到有效化解。

在新旧动能转换期，高耗能行业发展对全行业用电量增速的影响明显高于对 GDP 的影响。原因主要有：一是高耗能行业增加值占比低、用电量占比高，全省五大高耗能行业增加值占 GDP 比重仅保持在 18% 左右，占全社会用电量的比重虽有所下降，但 2018 年最低也在 33.3% 以上；二是高耗能行业度电产值偏低，五大高耗能行业平均度电产值在 6.5 元/千瓦时左右，仅为全行业度电产值的 1/3，是拉低第二产业和全行业度电产值的主要原因。

当剔除高耗能行业影响后，经济和用电量增长态势更趋一致。把高耗能行业的增加值和用电量分别剔除，对河南省电力与经济增速的关系曲线进行修正，经济和用电量增长态势更趋一致，如图 8 所示。更进一步地，由于居民生活用电不直接产生经济效益，没有产业增加值与居民用电量相对应，当再剔除居民用电因素后，全行业用电增速曲线与 GDP 增速曲线的一致性、趋同性更加明显，更能反映电量与经济的相关关系，如图 9 所示。

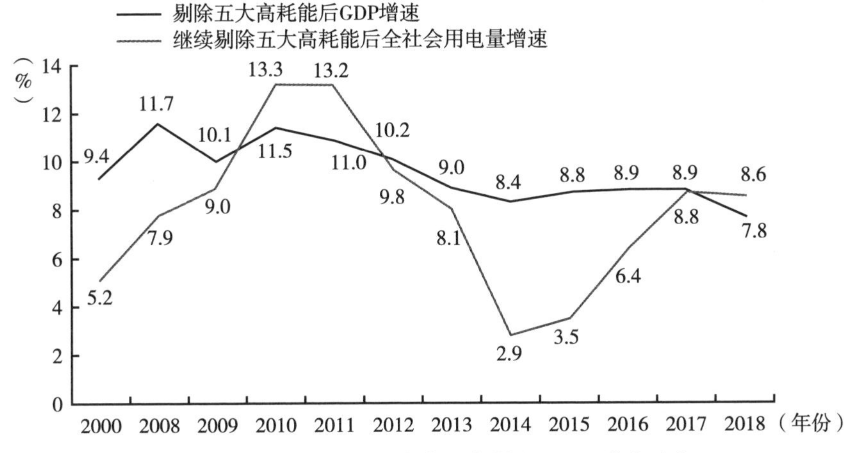

图 8　2000～2018 年河南省用电量和 GDP 增速对比（继续剔除五大高耗能行业增加值与对应用电量）

注：五大高耗能行业增加值为规上企业增加值，采用 2010 年可比价。

图 9　2000～2018 年河南省全行业用电量和 GDP 增速对比（剔除五大高耗能行业增加值与对应用电量）

注：五大高耗能行业增加值为规上企业增加值，采用 2010 年可比价。

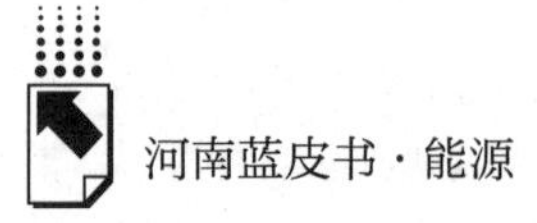

三　近期用电量与经济出现增速差原因分析

经济进入新常态后，全省用电量增速明显放缓且长期低于 GDP 增速，产生增速差的主要原因为产业结构调整，以及企业内部产品转型升级。

（一）产业结构调整导致电力经济增速差

第三产业对全省经济的拉动作用逐步增强，其对经济的影响高于对用电量的影响。首先，第三产业增加值占比高、用电量占比低，2018 年全省第三产业增加值占 GDP 比重 45.2%，占全社会用电量比重 15.2%。其次，第三产业度电产值高，2017 年河南第二产业度电产值为 10.4 元/千瓦时，第三产业度电产值为 42.3 元/千瓦时，同样 1 千瓦时电量在第三产业创造的价值是第二产业的 4.1 倍。鉴于上述原因，由于产业结构、用电结构向第三产业倾斜，使得单位电量消耗可创造出更大效益，产生了经济与电力增速差距。

（二）传统产业转型升级加大电力经济增速差

传统企业的产品转型升级是导致传统行业增加值增速高于用电增速的重要原因。企业通过调整内部产品结构、延伸产业链、增加产品差异化、降低综合电耗，可进一步增加企业产值、减少用电需求。

例如，在有色金属行业，一是电解铝去产能和产能转移力度空前，在运产能由历史峰值 440 万吨大幅降至目前约 170 万吨。二是十种有色金属产量上升、原铝产量下降，电解铝产品毛利率 2018 年仅为 -3.32%，全省原铝产量由 2012 年的 369 万吨降至 2017 年的 302 万吨，占比下降了 3.6 个百分点。十种有色金属盈利尚可，其中氧化锌系列高达 59.71%，十种有色金属产量维持在 550 万吨左右，占比由 2012 年的 60.7% 提升至 2017 年的 64.3%（见图 10）。三是铝加工产业链延伸趋势明显，铝加工产品在电子电气、汽车用铝、轨道车体等方面具有广泛的用途，实际生产中，生产 20 万吨电解铝全年需要 28 亿千瓦时电量，而生产 20 万吨铝板带仅需 1.5 亿千瓦时电量，且20万吨铝板带产生的产值要比电解铝高得多，铝加工用电成本比重仅2%左右，却能创造出较高的经济效益。

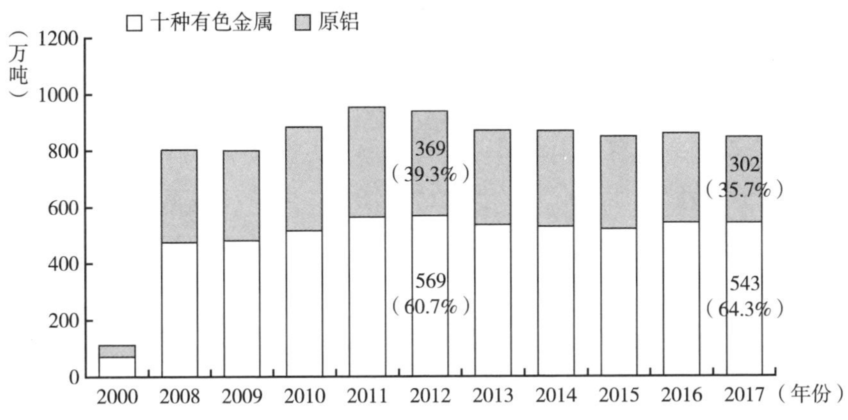

图10　2000~2017年有色行业主要产品结构对比

在黑色行业，一方面粗钢等主要产品产量下降，粗钢产量由2015年的2897万吨下降至2018年的2892万吨，钢材产量由2015年的4767万吨下降至2018年的3661万吨。另一方面附加值较高的型材产量增加，以安阳某钢铁公司为例，其型材毛利率13.42%，高于板带材（11.28%）和管材（12.50%），型材营业收入占比由2015年的4.9%提高到2018年的5.3%。在非金属行业，一方面水泥产量逐步下滑，由2014年的17331万吨降至2018年的10965万吨。另一方面水泥向高标号产品升级，逐步减少低标号水泥使用量，玻璃产品向信息显示、新能源玻璃转型。在化工行业，产品延续多样化发展态势，新产品层出不穷，企业通过产品差异化和精细化管理，实现产品附加值不断提升。

四　远期河南用电增速与经济增长关系展望

从国际经验来看，产业结构转型、服务业比重提升的过程通常伴随着用电增速下降。进入后工业化时代的美国、日本、韩国、德国用电量增速呈逐年放缓趋势。以美国为例，2000～2015年，第二产业增加值占比由23.4%下降至19.2%，第二产业用电量占比由33%下降至22.8%；第三产业增加值占比由75.4%提升至79.7%，第三产业用电量占比由32.5%提升至37.4%。2000～2015年用电量增速呈逐年下降趋势，年均增速由1.0%降至-0.1%。

当前，河南省仍处于工业化中期阶段，未来全省产业结构调整将呈现以下特征。一是传统动能改造升级步伐持续加快，坚持“减量、延链、提质”转型方向，进一步压减电解铝、钢铁、煤化工、水泥等产能。二是经济增长新动能加快培育，形成装备制造、食品、电子信息等国内领先、国际先进的万亿级产业，生物医药、节能环保、先进材料成为千亿级产业，高端装备、新能源、新能源汽车、数字创意等产业规模不断扩大。

预计未来较长一段时期，全省经济发展稳中向好，质量效益不断提高。河南将在2025年左右进入工业化后期，2035年后进入后工业化阶段，预计“十四五”期间河南省GDP年均增幅在7%左右、2025～2035年GDP年均增幅在6%左右，第二产业比重持续降低，第三产业比重稳定上升，2035年河南省经济结构可达6∶34∶60。

全省电力需求保持刚性增长态势，用电结构不断优化。未来河南经济发展将实现新旧动能转换，呈现传统行业提升改造、重点优势产业培植发力、战略新兴产业快速发展的特征。工业用电量增长将主要依靠主导产业、新兴产业等新动能驱动，第三产业和居民生活用电将随着全省城镇化率提升、居民生活水平提高、电能替代推进成为拉动用电量增长的主力。预计2025年全社会用电量为3720亿～3770亿千瓦时，“十四五”年均增速为4.8%～5.8%；2035年全社会用电量为5960亿～6800亿千瓦时，2025～2035年年均增速为2.4%～3.1%。二产用电量占比将稳中有降，预计2025年、2035年分别降低至60%、43%，第三产业用电量占比将快速上升，预计2025年、2035年分别提升至18%、26%，居民生活用电比重也将分别提升至21%、30%。

全省用电量中低速增长且低于GDP增速将成为常态。“十四五”期间，河南省 GDP 将保持 7% 的增速，全省用电量保持 5% 左右的增速；2025 ~ 2035 年全省 GDP 增速为 5.5%，全省用电量保持 3% 左右增速（见图 11）。

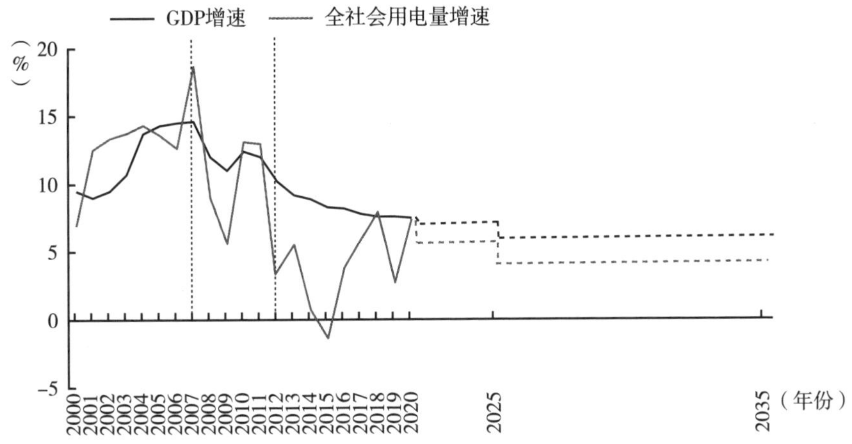

图 11　2020 ~ 2035 年河南省全社会用电量及 GDP 增速

五　主要结论

1. 环境气候是影响电力经济关系的重要因素

环境气候特别是极端气象条件对用电量的影响十分显著，在以用电量增长来观察经济发展时应予以剔除。以 2018 年夏季为例，河南省出现极热天气，全年用电量增速不仅创 2012 年以来新高，而且自 2012 年以来首次高于 GDP 增速，降温电量拉高了用电量增速 3 个百分点。

2. 电力与经济差异性揭示经济发展质量效益不断改善

当前，河南经济发展新旧动能转换特征明显，高耗能行业发展态势对全社会用电量增速的影响明显高于对 GDP 的影响，当剔除高耗能行业影响后，用电量增速波动程度趋缓。产业结构不断调整，第三产业发展迅速，导致近期电力经济增速差出现，而传统企业产品转型升级进一步拉大了电力经济增速差。

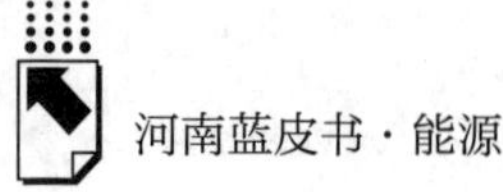

3. 未来全省用电量增速低于 GDP 增速将成为常态

从国际经验来看，产业结构转型、服务业比重提升的过程通常伴随着用电增速下降。当前河南已迈入高质量发展的新时代，其显著特征就是从注重增长的速度，转变为注重增长的质量、效率和效益。随着经济结构转型，产业结构不断升级、服务业比重提升，电力消费对经济发展的支撑作用逐步增强，将伴随着用电增速下降，用电量从前些年的高速增长阶段“换挡”至当前的中速增长阶段是必然趋势。

4. 经济新常态下的电力经济关系有更加深刻的内涵

经济新常态下，电力经济关系不再表现为简单的 GDP 增速与用电量增速、工业增加值增速与工业用电量增速的关系，应以新常态视角从总量关系研究深入产业关系、再深入产业内部重点产品的研究，充分运用电力经济及气象大数据深入挖掘，把握经济发展的实际情况和未来发展趋势。

参考文献

《河南省人民政府办公厅关于印发化解产能严重过剩矛盾实施方案的通知》（豫政办〔2014〕44 号）。

《河南省人民政府关于化解过剩产能攻坚方案等五个方案的通知》（豫政〔2017〕22 号）。

B.8

河南省地热能开发利用现状及前景展望

陈 莹 王攀科 卢 玮*

摘 要： 近年来，随着能源转型战略的实施，地热能作为一种清洁的可再生能源，因运行稳定、分布广泛受到多方关注。为促进河南省科学开发地热能，进一步扩大适用范围、提升行业竞争力，实现资源优势向发展动能加速转变，本文立足河南地热资源禀赋、区域分布、市场需求等实际情况，分析地热能开发利用的技术、管理体系、产业化模式等方面取得的进展及制约因素，提出促进全省地热能利用技术升级和规模化应用的建议。

关键词： 河南省 地热能 可再生能源

一 2019年河南省地热能发展现状

地热资源作为一种可再生绿色能源，主要用于清洁取暖、温泉康养等领域，对于优化河南省能源结构、改善生态环境具有重大意义。河南省地热资源储量丰富且分布广泛。在储量方面，探明的资源储量相当于11.5亿吨标准煤，在全国处于中上等水平。在分布方面，经初步勘探，浅层热能资源占

* 陈莹，工学博士，河南省地质矿产勘查开发局第二地质环境调查院高级工程师，研究方向为地热资源勘查及深部探测工程；王攀科，河南省深部探矿工程技术研究中心工程师，研究方向为地热地质、地热能开发利用；卢玮，河南省地热能开发利用有限公司工程师，研究方向为资源调查、地热能开发利用。

全省面积的60%以上，中深层热能资源占全省面积的25.2%。2019年河南省地热能行业在资源勘探、试点应用、政策完善、平台建设、技术研发和标准发布等方面不断取得新的进展。

（一）地热资源勘查力度持续加大

截至目前，河南省干热岩、地热资源调查评价工作区面积累计已分别达到1万、1.2万平方公里。2019年河南省自然资源厅继续加大地热资源勘查投入，年度投入2448万元。重点加强对岩溶地热资源的调查评价，相关调查评价项目分布在通许、郑州、鹤壁、巩义、平舆等地。豫东平原地区地热勘查深度取得积极进展，岩溶地热资源勘探深度达到3000米以上。除省财政支持的地质勘查项目外，河南省以市场行为为主体的地热资源勘探工作也取得突破。2019年开封市龙亭区实施的一眼深部地热勘查先导孔，终孔孔深2142米，出水温度84℃，水量约2000立方米/天，突破了以往类似地区的地热勘探资源量。此外，矿产资源管理及勘探部门立足河南省地热能资源特点和区域地质特征，在矿权管理方式、重点区域地热调查评价项目布设等方面开展工作，为进一步科学有序推进地热能产业发展夯实基础。

（二）地热供暖试点取得积极进展

在环境保护、冬季供暖热源不足的双重压力和省内外地热能供暖成功案例的示范作用引领下，河南省各地市逐步重视当地地热能供暖的发展，部分资源条件好的地市已经开展地热供暖试点，地热资源开发利用取得良好进展。自2018年下半年被列为全省地热能清洁供暖规模化试点区域以来。郑州、开封、安阳等11个市（县）地热供暖成效显著。2019年前三季度，河南省新增地热能供暖面积570万平方米，累计实现地热能集中供暖面积已超过7000万平方米。河南工程学院地热多能互补清洁能源供暖项目、郑州古荥大运河文化区集中供暖项目等一批地热供暖项目正在实施，随着试点地区地热供暖稳妥推进，预计全年新增地热能供暖能力将超过1300万平方米。

（三）地热供暖相关政策与机制不断完善

河南省地热能相关管理政策逐步由前期规划、统一部署向具体任务、技术指导方面转变，相关政策与机制不断完善。2019 年 7 月，河南省发改委、财政厅、自然资源厅、生态环境厅等六部门联合印发《河南省促进地热能供暖的指导意见》，成为国内首个省级地热能供暖专项指导意见。指导意见就地热资源勘查与选取、清洁供暖规模化利用、中深层水热型地热能供暖、浅层地热能开发利用、地热能供暖监测体系建立以及产业服务体系完善等六个方面部署重点任务。各地市也相继出台促进地热供暖发展的工作方案，《郑州市清洁取暖试点城市建设工作方案（2017～2020 年）》明确提出“取热不取水、采灌平衡、以灌定采”，推进中深层水热型地热供暖；《开封市 2019 年清洁取暖工作方案》提出全年新增地热供暖 100 万平方米；《濮阳市关于加强地热资源管理支持地热供热工作的通知》提出“北有雄安、南有濮阳”的地热开发利用目标。

同时，2019 年河南省发改委建立清洁取暖工作指导服务机制，将地热供暖纳入指导服务工作，并选派地热能供暖领域专家赴现场为各地市提供技术咨询。政策体系与服务机制的完善为地热进一步推广应用营造更好的外部环境。

（四）地热能供暖监测平台建设扎实推进

2019 年 7 月，河南省发改委等六部门联合印发《河南省促进地热能供暖的指导意见》，明确河南省地质矿产勘查开发局作为牵头单位负责建立覆盖全省的地热能供暖监测平台。监测平台将按照“公益性、开放式、专业化”的准则，以实现地热资源动态监测、数据集成、精准服务、科学预警为目标，统一规划、统一标准、统一平台，逐步实现覆盖全省的地热能供暖监测体系。河南省地热能供暖监测平台的建设，通过收集全省地热资源开发利用过程中的动态数据，及时了解地下地热资源动态变化情况，掌握地热资源开发利用过程的地质环境影响，为全省地热资源开发利用管理与规划提供依据。

（五）技术研发与行业标准取得突破

2019年，河南省地矿局环境二院与项目建设单位合作，采用石油钻井+气举反循环联合钻井工艺，进行增产试验、抽灌试验等系列科研试验，技术研发取得新突破。针对细颗粒地层回灌困难、“一抽多灌”占地面积大等问题，根据区域水文地质特征设计浅层地热能“单井抽回两用系统”，通过现场实验，实现全部回灌。单井出水量50立方米/小时，井深170米，3眼井共实现供暖制冷面积2万平方米，经过实际运行，目前性能稳定、可靠安全。

2019年11月，国家能源局批准发布384项能源行业标准，其中包括16项标准为地热能领域，涵盖浅层地热能监测与环境影响评价、浅层地热能开发工程勘察评价、地热钻井、地热地球物理勘查、地热发电、工程验收等内容。2019年9月，河南省地方标准《地热资源开发利用方案编制规范》（DB41/T 1891—2019）发布。

二　2020年河南省地热能发展形势分析

近年来，河南省地热能开发发展态势良好，无论是政策扶持还是市场需求都得到较大提升。展望未来，地热清洁供暖社会需求潜力依然巨大，企业和地勘单位更加重视地热行业发展，地热能勘探和供暖技术不断进步都为行业发展描绘了更加广阔的发展前景。鉴于地热能仍是新发展的能源之一，在制度规划、科技创新、人力资源和产业发展等层面还存在一些问题。

（一）面临的机遇

1. 地热清洁供暖社会需求潜力巨大

在冬季供暖热源紧张的局面下，地热能作为分布广泛、清洁环保、技术较为成熟的一种新能源，已经开始逐步纳入供暖企业热源选择的范畴之内。在百姓冬季供暖需求量增加、环境压力持续加大的背景下，为保障民生供热需求，地热能行业清洁供暖市场需求潜力巨大。以郑州市2019～2020年供暖季为例，2019年郑州市新增供暖面积1140万平方米，入网面积1.5亿平方米，实际收费面积9591万平方米，由于新建热源未按计划推进，主力热源国电荥阳电厂设备突发故障，供热初期供热能力出现较大缺口。2019年郑州市供暖仍然以老用户为主，很多已经完成热网建设、之前未纳入集中供暖的小区因热源紧张仍然不能实现供暖。地热能供暖作为一种新兴的供暖方式，中深层水热型地热资源条件好的地区可优先发展水热型地热供暖，深层条件不理想或其他条件受限时，新建小区可考虑浅层地热能实现建筑物供暖制冷。在供暖热源形势严峻、传统能源紧张、雾霾防治压力大的情景下，地热能作为技术成熟、清洁环保的新能源可以作为河南省冬季供暖工作中可替代能源之一。

2. 企业和地勘单位更加重视地热行业发展

在当前积极践行生态文明思想的指导下，在国家大力鼓励地热能开发利用的大背景下，地热能行业的发展在未来将大有作为。以河南省地热能开发利用有限公司为例，需求方已经由原来的个体经营者、单体项目转变为地热能开发企业、集中供暖企业。这一现象也反映出河南当前地热能开发企业主体和规模的转变。国内主要能源企业已经将地热能供暖作为企业转型发展的方向之一。

在一系列政策的指导下，河南省地热能开发利用项目已经由早期的单体项目、项目建设单位自行开发，逐步走向规模化发展。地勘单位在当前地质工作转型升级的局面下，以水工环地质工作为主业的地勘单位，依托多年积累的地热地质资料，持续提升地热勘探精准度，加强关键技术研发；以矿产勘查、调查为主业的地勘单位，也开始逐步重视地热相关领域的工作。地热能开发利用未来将是地勘单位、能源企业转型升级发展的有力抓手。

3. 地热能勘探和供暖技术不断进步

当前，美国、英国地质调查工作转向以大数据综合分析研究为主，代表了未来的发展趋势。2019年5月，美国能源署宣布将机器学习技术应用于地热勘探和开发、地热作业效率和自动化的高级分析等领域的10个新项目，例如开发一个可扩展的、开源的基于云的机器学习框架，称其为“地热云”，将包含本地、区域和大陆规模的地热数据，以评估地热勘探的风险、成本和火力发电产出；利用机器学习结合基于物理的地下流动路径和井间连接模型，用于运营决策（如在哪里钻井、完井、补井等，如何在新井和现有井中分配注入量）。这将加快推进地质工作大变革、大调整和大转型步伐。

地热能供暖领域技术已经较为成熟，社会上有大量企业（地勘单位、暖通空调厂家、管材厂家、施工单位等）相互配合可以较好地完成地热能供暖项目。未来地热能供暖在地热资源精准勘探、高效低成本的地热钻探或钻井、现场施工组织协调、能源精准调配、多能互补等方面仍然有很多创新方向，随着技术的不断发展和创新，未来地热能供暖工作将由目前的“简单粗放”，逐步走向“精准实施”。

（二）存在的问题

1. 体制机制层面，统一的管理、规划、监管、统计体系尚不完善

由于地热能资源包含矿、水两种属性，管理上存在自然资源、水利等多方管理的现象，对地热资源、浅层地热能与地下水资源概念混淆，目前仍然存在乱采、乱排等现象。在规划方面，缺乏全省层面的统一规划和指导，地热资源的调查评价与市场需求的匹配程度和及时性仍有待提高。

对于中深层水热型地热能资源的开发，缺乏强有力的回灌监管制度。由于地热能资源开发前期钻井成本高，回灌井的设置会增加初期开发成本，目前缺乏有效的回灌监管制度。

地热能的应用没有统一的归口统计部门，省政府各厅局只能掌握与各自业务相关地热能开发利用项目和供暖面积，如住建部门掌握已登记的浅层地热能开发项目，自然资源部门掌握已登记的矿权情况，水利部门掌握部分地热井取水情况，但供暖面积暂无统一统计部门，因此全省的地热能供暖面积暂时无统计部门。目前省内市场上的从业企业数量、人数、实施的工程项目数量也无法精确统计。

2. 科技创新层面，地热与前沿技术领域的拓展融合尚待加强

当前，河南省地热能领域方面的科技创新工作仍然以钻井技术、勘探技术、回灌技术等地质领域研究为主，在地热能科学取能用能储能、人工智能、智慧勘探等领域的科技创新项目尚不多见。大数据技术进步、新材料研发、生态服务模式涌现将成为产业发展所需的重要资源，河南省地热能未来尚有很多领域可以涉足，通过学科交叉、精准研发不断提高地热能领域的科技水平。

3. 人力资源方面，地热行业从业人数与行业快速发展需求尚不匹配

河南省从事地热能勘探开发以地勘单位为主，从事地热钻井工作的以国有企业、私营企业为主，从事热泵机组安装的以设备厂商及其现场安装人员为主。地热能开发利用涵盖的各专业领域中的从业人员数量与现阶段地热能开发利用项目的快速发展的人员需求尚存在一定缺口。

4. 产业发展层面，地热资源规模化开发和梯级利用尚属空白

地热能的开发利用从前期的勘探，到资源的开发，再到运营与维护，其间涉及多个专业领域，在设备、材料、管理、服务等领域提供了大量的产业发展空间，而河南省当前的地热能产业化发展尚处于初级阶段，目前还没有一个大型集团或企业可以涵盖地热能开发利用的各个阶段，仍然以各相关地勘单位、企业、生产厂家、供暖企业各自为战，并没有形成良好的沟通协作局面。

在市场项目洽谈过程中，仍存在着政府、管理部门、社会公众不了解地热能的现象，未来的地热科普工作仍需加强。在能源综合利用方面，由于地热能资源开发利用项目单一分散，综合利用和梯级利用程度低。比如温度在38℃ ~42℃的温泉洗浴尾水往往不再利用直接排放，不但造成热能的浪费，同时还存在导致热污染和地下水环境破坏的风险。

（三）发展目标与需求展望

从国际发展形势来看，地热能在全球的应用越来越广泛，国际能源署预计到2050年地热能将占全球电力生产的3.5%和热力生产的3.9%（不含地

源热泵)。从国内地热能发展形势来看，各省、自治区、直辖市鼓励大力开发利用地热能。作为全国水热型地热能供暖增长较快的三个省份之一，河南省明确提出借鉴吸收国际国内先进经验，加快推动全省地热供暖高质量发展，推动河南从地热资源大省变为地热产业强省的目标。地热能供暖在清洁、环保、节能等方面具有明显优势，未来河南省地热能供暖发展将大有潜力。预计 2020 年河南省地热供热面积增长 30%，全省累计增长地热供暖面积至 1.17 亿平方米。

三 2020年河南省地热能行业发展建议

（一）理顺地热管理模式

由于地热能资源的特殊性，在管理方式与传统矿产资源的管理区别很大，应在吸收国内外地热资源管理办法的基础上，结合河南省地热资源特点和省内实际情况，制定适度的地热能资源管理办法，明确河南省地热资源管理主体和管理内容，建议成立地热管理部门，统一规划、统一管理。同时，建议地热能开发利用坚持“以灌定采，取热不取水”的开发利用原则，明确回灌工作的管理部门和监管制度。

（二）加强技术研发能力

地热能开发利用项目涉及地质、暖通、工程等多个专业领域，在其实施过程中建议按照“专业的人做专业的事”的原则，做好项目划分，按照专业选择承担单位，高质量完成地热能开发利用项目。建议在精准勘探、高效开发、科学维护、能源优化等领域开展技术研究，不断提高河南省地热能开发利用项目的科学化水平。

（三）加大人才培养力度

目前，河南从事地热能开发利用项目的人员主要包括设计人员、地勘人员、开发企业技术人员、施工企业施工人员、设备厂商人员等，与目前地热能开发事业的发展程度相比，具有多专业基础知识的复合型人才尚处于极度欠缺状态。未来应加强相关专业的技术型和技能型人才的培养力度。

（四）发展壮大地热能产业

虽然河南省地热能开发利用项目较多，但在未来的产业化道路上仍然有很多工作需要完成，包括地热能领域相关的各个阶段和细节之处标准的完善、新技术的研发、市场企业的准入制度、施工质量的检测和监管、运行维护过程中的梯级利用等，只有在各个阶段不断完善，才能实现全省地热能产业化的发展。

参考文献

河南省发展和改革委员会等六部门联合印发《河南省促进地热能供暖的指导意见》（豫发改能源〔2019〕451 号）。

河南省发展和改革委员会办公室：《关于建立 2019 年清洁取暖工作指导服务机制的通知》（豫发改办能源〔2019〕54 号）。

郑州市人民政府印发《郑州市清洁取暖试点城市建设工作方案（2017 ~ 2020 年）》（郑政文〔2018〕92 号）。

B.9

河南省电力需求侧响应开展现状及远期展望

刘军会　李虎军*

摘　要：　电力需求侧响应在平抑尖峰负荷，促进电力供需平衡方面将发挥越来越大的作用。基于广泛调研，分析河南省工业用户、大型商业以及居民用户需求响应特性，分行业预测“十四五”全省需求响应潜力，探讨需求响应补贴资金来源的政策机制，并对需求响应市场化进程进行展望，以期对“十四五”期间河南开展电力需求侧响应有一定的指导。

关键词：　河南省　电力需求侧响应　响应能力　实施成本　补贴资金

近年来，河南电网降温负荷增长迅猛，但负荷尖峰时长较短，保障电力供需平衡的压力不断增大。可通过实施电力需求响应（Demand Response，以下简称“DR”），增加电力系统用户侧调节能力，缓解电力供需压力。通过需求响应实现“削峰”的潜力与用户负荷构成以及响应特性相关，有必要先期评估各类用户响应能力，指导“十四五”期间年度响应目标的制定。当前的实施模式下，DR 项目的发展有赖于长期、稳定、充足的补贴资金，需要结合本省实际情况，找到合理疏导实施成本的政策机

* 刘军会，工学硕士，国网河南省电力公司经济技术研究院工程师，研究方向为能源经济与电力市场；李虎军，工学硕士，国网河南省电力公司经济技术研究院高级工程师，研究方向为能源电力供需与电网规划。

制。同时也应关注需求响应的市场化进程，比如需求侧竞价、辅助服务市场以及电力现货市场的作用。

一 河南省电力需求侧响应实施现状

2018 年河南省首次开展电力需求侧响应试点工作，2019 年又创新开展季节性电力需求侧响应，河南省需求侧响应的实施方式、实施效果以及主要特点介绍如下。

（一）需求侧响应实施方式

河南需求响应分为约定需求响应和实时需求响应两种方式。约定需求响应，在响应日的前日完成响应邀约和确认过程，在响应日约定时段执行响应；执行对象主要为大中型工业用户，单位用户执行容量大，但需要提前告知。实时需求响应，要求负荷具备可立即中断或可快速中断的特性，在接收到响应指令后，实时确认参与并响应到位；以面向大型商业用户、远程实时控制为特点，优点是调控对象为非生产性空调负荷，短时调控对用户生产经营和人体舒适度几乎没有影响。

（二）需求侧响应实施效果

2018 年 7 ~8 月，河南共启动 3 次需求响应试点，其中午高峰 2 次，晚高峰 1 次，累计参与 153 户次，累计响应负荷 32.05 万千瓦。其中工业用户 122 户，响应量 28.82 万千瓦；非工业用户 28 户，响应量 0.69 万千瓦；储能用户 3 户，响应量 2.54 万千瓦。

2019 年 7 月 15 日至 8 月 15 日，在豫南、豫中东 10 个供电偏紧的地区组织 145 户用户开展季节性需求响应，鼓励用户将年度检修或停产时间主动转移至夏季用电高峰时段，且持续时间在 5 天及以上，其中工业用户 141 户，商业用户 4 户，共削减负荷 35.2 万千瓦。

两次需求响应均有效转移了高峰时段用电需求，对于缓解短时电力保障压力，降低系统峰谷差起到积极作用。从两次需求响应实践可以看出：一方面，在供需形势趋紧的大背景下，当前河南省电力需求侧响应的主要作用是“削峰”，后文对用户响应特性及响应能力的分析仅限于对用电负荷调减方面，关于用户调增负荷及“填谷”能力不在本文讨论范围；另一方面，参考学术上需求响应常用的分类及概念，约定需求响应实际上是基于激励的可中断负荷控制，实时需求响应实际上是基于激励的直接负荷控制，而季节性需求响应更倾向于通过管理创新尽可能降低在用电高峰时段的负荷基数。由于季节性需求响应依赖用户的检修与停产计划，能削减的负荷规模不确定性更大、无规律可循，开展中长期的能力评估意义不大，因此后文关于削峰能力评估的讨论也进一步规范在约定需求响应和实时需求响应两类。

二　河南省电力需求侧响应能力评估

基于用户响应特性分析以及用电负荷水平的预测，完成省级电网需求侧响应能力的评估。在此基础上进一步明确响应能力与建设目标的相关关系，并对河南需求响应能力能否完成建设目标做出判断。

（一）用户参与需求响应特性

1. 工业用户

工业用户用电负荷与企业类型、工业流程、生产状况等关系较大，设备特性相对复杂，必须通过更改生产调度计划才能调整负荷曲线，参与需求响应的特性及能力通过调研进行统计获得。调研针对报装容量在315千伏安及以上的工业用户展开，用户需详细提报上年度夏季最高峰用电负荷、如果提前1天通知可在用电高峰时段中断用电的设备类型、可中断的负荷量。通过调研数据整理，对可参与需求响应的行业及其响应占比进行统计。其中，响应占比为该行业在响应时段可以削减的负荷量与本行业夏季最高运行负荷的比值。

河南省具有响应能力工业用户主要集中在纺织业、农副食品加工业、有色金属冶炼和压延加工业、非金属矿物制品业以及通用设备制造业等11个行业（简称“典型行业”），其响应特征见表1。

表1　河南省典型行业工业用户参与响应特征

序号	行业分类	响应占比	参与响应设备
1	纺织业	50%	织布机、细纱机、蒸纱机、漆花
2	农副食品加工业	30%	制冷机
3	有色金属冶炼和压延加工业	26%	空调、空压机、电加热炉
4	非金属矿物制品业	25%	磨机、生料磨、水泥磨、循环风机、电弧炉
5	通用设备制造业	21%	电炉、热处理回炉、熔炼炉、旋压线、机压线
6	食品制造业	18%	制冷机、制冰机、风机、空压机
7	木材加工和木、竹、藤、棕、草制品业	17%	纵锯、拱锯、风机、砂光机、削片机
8	黑色金属冶炼和压延加工业	15%	电炉、轧钢生产线
9	造纸和纸制品业	15%	碎草机、碎浆机、切纸机
10	化学原料和化学制品制造业	8%	水泵、硫化机、氮气压缩机、甲酚压液机
11	酒、饮料及精制茶制造业	5%	水处理设施、风机、空调

资料来源：调研分析。

2. 商业用户

商业用户需求响应能力与用电设备类型有关，主要分为以下三类：照明系统、电梯系统以及空调通风系统。通常商业建筑设备能耗比例范围如下：空调40%～50%，照明25%～35%，电梯20%～30%。参与需求响应的设备是空调通风系统，方式是短时关停空调设备。

通过调研数据整理，河南省拥有中央空调的商业用户主要集中在批发和零售业以及住宿和餐饮业，商业用户响应特征见表2。

表2　商业用户参与响应特征

序号	行业	响应占比	参与响应设备
1	批发和零售业	35%	中央空调
2	住宿和餐饮业	33%	中央空调

资料来源：调研分析。

3. 居民用户

居民用户的单个负荷体量非常小，但在其聚合后会形成巨大的调节潜力。主要考虑冰箱、空调等大功率电器在夏季短时关停、调高运行温度等方式参与需求响应。

冰箱、空调用电特点不具有相似性。冰箱 24 小时常开，压缩机周期性启停①，在响应时段冰箱恰处于工作状态的概率是 1/3。冰箱的用电功率为 90～200 瓦，暂按 145 瓦/台计算，则单台冰箱在响应时段可削减的负荷量约为 48 瓦。空调的用电功率为 800～1600 瓦，运行功率与设定温度有关，运行方式是间歇性的，开机时间与居民个体生活习惯有较大关系。空调温度每调高 1℃，单台空调平均功率下降 56～133 瓦，暂按 94 瓦考虑。

（二）分行业用电负荷预测

对于工商业用户，“十四五”期间的负荷规模是其参与削峰的前提，需要在摸清历史负荷增长特点的基础上，结合最新的产业规划、政策要求以及发展形势做出合理预测。测算过程分为历史年份峰荷估算和未来年份峰荷预测两大部分。

关于历史年份峰荷，行业用电负荷与用电量不同，没有定期统计和发布的数据。理论上可依托用电信息采集系统从数据后台整合隶属某一行业的所有企业用电负荷形成 8760 负荷数据，再基于此全样本数据直接得到峰荷数值。在实际工作中，获得全样本数据较为不易，研究提出一种简化可行的估算方法。

历史年份行业 i 的夏季最高运行负荷 P_i 测算公式如下：

$$P_i = \frac{E_i}{24 \times \beta_i} \tag{1}$$

其中，E_i 为行业 i 的夏季最大负荷日的用电量，由该行业 7 月、8 月日均用电量表征；β_i 为该行业的平均负荷率，由 m 个样本企业夏季最大负荷日累加负荷曲线计算。其中，样本企业建议选取该行业中有一定影响力的用电

① 一般工作 15 分钟暂停 30 分钟。

大户，并可根据实际情况灵活调整样本企业数目。

关于未来年份峰荷预测，目前主要采用统计学中的趋势外推法或者综合各方专家意见的德尔菲法，在分析历史年份峰荷变化规律的基础上，广泛收集行业发展的市场信息、政策环境与发展前景，对2020～2025年夏季最高运行负荷进行预测，预测结果见表3。今后随着人工智能技术的进步，深度学习将极大提高行业负荷预测的精细化水平和准确性。

表3　2020～2025年分行业夏季最高运行负荷预测值

单位：万千瓦

类别	行业	2020年	2021年	2022年	2023年	2024年	2025年
典型行业工业	纺织业	97.6	97.8	98.0	98.2	98.4	98.6
	农副食品加工业	86	93	101	108	116	123
	有色金属冶炼和压延加工业	510	510	480	480	460	460
	非金属矿物制品业	333	341	349	357	365	373
	通用设备制造业	117	124	131	138	145	152
	食品制造业	155	168	182	195	209	222
	木材加工和木、竹、藤、棕、草制品业	42.9	43.2	43.5	43.8	44.1	44.4
	黑色金属冶炼和压延加工业	186	184	184	182	180	180
	造纸和纸制品业	44.4	45.2	46	46.8	47.6	48.4
	化学原料和化学制品制造业	333	342	351	360	369	378
	酒、饮料及精制茶制造业	44.6	45.4	46.2	47	47.8	48.6
大型商业	批发和零售业	330.3	384.8	448.3	522.2	608.4	708.8
	住宿和餐饮业	66.3	77.5	90.7	106	124	145

资料来源：调研分析。

对于居民用户，主要考虑冰箱、空调参与需求响应。如何将冰箱、空调用电负荷从用户整体用电负荷中分解出来是需要首先解决的问题。基于状态感知和深度学习的非侵入式负荷分解技术仍在研究过程中，尚未能支撑实际应用，研究提出一种基于统计学的居民空调与冰箱可削减负荷评估方法。查阅《河南统计年鉴》，依据发布的历史年份数据，对2020～2025年河南家庭平均每百户空调、冰箱年末拥有量以及城镇户数、农村户数进行预测，预测结果见表4。

表4　2020～2025年河南家庭平均每百户空调、冰箱年末拥有量、居民户数预测值

年份		2020	2021	2022	2023	2024	2025
电冰箱每百户拥有量(台)	城镇	104	105	106	108	109	110
	农村	91	91	92	92	93	94
空调每百户拥有量(台)	城镇	200	213	226	239	252	265
	农村	89	93	97	102	106	111
城镇户数(万户)		1831	1893	1955	2016	2074	2131
农村户数(万户)		1499	1450	1400	1349	1296	1241

资料来源：调研分析。

基于表4计算2020～2025年河南省电冰箱、空调负荷保有量。假设冰箱通过短时关停参与需求响应，空调通过调高1℃来参与需求响应，基于上文评估的居民用户需求响应特性，则河南省2020～2025年夏季居民用户可削减负荷量见表5。

表5　2020～2025年河南省夏季居民空调与冰箱可削减负荷

单位：万千瓦

类别	2020年	2021年	2022年	2023年	2024年	2025年
电冰箱	157	159	161	164	166	169
空调	470	506	543	582	620	660

资料来源：调研分析。

（三）用户需求侧削峰能力评估

对于工业和大型商业用户，基于行业响应占比与夏季最高运行负荷的预测；对于居民用户，夏季空调与冰箱可削减负荷基数很大，但响应能力主要取决于用户的参与度①，对2020～2025年河南省需求响应能力进行评估。评估结果见表6。

① 考虑2019年、2020年居民用户暂不参与需求响应，参与度从2021年的1%逐步增长到2025年的10%。

表 6　2020～2025 年河南需求响应能力评估

单位：万千瓦

类别	行业	2020 年	2021 年	2022 年	2023 年	2024 年	2025 年
典型行业工业	纺织业	48.8	48.9	49.0	49.1	49.2	49.3
	农副食品加工业	25.7	27.9	30.2	32.4	34.7	36.9
	有色金属加工	132.6	132.6	124.8	124.8	119.6	119.6
	非金属矿物制品业	83.3	85.3	87.3	89.3	91.3	93.3
	通用设备制造业	24.6	26.0	27.5	29.0	30.5	31.9
	食品制造业	27.8	30.2	32.7	35.1	37.5	40.0
	木材加工	7.3	7.3	7.4	7.4	7.5	7.5
	钢铁	27.9	27.6	27.6	27.3	27	27
	造纸和纸制品业	6.7	6.8	6.9	7.0	7.1	7.3
	化学原料和化学制品制造业	26.6	27.4	28.1	28.8	29.5	30.2
	酒、饮料及精制茶制造业	2.2	2.3	2.3	2.4	2.4	2.4
大型商业	批发和零售业	115.6	134.7	156.9	182.8	212.9	248.1
	住宿和餐饮业	21.9	25.6	29.9	35.0	40.9	47.9
居民用户	冰箱	0.0	1.6	4.8	8.2	11.6	16.9
	空调	0.0	5.1	16.3	29.1	43.4	66.0
合计		551	589	632	688	745	824

在完成需求侧削峰能力评估的基础上，进一步明确响应能力与建设目标的相关关系。一方面，电力需求侧响应的功能定位是满足轻微缺电情况下的电力平衡，制定的年度响应目标量应当合理，不宜过高。从国外实践看，实施需求响应可以削减尖峰负荷 5%～10%。国家文件①也明确指出通过需求响应逐步建立年度最大用电负荷 3% 左右的需求侧机动调峰能力。另一方面，为保障年度响应目标的实现，一般要预留 50%②的裕度，即需求响应能力应当不低于年度建设目标的 1.5 倍。

将需求响应的建设目标设定为年度最大用电负荷的 5%，对比河南需求

① 《关于深入推进供给侧结构性改革　做好新形势下电力需求侧管理工作的通知》（发改运行规〔2017〕1690 号）。

② 《河南省电力需求响应实施细则（试行）》指出，每年签约的负荷响应量合计应达到当年预计响应指标的 150%，作为需求响应的能力储备。

响应能力与建设目标。通过对比可知，测算的河南省需求响应能力大于年度建设目标的1.5倍，设定的年度最大用电负荷5%左右的需求响应建设目标是可以实现的。对比情况见表7。

表7　2020～2025年河南需求响应能力与建设目标比较

单位：万千瓦

年份	2020	2021	2022	2023	2024	2025
全社会最大用电负荷	7300	7800	8300	8800	9300	9880
需求响应建设目标(5%最大负荷)	200	415	440	465	494	520
电力需求响应能力	551	589	632	688	745	824

资料来源：调研分析。

三　河南省需求侧响应补贴资金来源政策机制研究

现阶段组织实施需求响应需要一定的经济成本，主要用于对成功响应用户的补贴。而补贴资金的来源需要适宜省情的政策机制做保障，研究提出利用全省超发电量结余资金、实施高峰时段加价以及通过输配电价疏导三种政策机制。

（一）电力需求响应实施成本

需求响应实施成本主要是对用户成功参与响应的资金补贴。《关于2019年开展电力需求响应工作的通知》（豫发改运行〔2019〕180号）明确了基于响应时长的最新补偿标准（见表8）。从单个响应用户来看，参与响应获得的补贴与响应类型、响应量以及响应时长有关。从系统角度来看，所有用户补贴金额的汇总就是组织需求响应的实施成本。在补贴标准不变的情况下，主要由响应规模决定。随着全社会最大负荷的增长以及响应建设目标的扩大，年度实施成本也呈逐年递增趋势。预计到“十四五”末，在全省范围内组织一次需求响应的实施成本为6000万～7000万元。

表 8　2019 年河南省需求响应补贴标准

响应类别	响应时长(T,分钟)	补贴价格(元/千瓦·次)
约定需求响应	60≤T≤120	6
	T>120	9
实时需求响应	30≤T≤60	12
	60<T≤120	18

资料来源：调研分析。

（二）主要省市电力需求侧响应资金来源政策

当前电力需求响应实施模式是政府负责市场管理并制定补贴标准与资金来源政策。电网公司负责建立交易体系和技术平台，将获得的资金收益补贴给成功响应的电力用户。电力用户在响应成功后获得响应的补贴，包括资金补贴、电费抵扣等方式（见图 1）。

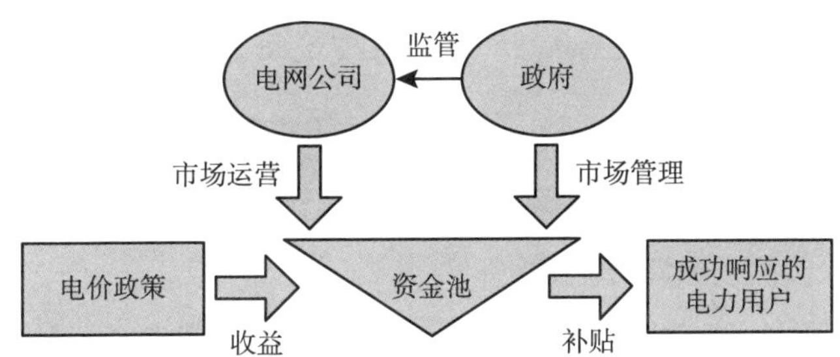

图 1　现阶段电力需求响应实施模式

此实施模式下，能够成功实施电力需求响应的基础是拥有稳定且充盈的补贴资金来源。2018 年有天津、山东、上海、江苏、浙江和河南 6 个省市实施电力需求响应，其资金来源政策和补贴标准见表 9。

表 9　2018 年全国六省份需求响应资金来源政策与补贴标准

	资金来源政策	补贴标准
天津	电力需求侧管理专项资金	填谷:0.4~1 元/千瓦时
		削峰:4~30 元/千瓦时

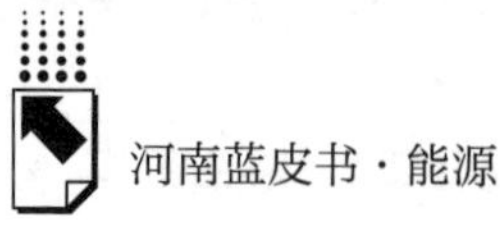

续表

	资金来源政策	补贴标准
山东	跨省区可再生能源现货市场试点形成的资金	30元/千瓦,补贴系数:0.5~1.2
上海	按照避峰补偿标准实施电费退补,商业建筑需求侧管理示范项目建设资金	填谷:0.8元/千瓦时
		削峰:2元/千瓦时
江苏	尖峰电价政策溢收电费	填谷:谷时段5元/千瓦,平时段8元/千瓦
		削峰:10~15元/千瓦,补贴系数:1~3
浙江	上一年度跨区域省间富余可再生资源电力现货交易购电差价盈余部分	0.8元/千瓦时
河南	全省超发电量结余资金	约定:单次12元/千瓦
		实时:单次18元/千瓦

资料来源：调研分析。

（三）河南省需求侧响应资金来源政策研究

实施电力需求响应的基础是拥有稳定且充盈的补贴资金来源，研究提出适用于当前阶段的三种资金来源政策。

1. 利用全省超发电量结余资金

2018年河南实施需求响应试点资金来源于全省超发电量结余资金。实施背景如下：需求响应工作刚启动试点，补偿资金来源尚未理顺，且试点期间需求响应规模较小，补偿资金[①]需求尚小，因此暂从此项资金中列支。

从远期来看，继续从全省超发电量结余资金中列支需求响应补偿资金可能存在以下问题。一是结余资金来源不具有可持续性。省发改委基于全年用电量需求、机组节能减排情况对基础发电量方案进行逐年优化调整，企业超发电量在现行考核政策的约束下会逐渐减少，超发电量结余资金总量有递减趋势。二是结余资金有其他用途。根据《河南省发展和改革委员会关于落

① 2018年河南需求响应试点期间，累计响应负荷32万千瓦，需求响应总补偿资金为350万元。

实大数据中心优惠政策相关情况的复函》（豫发改能源函〔2019〕10 号），大数据中心享受政策补贴的资金也暂从全省超发电量结余资金中支出。三是资金使用机制不畅。为平抑尖峰负荷，此种“转移支付”合情合理。对于超发电量结余资金，资金来自对发电机组执行基础发电量方案的考核，却用于补偿用户参与电网调峰，资金来源与用途之间的关联性较差。

2. 基于收支平衡的高峰时段加价

江苏省作为率先实施需求响应的示范省份，为解决补贴资金来源的季节性尖峰电价政策值得参考。江苏模式是针对全省范围内 315 千伏安及以上大工业用户的，当日最高气温超过 35℃（不含）时，在每年 7、8 两月上午10:00～11:00 和下午 14:00～15:00，每千瓦时加价 0.1 元。

考虑到河南已经取消尖峰时段的实际情况，将加价时段扩展到用电高峰时段。针对全省范围内 315 千伏安及以上工业用户，对 7 月 15 日至 8 月 15 日午高峰 10:00～14:00 以及晚高峰 18:00～22:00 时段[①]加价。为体现收支平衡原则，将年度响应实施成本平摊到高峰电量基数上，每千瓦时加价金额为组织需求响应的年度总成本除以工业用户高峰时段用电量。与江苏模式相比，加价时段由用电尖峰（2 个小时）扩展到用电高峰（8 个小时），河南模式下每千瓦时加价金额远小于江苏模式。初步测算，“十四五”期间，当需求响应规模达到年度最大负荷的 5%，在现有补贴标准下高峰时段单位电量加价 0.015～0.018 元/千瓦时。

3. 通过输配电价疏导

通过实施电力需求侧响应，不仅降低发输电设备投资，而且社会效益显著，并网用户均能受益，建议通过输配电价进行疏导。结合国家《输配电价成本监审办法（试行）》和《省级电网输配电价定价办法（试行）》文件精神，实施电力需求响应的补贴资金当可计入运行维护费等其他费用中，计入准许成本。满足同样规模的负荷需求，实施电力需求响应的经济成本远低于电网投资建设。以 2019 年为例，河南在豫南、豫中东 10 个供电偏紧的地

① 根据《河南省电力需求响应实施细则（试行）》明确的需求响应实施时段确定。

区组织 145 户用户开展季节性需求响应，其中工业用户 141 户，商业用户 4 户，共削减负荷 35.2 万千瓦，相当于减少了一座 220 千伏变电站的投资建设，而电力需求响应总补贴金额约 300 万元，不足一座 220 千伏变电站投资的 5%。

四　主要结论

全省工业用户、大型商业、居民用户参与响应能力存在一定的差异。通过评估，“十四五”期间河南省电力需求响应能力可以满足“削峰”5%的目标。对比利用全省超发电量结余资金、实施高峰时段加价以及通过输配电价疏导三种政策机制，电力需求响应实施成本通过输配电价疏导更为可行。

（一）工业、商业和居民用户参与需求响应的特性存在一定的差异

工业用户参与需求响应的一般以非生产性负荷和辅助生产负荷为主，主要集中在纺织业、农副食品加工业、有色金属冶炼和压延工业、非金属矿物制品业以及通用设备制造业等 11 个行业。大型商业参与需求响应的方式主要是短时关停空调机组，主要集中在批发和零售业以及住宿和餐饮业。居民用户参与需求响应的方式是短时关闭冰箱、提高空调运行温度，响应能力与用户参与度有较大关系。

（二）“十四五”期间河南省电力需求响应能力可以满足“削峰”5%的目标

河南参与需求响应的用户主要是工业、大型商业用户。其中，工业用户响应占比为用户负荷的 15%～30%，大型商业响应占比约为用户负荷的 35%。在分行业用电负荷预测的基础上对“十四五”期间河南省电力需求响应能力进行评估。2025 年河南需求响应能力在 800 万千瓦以上，可以满足年度最大用电负荷 5%左右的需求响应目标。

（三）电力需求响应实施成本通过输配电价疏导更为可行

为解决实施成本补偿问题，研究提出利用全省超发电量结余资金、实施高峰时段加价以及通过输配电价疏导三种政策机制。其中，利用全省超发电量结余资金，从远期看存在资金来源不可持续、资金用途不专一且使用机制不畅等问题。基于收支平衡的高峰时段加价虽然单位电量加价金额远低于江苏，但在优化营商环境、降低用电成本，服务实体经济发展的大背景下推行较为不易。实施需求响应较直接投资发输电设备更能显著降低输配电价增量，在三种政策机制中较为可行。

五 需求响应市场化进程展望

在当前电力需求响应实施模式下，组织需求响应需要一定的经济成本，未来随着需求侧竞价，以及辅助服务市场的出现，需求响应实施成本会进一步下降。当成熟现货市场建立起来后，以节点电价引导空间需求响应，资产利用效率进一步提高。

（一）需求侧竞价有助于降低需求响应实施成本

需求侧竞价将进一步降低需求响应实施成本。在此种实施模式下，政府不再制定补贴标准，而是规定用户报价上限。由用户根据自身用电特点合理申报补偿价格，改变了所有用户补偿价格“一刀切”的模式，有助于完善需求侧资源定价体系，有助于降低需求响应实施成本①。基于鲇鱼效应，用户申报补偿价格整体有走低的趋势，需求响应实施成本也会因此持续走低。

① 江苏省在2018年国庆期间需求响应中首次采用了竞价模式，谷时段最低补偿标准1.33元/千瓦，较竞价前降低3.67元/千瓦；平时段最低补偿标准为1.33元/千瓦，较竞价前降低6.67元/千瓦。

（二）参与辅助服务市场有助于补贴资金通过市场化机制解决

随着电力市场改革的深入，可以适时发展涵盖需求响应的辅助服务市场。需求响应提供的辅助服务可以与发电机组提供的有偿辅助服务平等竞争。

通过参与辅助服务市场，最终会使需求响应补贴金额通过市场化机制解决。与发电侧提供辅助服务相比，需求响应具有响应速度快、效果可靠、成本低的优势，在容量市场中具有一定的竞争能力。主要发达国家的实践经验表明，需求响应参与辅助服务市场具有可操作性和实际应用价值。例如美国 PJM①（Pennsylvania—New Jersey—Maryland，宾夕法尼亚—新泽西—马里兰）辅助服务市场，允许响应资源参与日前市场中的 30 分钟运行备用和实时市场中的 10 分钟旋转备用，中标价格为该市场的出清价。如果响应资源能在 5 分钟内对调度发出的指令进行响应，同时实时计量数据，也可以参与自动发电控制（AGC）服务实时市场，中标价格为该市场出清价。

（三）参与现货市场有助于进一步提高电网资产利用效率

现货市场的发展，将会改变电力供给侧和需求侧之间的互动关系，交易模式和交易行为随之改变。通过提高需求侧价格弹性，降低供给侧市场力，电力需求响应将成为电力市场尤其是现货市场的重要稳定力量。利用节电电价引导资源空间优化配置，进一步提高电网资产利用效率。可参考美国 PJM 地区建立削减服务提供商（Curtailment Service Provider，CSP），组织具有削减负荷潜力的电力用户以聚合的“负瓦”发电形式参与批发市场交易。

---

① 美国 PJM（Pennsylvania—New Jersey—Maryland）是经美国联邦能源管制委员会（FERC）批准，于 1997 的 3 月 31 日成立的一个非股份制有限责任公司，它实际上是一个独立系统运营商（ISO）。PJM 目前负责美国 13 个州以及哥伦比亚特区电力系统的运行与管理。

参考文献

李亚平等：《基于多场景评估的区域电网需求响应潜力》，《电网与清洁能源》2015年第7期。

李章允等：《考虑负荷用电统计特性的需求响应潜力评估》，《中国科技论文》2017年第5期。

任炳俐等：《基于用电采集数据的需求响应削峰潜力评估方法》，《电力建设》2016年第11期。

沈运帷等：《新电改背景下需求响应成本效益分析及其融资渠道》，《电力自动化设备》2017年第9期。

张娜、夏天、张婷等：《智能电网下的工业用户需求响应影响因素研究》，《华东电力》2013年第1期。

史俊祎、文福拴、崔鹏程等：《参与需求响应的工业用户智能用电管理》，《电力系统自动化》2017年第14期。

祁兵、柏慧、陈宋宋等：《基于互联网家电的需求响应聚合系统信息接口研究与设计》，《电网技术》2016年第12期。

刘利兵、刘天琪：《参与需求侧响应的空调负荷群调节控制方法及优化调度策略》，《工程科学与技术》2017年增刊1期。

李彬等：《我国实施大规模需求响应的关键问题剖析与展望》，《电网技术》2019年第2期。

沈运帷等：《新电改背景下需求响应成本效益分析及其融资渠道》，《电力自动化设备》2017年第9期。

丁一等：《面向电力需求侧主动响应的商业模式及市场框架设计》，《电力系统自动化》2017年第14期。

杨威等：《广东电力市场需求侧响应交易机制研究计》，《广东电力》2017年第5期。

文福拴等：《需求响应的商业机制与市场框架初探》，《电力需求侧管理》2019年第1期。

黄甜：《面向智能电网的电力需求响应商业运作模式研究》，东南大学硕士学位论文，2016。

B.10
储能产业发展现状及典型应用场景展望

张艺涵　李秋燕　郭新志*

摘　要： 当前，可再生分布式电源广泛接入改变了传统配电网单向接受电力的状况，储能作为能源灵活存储和释放的中介环节，可与电力系统发输配用各环节深度耦合并凸显价值，其能量时空转移功能可有效契合电力系统的灵活性需求。本文梳理了储能产业发展现状及政策情况，立足河南实际，基于储能典型应用场景开展配置方案研究分析，提出未来储能产业发展建议，为推动电力系统逐步向以“横向多能源互补、纵向源网荷储协调”为主要特征的能源互联网、综合能源系统转变提供技术支撑。

关键词： 河南省　储能　适应性分析　电力系统　能源互联网

一　储能产业发展现状

随着以清洁化、低碳化、智能化为突出特征的新一轮能源革命持续推

* 张艺涵，工学硕士，国网河南省电力公司经济技术研究院工程师，研究方向为能源电力经济、配电网规划；李秋燕，工学硕士，国网河南省电力公司经济技术研究院高级工程师，研究方向为配电网规划、能源电力经济；郭新志，工学硕士，国网河南省电力公司经济技术研究院工程师，研究方向为配电网规划与技术。

进，能源电力系统正在发生深刻变革。一方面，电网在能源转换环节的枢纽作用越发关键，通过传统的电力供应向综合能源配置平台的转变，使电力在现代能源体系中日益处于中心地位，有力支撑能源生产和消费革命。另一方面，电网天然的平台属性日益凸显，电网汇聚了大量的分布式电源、储能、电动汽车等交互式用能设施，并与基础设施互联互通。

（一）储能应用现状

1. 装机规模情况

抽水蓄能装机一枝独秀，锂离子电池在全球电化学储能装机中占比较高。截至 2018 年底，中国储能市场的累计装机规模为 3120 万千瓦，同比增长 7.3%。抽水蓄能占比最大，达到 96.0%，较上年同期下降 3 个百分点；电化学储能装机占比为 3.4%，较上年增长 2.0 个百分点，占全球电化学储能项目装机总容量的 15.6%。在各类电化学储能技术中，锂离子电池的装机占比最大，为 72.1%（见图 1、图 2）。

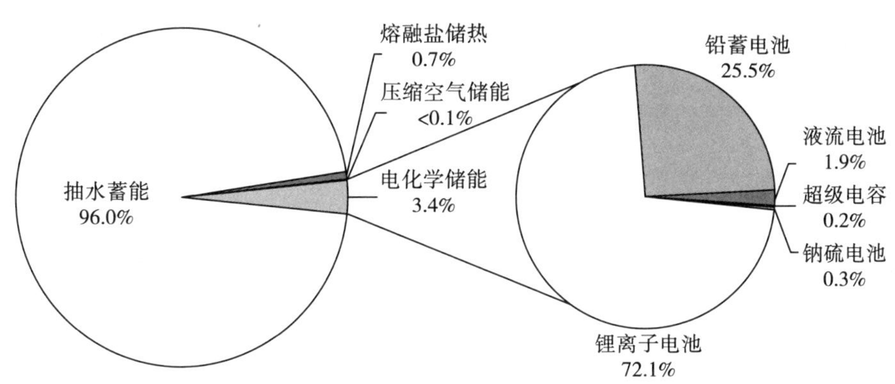

图 1　中国储能项目装机规模（2000 ~ 2018）

资料来源：储能产业政策研究中心（RCESIP）整理。

2. 应用领域情况

储能应用涵盖电力系统发输配用各个环节。参考美国能源部的分类标准，储能技术应用场景被划分为五大类（见表 1）。

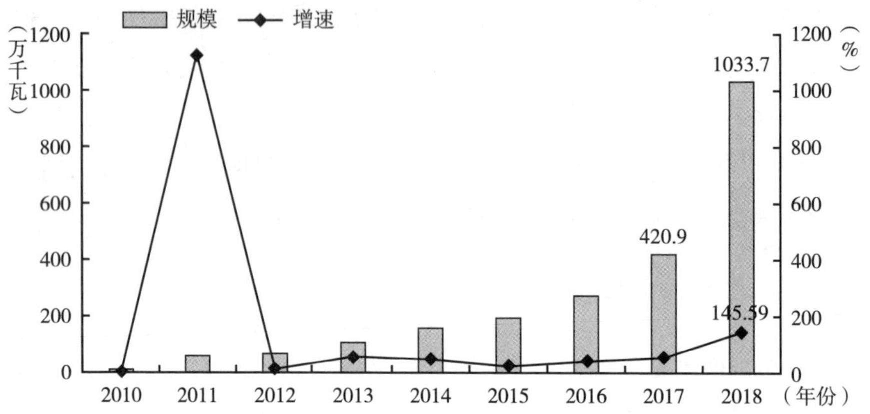

图 2　中国电化学储能项目装机规模（2000～2018）

资料来源：RCESIP 整理。

表 1　储能与电力系统各环节的融合及发挥的不同作用

应用场景	功能定位	作用
集中式新能源＋储能	可再生能源削峰填谷	存储剩余电力、稳定电能输出、改善电能质量、可再生能源实时并网传输
	可再生能源发电电能储存	
	可再生能源即时并网（短时、长时）	
电源侧辅助服务	加载跟踪	电网瞬时频率和电压跟踪
	调频辅助	稳定输电频率
	电力调峰	调整电力供需平衡
	电压支撑	保证输电线电压合理区间
	电力储备	电能备用
电网侧储能	输电支持	延缓输配电设备升级、扩充输配电线容量（尤其是输电线老旧地区）
	缓解输电阻塞	
	延缓输配电升级	
	变电站现场电源	
分布式及微网	分布式及微网	离网孤岛配合光伏、工商业储能节约用电支出
用户侧储能	能源成本管理	终端用户用电管理
	需求管理	
	电力服务可靠性	
	电能质量	

电源侧储能：火储调频、“新能源 + 储能”启动。2018 年“电源侧调频”得益于山西、广东等地在调频辅助服务领域的高收益政策，继北方（山西、内蒙古）之后，南方（广东）调频市场开启，新增电源侧调频储能项目装机规模 129.3 兆瓦。“集中式新能源 + 储能”主要在青海，新增项目装机规模 80.9 兆瓦。随着新能源发电比例的逐步提高，新能源发电市场将逐步从“优先上网”向“高质量新能源电力优先上网”转变，储能合理收益成为关键。

用户侧储能。2018 年“用户侧（工商业削峰填谷）储能”市场延续 2017 年情况，新增项目装机规模 145.0 兆瓦，在我国工商业峰谷电价差 0.7 元/千瓦时之下（见表 2），面对资金链压力、高投资风险、长投资回报期和低投资收益，用户侧（工商业削峰填谷）储能市场只能依靠储能技术自身进步，降低储能系统投资成本，缩短投资回收期；降低储能系统全寿命周期度电成本，提高投资回报率。

表 2　全国部分省市一般工商业峰谷电价差

单位：元/千瓦时

地区	一般工商业（1～10 千伏）	地区	一般工商业（1～10 千伏）
北京（城区、郊区）	1.1407	广东（汕头、潮州、揭阳、汕尾、阳江、湛江、茂名、肇庆 8 市）	0.7120
江苏	0.8206	海南（电网销售）	0.6994
广东（广州、珠海、佛山、中山、东莞 5 市）	0.8066	上海（非夏季两部制）	0.6910
浙江	0.8100	广东（云浮、河源、梅州、韶关、清远 5 市）	0.6683
广东（江门）	0.7905	安徽（7～9 月）	0.6461
广东（惠州）	0.7871	河南	0.6357
上海（夏季两部制）	0.7810	甘肃	0.6212
海南（电动汽车充换电）	0.7853	陕西（不含榆林）	0.6037
广东（深圳）	0.7803	青海（100 千伏安以上）	0.6148
山东（单一制）	0.7342		

注：数据截至 2019 年 6 月底各地公布政策，以上 11 省市为一般工商业（1～10 千伏）变压器容量 315 千伏安以下用电峰谷电价差在 0.6 元/千瓦时以上的地区。

电网侧储能。2018 年“电网侧储能”快速发展，从江苏开始，蔓延至河南、湖南、青海、深圳、甘肃、浙江，新增电网侧储能项目装机规模 241.8 兆瓦。2019 年 5 月 28 日，国家发改委、国家能源局发布的《输配电定价成本监审办法》明确提出，与电网企业输配电业务无关的费用，包括电储能设施等不得计入输配电定价成本，电网侧储能发展态势遇冷。

3. 河南储能发展现状

2018 年，河南省电力公司与平高集团合作，在郑州、洛阳、信阳、开封等 9 个地市选取 16 座变电站，采用“分布式布置、模块化设计、标准化接入、集中式调控”技术方案，实施总规模为 100.8 兆瓦/125.8 兆瓦时的河南电网侧分布式百兆级电池储能示范工程。12 月 28 日，河南兰考电池储能电站顺利并网，标志着河南电网侧分布式百兆级电池储能示范工程全部建成投运。目前，该储能系统采取每天“一充一放”或“两充两放”策略，削峰填谷、平滑新能源的波动性与间隔性，其中信阳息县储能电站成功参与了 2018 年全省需求侧响应试点实施，有效提升电网运行效率。

（二）储能政策现状

近年来，储能产业的政策环境不断优化，产业政策密集出台。2011 年，储能首次被写入国家“十二五”规划纲要。“十三五”以来，储能产业对能源发展和社会经济进步的重要意义不断得到肯定，政府在能源发展规划、电力辅助服务、产业体系构建、价格机制设计等领域出台相关政策予以扶持。2014 年 6 月国务院办公厅印发《能源发展战略行动计划（2014～2020 年）》，明确储能为 9 个能源科技重点创新领域之一。2016 年 6 月国家能源局发布《关于促进电储能参与“三北”地区电力辅助服务补偿（市场）机制试点工作的通知》，首次确立了储能参与调峰、调频辅助服务的市场主体地位，并提出按效果付费的补偿原则。2017 年 9 月国家发改委等五部门联合印发《关于促进储能技术与产业发展的指导意见》，从技术研发、试点示范、体制保障等方面为储能产业规模化发展提供了指引，首次明确储能定位，提出了未来十年我国储能技术与产业发展目标。

国内产业政策的指导性作用逐步显现，储能产业发展方向逐渐明确。2018 年 6 月国家发改委印发《关于创新和完善促进绿色发展价格机制的意见》，提出利用峰谷电价差、辅助服务补偿等市场化机制，促进储能发展。2018 年 10 月国家发改委、国家能源局发布《关于印发清洁能源消纳行动计划（2018 ~ 2020 年）的通知》，进一步推进东北、山西、福建、山东、新疆、宁夏、广东、甘肃 8 个电力辅助服务市场改革试点工作，推动华北、华东等地辅助服务市场建设，非试点地区由补偿机制逐步过渡到市场机制。2019 年 2 月国家电网公司和南方电网公司分别出台了《关于促进电化学储能健康有序发展的指导意见》和《关于促进电化学储能发展的指导意见（征求意见稿）》，明确了电化学储能的应用场景，提出了投资建设、技术研究、并网管理等方面的重点推进任务，探索储能业务开展方向。2019 年 7 月国家发改委、国家能源局联合印发《关于深化电力现货市场建设试点工作的意见》，明确表示鼓励储能设施等第三方参与辅助服务市场。2019 年 10 月国家发改委发布《产业结构调整指导目录（2019 年本）》，电力板块将大中型抽水蓄能电站、大容量电能储存技术开发与应用列为鼓励类；轻工类板块着重将锂原电池、锂离子电池、燃料电池、超级电容器及其他新型结构二次电池列为鼓励类，并将锂离子电池上游材料和废旧电池资源化以及绿色循环生产工艺及其装备制造同时列为鼓励类；环境保护与资源节约综合利用板块，将电动汽车废旧动力蓄电池回收利用列为鼓励类。政策导向为储能产业技术标准、商业模式、定价机制等方面不断完善提供了有效支撑。

二　河南省储能典型应用场景分析

在能源互联网各能源产销环节转化、存储及多能源能量流动过程中，既需要储能装置在能源生产和消费之间搭建缓冲桥梁，又需要其“化零为整”聚合供需两端多种分散式能源资源，在能源枢纽平台上充分发挥联结和纽带作用，从而有效满足高品质用能需求。

为研究河南省储能典型应用场景及配置方案，综合考虑河南“负荷峰

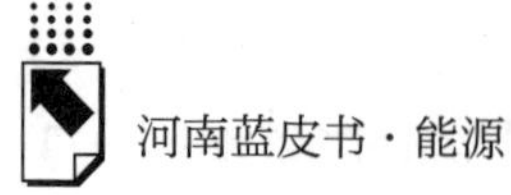

谷差加大”“新能源出力不稳定”等现象，提出“优化系统运行效率”“服务新能源消纳”两个典型应用场景进行分析，在两个方面，改善峰谷差率，提高新能源消纳水平，优化电力系统运行效率，提升电力投资效益。

（一）提升系统运行效率

选取周口沈丘县35千伏李老庄变电站10千伏主干线李农Ⅲ线进行应用场景分析。

李农Ⅲ线所接配变容量呈现“整体宽裕、局部紧张”态势，2018年冬季大负荷日挂接配变容量5290千伏安，最大负荷2008千伏安（7月24日），最大负载率38.0%，但存在冷庄、姚楼、李寨西3个配变台区出现过载，王庄寨、小刘庄、大刘庄、卢庄、尧东、刘京庄、于庄、坡庄等8个配电台区重载现象。

下面以李寨西台区、艾花园台区为例进行配置方案比选分析。

1. 李寨西台区

李寨西台区为艾店村西部居民住宅、幼儿园及小型工商业供电，配变容量为100千伏安，2018年全年配变过载出现1天，持续时长约0.08小时；重载出现6天，持续时长约1.83小时。2019年1~5月配变过载出现3天，持续时长约0.58小时；重载出现11天，持续时长约7.83小时（见图3）。

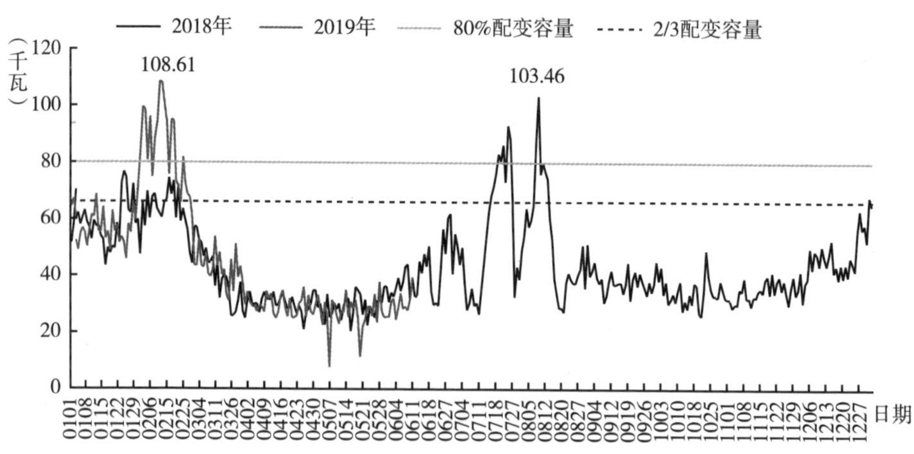

图3　李寨西台区年度最大负荷曲线

资料来源：行业统计数据。

由于该台区为“煤改电”台区，2018 年完成整村推进改造，2019 年采暖季负荷已呈现突增的态势，春季负荷与上年同期基本持平。因此，按照5%的自然增长率估算，2020 年最大负荷达 114.06 千瓦，2025 年达 146 千瓦，饱和年预计为 291 千瓦（见表 3）。

表 3　李寨西台区电力需求预测

单位：千瓦

年份	2018	2019	2020	2025	饱和年
负荷	103.46	108.61	114.06	146	291

传统增容方案：根据饱和年负荷，按“小容量、密布点、短半径”的原则配置，为使配变不过载需于 2019 年增加 1 台 200 千伏安柱上变压器，综合造价约 6 万元。

储能配置方案：根据负荷预测及配电变压器供电能力，若为满足 2025 年的供电需求，需配置 51 千瓦/23 千瓦时的储能系统，综合造价约 5.16 万元。

从设备本体投资考虑，2025 年储能配置方案所需投资与满足饱和年负荷的传统增容方案基本相当，但不满足饱和年负荷需求。该配变台区位置尚属于规划建设区，负荷仍呈中速增长态势，短期内缓解负荷增长有一定经济性，从满足长期负荷增长来看，与传统增容方案相比，储能增容方案合理性与经济性均欠佳。

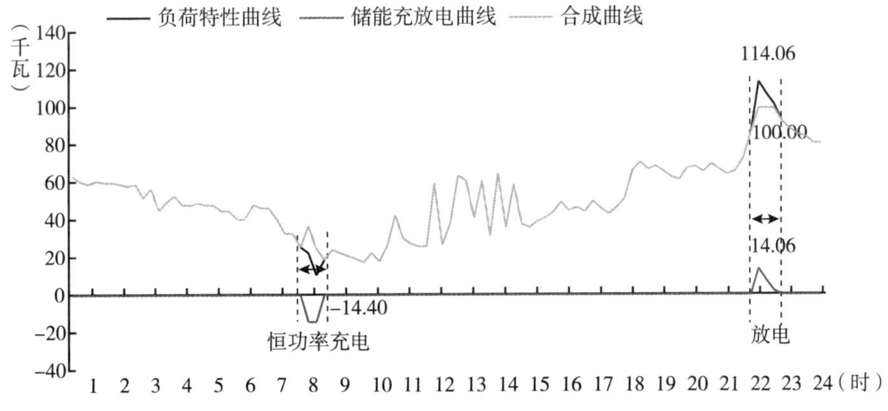

图 4　李寨西台区 2020 年典型日负荷曲线预计

增容效果对比：传统配置方案对最大峰谷差率及最大负荷利用小时数无改善效果，且随着配变增容，配变负载率将降低。储能配置方案能够改善负荷曲线，降低最大峰谷差率，优化设备利用效率。

表 4　增容效果对比情况

	2020 年					2025 年				
	增容前		增容后			增容前		增容后		
	最大峰谷差率	最大负荷利用小时	最大峰谷差率	最大负荷利用小时	配变最大负载率	最大峰谷差率	最大负荷利用小时	最大峰谷差率	最大负荷利用小时	配变最大负载率
传统增容方案	90.70%	1534	90.70%	1534	38.02%	71.10%	1545	71.10%	1545	48.53%
储能配置方案			82.23%	1750	98.06%			50.71%	2258	94.58%

2. 艾花园台区

艾花园台区为艾花园村供电，以居民生活用电负荷为主，辅以少量小型工商业、服务业，配变容量为 200 千伏安，2018 年全年配变未出现重过载现象。2019 年 1 ~5 月重载出现 1 天，持续时长约 0. 42 小时（见图 5）。

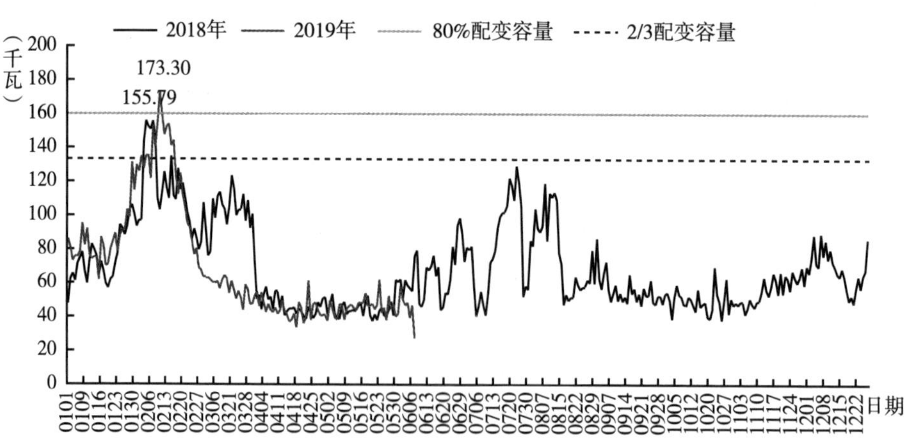

图 5　艾花园台区年度最大负荷曲线

资料来源：行业统计数据。

由于2018年该台区未进行整村推进改造，居民用电潜力将随着供电能力加强及居民生活水平的提高进一步释放。2019年冬季大负荷日负荷较2018年增长11.2%，按照2020年10%、“十四五”期间年均8%的负荷增速估算，2020年负荷达191千瓦，2025年达280.10千瓦，饱和年预计为560千瓦（见表5）。

表5　艾花园台区负荷预测

单位：千瓦

年份	2018	2019	2020	2021	2025	饱和年
负荷	155.79	173.3	191	206	280.10	560

传统增容方案：2021年增加1台200千伏安、2025年增加1台200千伏安柱上变压器，综合造价约12万元。

储能配置方案：根据负荷预测及配电变压器供电能力，2020年尚无增容需求。为满足2025年的供电需求，需配置89千瓦/155千瓦时的储能系统，但是充电时长不能满足放电容量需求，该台区不适宜选取储能配置方案。

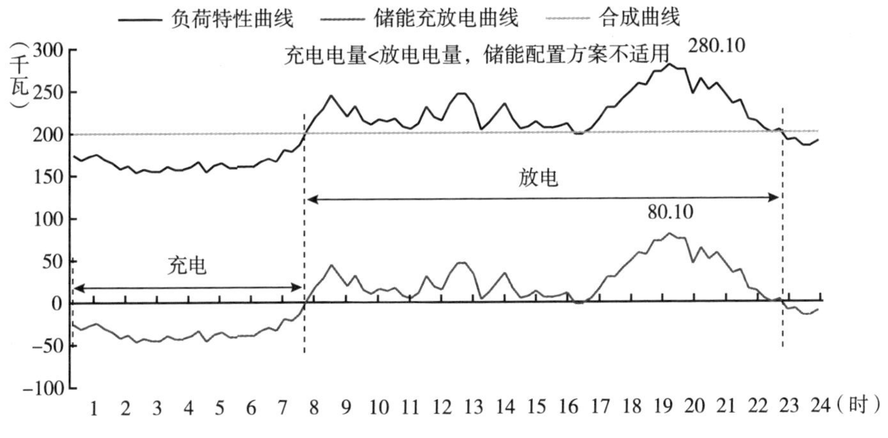

图6　艾花园台区2025年典型日负荷曲线

（二）服务新能源消纳

选取开封兰考县谷营镇中西村为例进行应用场景分析。

兰考县中西村为村级电站及户用光伏接入较多的行政村，截至2019年5月底，谷营镇中西村共村级电站1座，容量为31.8千瓦，接入电压等级为380伏；户用光伏18户，容量共95.4千瓦，接入电压等级为380伏。

中西村由中西西、中西西2#两台315千伏安配变供电。2018年中西村负荷、电量均呈现稳中有升态势，最大负荷为177.62千瓦（7月25日），2019年1~5月最大负荷达188.21千瓦（2月12日），较2018年1~5月最大负荷162.06千瓦同比增长16.1%（见图7）。中西村2018年全年用电量为41.1万千瓦时，2019年1~5月用电量为18.8万千瓦时，较2018年1~5月用电量17.4万千瓦时同比增长8.0%。

1. 负荷特性

整体来看，中西村夏、冬季出现负荷高峰，且冬季高峰略高于夏季，春、秋季负荷相对较小。2019年1~5月负荷水平较上年同期增速缓慢，负荷曲线较上年整体向后推移，原因在于2018年1月27日至2月7日、2019年2月8~14日连续多日出现低温降雪天气，最大负荷受天气因素影响明显高于受春节因素影响。

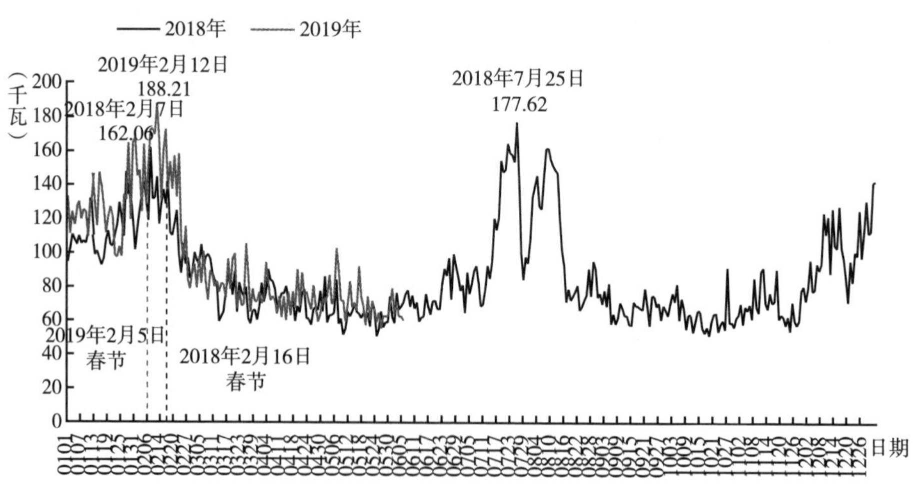

图7　中西村2018年1月~2019年5月负荷曲线

资料来源：行业统计数据。

日最大峰谷差率。2018 年 1 月至 2019 年 5 月最大峰谷差率为 91.7%，出现在 2018 年 1 月 28 日，日最大峰谷差率波动范围为 57.14% ~91.7%。2018 年日最大峰谷差率大于 80% 的天数占 59.2%，2019 年 1 ~5 月日最大峰谷差率大于 80% 的天数占 71.5%。整体来看 2019 年 1 ~5 月日最大峰谷差率较 2018 年同期略有减小（见图 8）。

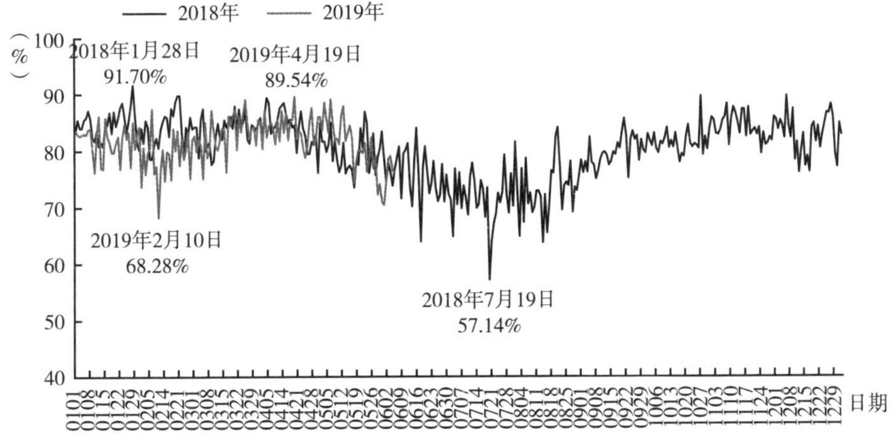

图 8　中西村 2018 年 1 月 ~2019 年 5 月配变日最大峰谷差率

配变平均负荷率较低。2018 年 1 月至 2019 年 5 月公用配变平均负荷率为 6.4%。逐月平均负荷率波动范围在 4.38% ~9.94%，波动幅度为 5.56%（见图 9）。

典型日负荷特性。春、秋季典型日负荷特性曲线负荷水平及变化趋势相似，均出现早、午、晚三个高峰；夏季最高峰负荷出现在晚 22 时，主要是空调降温负荷所致；冬季出现明显的早高峰，最高峰负荷出现在早 8 时，是由早晨厨炊负荷叠加取暖负荷所致（见图 10）。

中西村电力需求预测结果，预计到 2020 年负荷为 215 千瓦，电量为 47.9 万千瓦时；2025 年负荷为 287 千瓦，电量为 63.5 万千瓦时，饱和年负荷 5175 千瓦，电量达 127 万千瓦时。“十四五”期间，负荷、电量年均增速分别为 6.0%、5.8%。

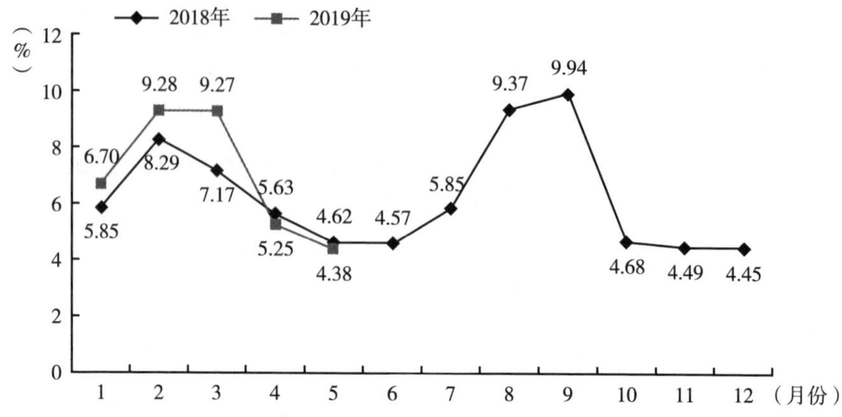

图9　中西村2018年1月~2019年5月配变平均负荷率

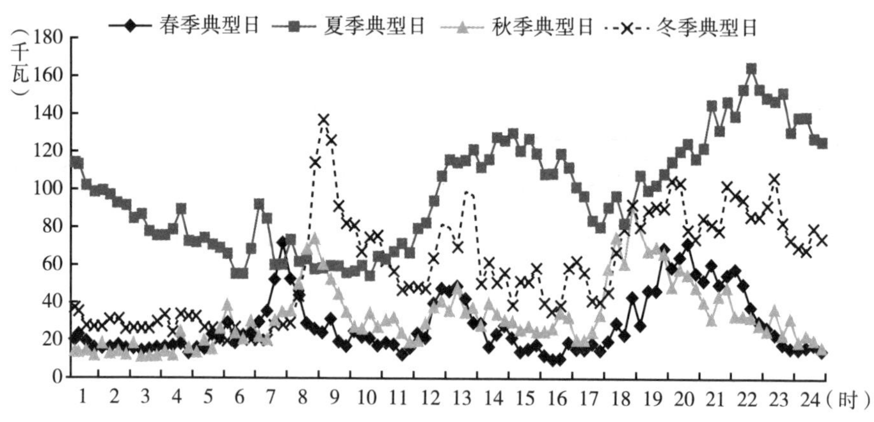

图10　中西村典型日负荷特性曲线

资料来源：行业统计数据。

2. 光伏消纳情况分析

综合考虑河南省光伏出力特性、森源光伏电站年出力曲线及开封市光伏出力率估算值（春季76%、冬季64.2%），将谷营镇中西村村级光伏电站及户用光伏的出力率按春季79%、冬季60%考虑。

考虑光伏快速发展及中速发展两种不同情景下，结合负荷特性分析，选择冬、春季小负荷新能源消纳形势最为严峻时段进行电力平衡及消纳空间研究分析。快速发展情景下，考虑2020年光伏规模153千瓦，2025年光伏225千瓦；中速发展情景下，考虑2020年光伏规模140千瓦，2025年光伏179千瓦。

根据2018年春季日间小负荷时段平衡，盈余81.2千瓦，配变出现潮流上翻现象，造成中低压配网系统无功电压支撑能力减弱，电压降低程度相对加大，使得中低压配网损耗增加。中速发展情景下，预计2025年春季日间小负荷时段平衡，盈余110.4千瓦（见表6）。

表6　中西村日间小负荷电力平衡结果

单位：千瓦

	平衡结果	2018年	2019年	2020年	2025年
快速发展情景	春季日间小负荷	-81.2	-89.3	-97.7	-146.8
	夏季日间小负荷	8.02	8.8	10.3	-3.1
	秋季日间小负荷	-63.2	-69.5	-75.9	-117.7
	冬季日间小负荷	-29.8	-32.8	-35.5	-64.0
中速发展情景	春季日间小负荷	-81.2	-84.3	-87.5	-110.4
	夏季日间小负荷	8.0	13.8	20.5	33.4
	秋季日间小负荷	-63.2	-64.5	-65.6	-81.3
	冬季日间小负荷	-29.8	-27.8	-25.3	-27.6

3. 储能配置方案

按照光伏最大盈余容量配置储能系统时，能完全消纳，避免潮流上翻风险。储能转换效率按照90%，充放电次数按照3000次，光伏年发电小时数按照1200小时考虑。

按照无功补偿所需容量配置储能系统时，依据《国家电网公司电力系统电压质量和无功电力管理规定》对功率因数的规定，“100千伏安及以上10千伏供电的电力用户在用户高峰负荷时变压器高压侧不宜低于0.95；其他电力用户功率因数不宜低于0.9”。我国对中低压配电网电压偏差的要求为：10千伏电压等级的配电网，电压偏差不超过±7%；380伏电压等级的电压偏差允许范围为-10%～+7%。

通过生产模拟，考虑储能转换效率，分别按照光伏最大盈余容量、无功补偿所需容量两个方案进行储能容量配置，按照光伏最大盈余容量配置储能，系统投资为34.2万元，可完全抵消光伏盈余，避免出现潮流上翻。按照无功补偿所需容量配置储能，系统投资仅4.8万元，配变出现上翻，但满足中低压配电网电压偏差要求，此方案全年可支撑新能源消纳电量7.88万千瓦时，中西村年最大峰谷差率可由91.7%降至60.7%。根据技术经济比较，选择按照无功补偿所需容量配置储能的方案比较可行（见表7）。

表7　储能系统配置情况

方案	类别	所需功率（千瓦）	所需容量（千瓦时）	配置方案	储能系统投资（万元）
方案一	按照光伏最大盈余容量配置	90.24	185.56	90千瓦/180千瓦时	34.2
方案二	按照无功补偿所需容量配置	23.11	16.78	24千瓦/24千瓦时	4.8

注：上述储能系统容量是根据2018年底光伏装机容量进行配置。

三　主要结论及建议

（一）主要结论

储能是电力系统灵活调节资源，通过配置储能，负荷曲线得到改善，最大峰谷差率明显改善，可提升电力设施利用率。一方面，可消减短时最大负荷引起的新增电网建设投资。小区域内由于季节性取暖降温负荷、节假日等导致短时负荷易超过设备容量，通过分布式储能移峰可替代设备升级扩容，有效缓解设备过载，提升电力设施利用率。另一方面，部分配电设施接近满负荷运行，但是未来负荷增长缓慢，通过配置储能可延缓输配电设施的扩容改造。

储能可有效提高新能源消纳水平，支撑能源供给侧结构优化。在新能源消纳困难区域，配置储能跟随新能源出力，在新能源消纳困难时段充电，在系统净负荷高峰时段放电，有效提高能源供给效率。根据新能源波动情况，运行方式与新能源出力特性有关，可每日一次或两次充放循环。考虑储能转换效率及技术经济性，可按照无功补偿所需容量进行储能容量配置。

（二）储能产业发展建议

强化储能标准化管理，建立完善工作机制。建立涵盖储能规划设计、设备及试验、施工及验收、并网及检测、运行与维护等各应用环节的标准体系，明确项目质检、验收、生产准备等关键流程，细化计量认证、计费缴费等环节具体要求。建立完善储能检测、认证和评估机构，形成与储能厂商、储能客户、发电企业、电网公司、能源主管部门等主体的协同工作机制。

完善市场价格机制，为储能健康发展拓展空间。优化峰谷电价机制，引导用户错峰用电，通过市场手段减少电力系统投资和用户用电成本，提高电网运行效率。完善电力辅助服务市场，鼓励储能参与调峰、调频和备用等辅助服务，明确储能参与电网辅助服务的地位，制定储能辅助服务规则。重点侧重于产业培育，可适当采用税收减免等激励机制促进储能发展，避免直接补贴形成产业发展依赖。

发挥规划统筹引领作用，优化储能项目布局。规范储能投资建设及发展步伐，合理引导各区域储能容量，根据各地需求实现差异化发展。实现储能与各项能源电力规划协调匹配，增强规划整体性和协调性。制订新能源优化调度规范，鼓励有功功率调节特性好、功率变化幅度小的新能源场站优先上网。鼓励风电企业配置一定比例的储能设施，平滑发电出力，缓解发电负荷波动，降低对电网运行的压力。

参考文献

国务院办公厅：《能源发展战略行动计划（2014～2020 年）》（国发办〔2014〕31

号)，2014 年 6 月 7 日。

国家能源局：《关于促进电储能参与“三北”地区电力辅助服务补偿（市场）机制试点工作的通知》（国能监管〔2016〕164 号)，2016 年 6 月 7 日。

国家发改委等五部门：《关于促进储能技术与产业发展的指导意见》（发改能源〔2017〕1701 号)，2017 年 9 月 22 日。

国家发改委：《关于创新和完善促进绿色发展价格机制的意见》（发改价格规〔2018〕943 号)，2018 年 6 月 21 日。

国家发改委、国家能源局：《关于印发清洁能源消纳行动计划（2018～2020 年）的通知》（发改能源规〔2018〕1575 号)，2018 年 12 月 4 日。

国家电网公司：《关于促进电化学储能健康有序发展的指导意见》（国家电网办〔2019〕176 号)，2019 年 2 月 18 日。

南方电网公司：《关于促进电化学储能发展的指导意见（征求意见稿)》，2019 年 1 月 30 日。

国家发改委、国家能源局：《关于深化电力现货市场建设试点工作的意见》（发改办能源规〔2019〕828 号)，2019 年 7 月 31 日。

国家发改委：《产业结构调整指导目录（2019 年本)》（发改地区规〔2019〕1683 号)，2019 年 10 月 30 日。

国家电网公司：《国家电网公司电力系统电压质量和无功电力管理规定》，2004。

国网能源研究院有限公司：《2019 中国储能产业现状分析与展望蓝皮书》，2019 年 4 月。

孙威、李建林、王明旺等编著《能源互联网：储能系统商业运行模式及典型案例分析》，中国电力出版社，2017。

中国能源研究会储能专委会、中关村储能产业技术联盟：《储能产业发展蓝皮书》，中国石化出版社，2019。

能源新发展篇

New Energy Development

B.11

新时代推动河南能源转型发展路径的思考与建议

田春筝　杨　萌*

摘　要： 能源是人类社会生存发展的重要物质基础，对经济发展、人民生活改善至关重要。2019 年 9 月习近平总书记考察调研河南时，从中华民族伟大复兴千秋大计的战略全局，对黄河流域生态保护和高质量发展做出了重要部署。推动能源转型发展、优化调整能源结构是河南落实习近平总书记关于加强黄河流域生态保护和高质量发展重大要求的重要抓手。本文梳理了河南能源资源禀赋、供需情况，分析了新形势下河南能源发展面临的挑战和机遇，围绕贯彻习近平总书记关于推动

* 田春筝，工学硕士，国网河南省电力公司经济技术研究院教授级高级工程师，研究方向为能源电力经济、电网规划。杨萌，工学硕士，国网河南省电力公司经济技术研究院高级工程师，研究方向为能源经济与电网规划。

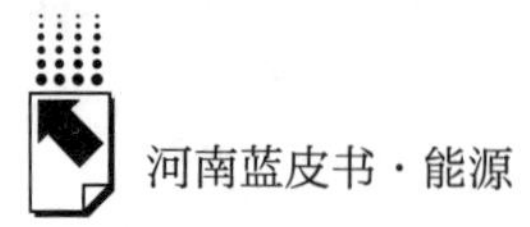

黄河流域生态保护和高质量发展的重大要求，从能源保障、能源利用、体制机制、基础设施四个方面，提出了新时代促进河南能源转型发展“四个更加注重”的方向路径和“四个着力推动”的对策建议，旨在以全省能源高质量发展服务黄河流域生态保护和高质量发展。

关键词： 河南省　黄河流域　生态保护　高质量发展　能源

2019年9月习近平总书记考察调研河南时，从中华民族伟大复兴千秋大计的战略全局，对黄河流域生态保护和高质量发展做出了部署，明确把黄河流域生态保护和高质量发展上升为重大国家战略，强调河南“在全国生态格局中具有重要地位”，必须“高度重视生态保护工作”，对全省清洁低碳绿色发展提出了更高要求。以习近平生态文明思想为指导，推动能源高质量发展、优化调整能源结构是河南落实总书记关于加强黄河流域生态保护和高质量发展重大要求的重要抓手，也是实现绿色发展、解决生态环境问题的源头。

一　河南能源发展现状

近年来，河南省委省政府高度重视能源高质量发展，提出了能源结构调整“三降两升”、煤炭消费减量行动计划、“郑州主城区煤电清零、洛阳主城区煤电基本清零”等一系列目标举措，为全省能源发展指明了方向。总体上，河南能源发展呈现供需总体平稳、结构逐步优化、能效持续提升的良好态势。

（一）能源生产逐步趋稳

2010年以来，受省内煤炭行业去产能、油气资源进入枯竭期等因素影响，河南能源生产总量逐步下降。2018 年河南一次能源生产总量为 1.0 亿吨标准煤，与 2010 年能源生产峰值相比，河南一次能源生产总量降幅达 42.7%，年均下降 6.7%，占全国一次能源生产总量的比重由 5.6% 下降至 2.6%（见图 1）。“十三五”以来，全省一次能源生产逐步趋稳，基本保持在 1.0 亿吨标准煤左右。

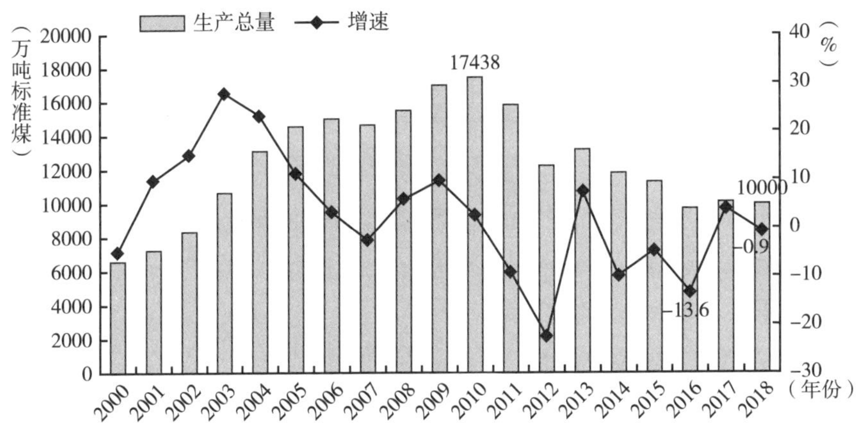

图 1　2000～2018 年河南省一次能源生产情况

资料来源：2000～2017 年数据引自《河南统计年鉴（2018）》，2018 年为初步统计数据。

（二）能源消费增速放缓

近年来，河南一次能源消费总量呈现低速增长的态势。2018 年河南一次能源消费总量达到 2.3458 亿吨标准煤，同比增长 2.2%。2010～2018 年，河南以一次能源消费年均 2.4% 增长满足了经济总量年均 9.0% 增长需要（见图 2）。

（三）能源结构持续优化

河南能源“以煤为主”特征突出，煤炭占一次能源生产的比重始终保持在 80% 以上，占一次能源消费的比重始终保持在 70% 以上。近年来河南

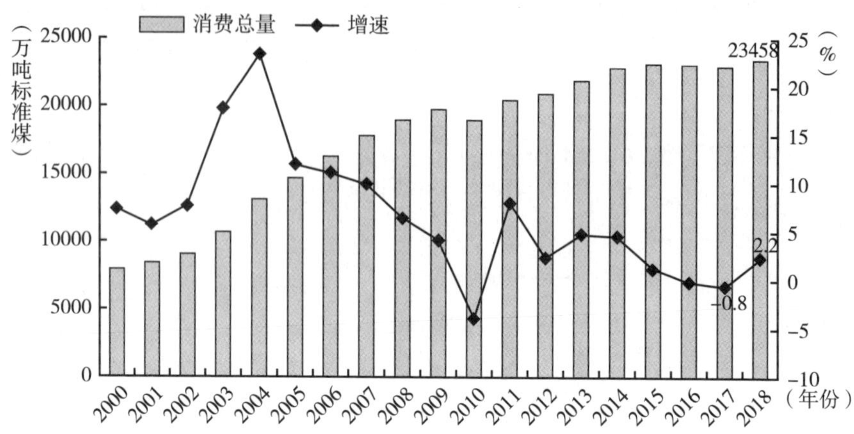

图 2　2000～2018 年河南省一次能源消费情况

资料来源：2000～2017 年数据引自《河南统计年鉴（2018）》，2018 年为初步统计数据。

能源结构持续优化，煤炭在生产结构中的占比由 2009 年 93.4% 峰值下降至 2018 年 86% 左右，在消费结构中的占比由 2009 年 87% 高位回落至 2018 年的 71.3%，非化石能源在生产、消费结构中占比较 2009 年分别上升了 8、5.7 个百分点（见图 3、图 4）。

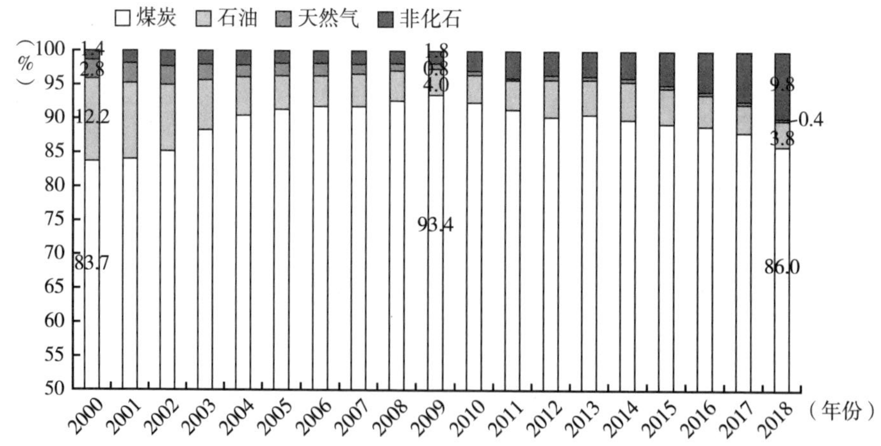

图 3　2000～2018 年河南省一次能源生产结构

资料来源：2000～2017 年数据引自《河南统计年鉴（2018）》，2018 年为初步统计数据。

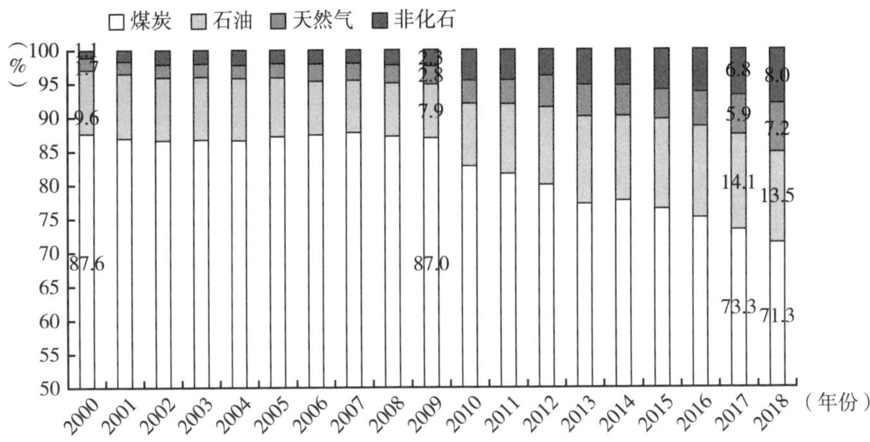

图 4　2000～2018 年河南省能源消费结构

资料来源：2000～2017 年数据引自《河南统计年鉴（2018）》，2018 年为初步统计数据。

（四）能源效率明显提升

近年来河南能源效率水平持续提升，2018 年单位 GDP 能耗为 0.49 吨标准煤/万元（当年价）。2010～2018 年河南单位 GDP 能耗累计下降了 38.8%（按可比价计算）（见图 5）。

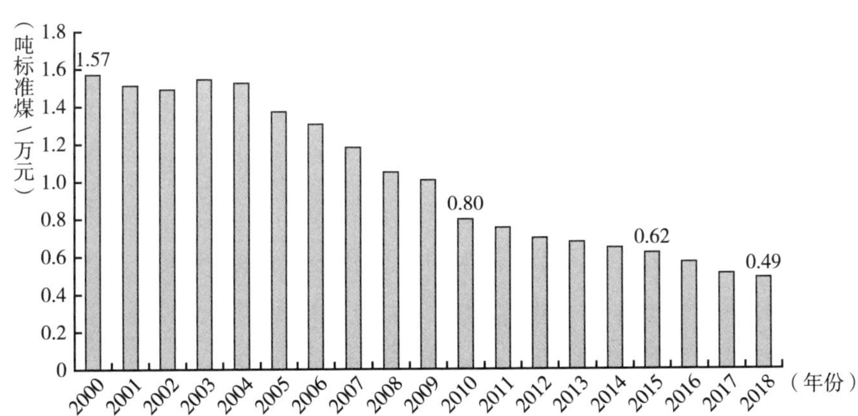

图 5　2000～2018 年河南省单位 GDP 能耗情况（GDP 按当年价）

资料来源：根据《河南统计年鉴（2018）》GDP 及能源相关数据测算得到。

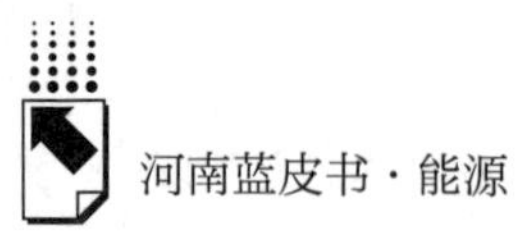

二　新时代推动河南能源转型发展面临的形势

新时代新使命，河南能源转型发展面临新的要求。习近平总书记考察调研河南时，从中华民族伟大复兴千秋大计的战略全局，对黄河流域生态保护和高质量发展做出了部署，明确把黄河流域生态保护和高质量发展上升为重大国家战略。推动能源转型发展，从源头解决生态环境和绿色发展问题，已经成为新时代河南能源发展的重大课题和当务之急。贯彻落实习近平总书记关于黄河流域生态保护和高质量发展要求，推动能源高质量发展，河南既面临着诸多的问题困难，也面临难得的历史机遇。

（一）面临挑战

纵观世界和全国能源发展，化石能源的大量使用，带来了生态环境、气候变化等一系列问题，清洁低碳发展已经成为世界各国主动破解能源与环境困局的必然选择。对比世界、全国及国内发达省份，河南产业结构偏重、能源结构偏煤、区域污染排放偏大，高碳能源资源禀赋与低碳发展要求之间的矛盾更加突出。无论从能源的量级、能源需求的增长，还是资源禀赋和能源结构看，河南能源高质量发展、能源转型面临的挑战更大。主要体现在以下几个方面。

能源消费体量大。我国是世界第一大能源消费国，占世界能源消费总量的23%，相当于美国的1.4倍、日本的6.9倍、德国的9.4倍。河南能源消费体量居全国第5位，已经与英国、意大利基本相当。

工业化和城市化均未完成。能源消费总量还处于递增阶段，能源消费总量在一段时期内仍然有继续增长的内在动力。相比之下，美国、德国、日本、英国等国家已经进入能源消费总量饱和或下降阶段。

能源消费结构中煤炭占比极高，而作为化石能源中“清洁能源”的天然气占比非常低。2017年河南一次能源消费结构中煤炭占比73.3%，较全国（60.4%）高近13个百分点，是世界平均水平（27.6%）2.66倍；天然气占比仅为5.9%，低于全国（7.0%，全球最低国家之一）1个百分点，是世界平均水平（23.4%）的1/4。

（二）面临机遇

习近平总书记考察调研河南时重要讲话精神提供了方向指引。党的十九大以来，生态文明建设已经被摆在了前所未有的突出位置，推进绿色发展已经成为社会共识。习近平总书记考察调研河南时再次强调，河南“在全国生态格局中具有重要地位”，必须“高度重视生态保护工作”，“必须树立抓生态保护就是抓高质量发展的理念”，擦亮绿色发展的底色。推动能源高质量发展，是加强生态文明建设的源头，是实现绿色发展的重要环节，习近平总书记重要讲话精神和关于高度重视生态保护的重大要求，为河南推动能源高质量发展指明了前进方向。

能源发展具有良好产业基础和区位优势。习总书记考察调研河南时指出，河南具有产业基础、区位交通、开放通道等优势。河南是能源生产和消费大省，开发起步较早，能源品类齐全，历史上作为国家能源基地，形成了较好的煤炭、油气、电力产业基础，同时是全国煤、电、油、气战略输运通道的重要路径和枢纽。良好的产业基础和区位优势有利于河南充分利用省内省外“两个市场、两种资源”，增强能源发展的适应性和灵活性。

能源发展新技术新业态的不断涌现为能源转型提供了可能。当前，我国能源生产和消费革新加速推进，能源体制机制改革力度加大。推动能源清洁化、智能化发展的科技、体制创新持续加快，能源生产消费新产业、新业态和新模式不断涌现，能源供需方式和系统形态正在发生深刻变化，分布式供能系统广泛应用，风能、太阳能、生物质能和地热能开发利用快速增长，这有利于河南利用新技术、新业态不断提升能源发展效率和质量。

三　新时代推动河南能源转型发展的路径思考

河南能源发展现实基础，一是资源禀赋方面，有煤少油乏气、可再生资源条件一般；二是处于工业化、城镇化推进阶段，能源消费总量仍将刚性增长；三是面临着能源结构偏煤、安全保障压力大、生态环境承载能力不足等问题。“十三五”以来，河南政府主管部门明确了“节能优先、内源优化、外引多元、创新引领”的能源发展战略，出台了《河南省推进能源业转型发展方案》《河南省煤炭消费减量行动计划（2018～2020年）》等一系列政策文件，提出了能源结构调整“三降两升”、郑州主城区煤电清零、洛阳主城区煤电基本清零等目标举措，体现出了河南以保障能源安全为基础，兼顾清洁低碳、环境友好的能源发展思路，取得了显著成效，全省能源转型发展的步伐明显加快，“十三五”以来，煤炭占全省能源消费的比重累计下降了约5个百分点，风电光伏装机容量增长了约12倍。

总体上看，当前世界、我国、河南能源发展普遍有以下趋势：从消费侧看，能源消费结构低碳化、清洁化，可再生能源逐步替代化石能源，终端消费结构从以一次能源为主向二次能源转变；从供给侧看，能源供应体系逐步发生变革，能源供应系统空间布局从集中式向集中式、分布式协调发展方向转变，更加注重能源综合开发利用。新时代背景下，为了更好推进全省能源转型发展，在方向路径上，河南应做到“四个更加注重”。

（一）安全上，更加注重煤炭和煤电基础性作用

保障能源的安全可靠供应是推动河南能源高质量发展的前提。当前部分欧洲发达国家提出的禁煤去煤、退出煤电，是在其能源电力需求基本饱和、煤炭消费比重远低于世界平均水平①、煤电发电量占比普遍低于30%的背景下，能源结构演变的必然趋势，与自身发展阶段、资源禀赋、能源结构等基础条件相适应②，符合其对用能经济和环境效益的综合考量。资源禀赋决定了河南以煤为主的能源特征，煤炭、煤电在今后较长时期内仍是全省能源电

① 2017年，世界能源消费消费结构中煤炭占比约为28%，欧盟整体煤炭消费比重仅为16%。

② 法国计划2021年关闭所有煤电，英国计划2025年前关闭所有煤电，芬兰2030年起全面禁煤，德国宣布最迟于2038年彻底放弃煤电。整体上看，欧洲国家煤炭、煤电占比越低，宣布退出的时间越早。

力安全保障的重要支撑，将发挥不可或缺的作用，应避免简单的“去煤化”。

一是保持发展定力，维持煤电装机规模合理增长。2020 年后，河南已无新增煤电机组开展前期工作，预计“十四五”末全省电力供需缺口将突破 2000 万千瓦。同时在未来高比例可再生能源系统中，仍需要煤电承担电力平衡及对可再生能源发电进行调节补充等任务，继续发挥系统“压舱石”和“稳定器”的重要作用。建议提前谋划新项目，应对全省“十四五”新增煤电投产需要。二是推进煤炭的清洁高效利用，实现电煤消费量和占比双提升。电煤是煤炭清洁高效利用的主要方式，煤炭清洁利用和燃煤电厂超低排放改造已经纳入了国家《绿色产业指导目录（2019 版）》。当前河南在运燃煤机组均已全部完成超低排放改造，电煤消费量增长并不带来污染物排放量增长。三是抓紧开展煤电机组延寿，减少新增装机。加快大型燃煤发电机组延寿相关技术研发应用，制定相关配套政策，推动适合延寿的煤电机组服役期尽可能延长至 40 年甚至 50 年。

（二）利用上，更加注重节能提效

从各国能源发展实践看，节能提效是最重要的转型路径之一。节能提效不仅可以减少化石能源的消费，还能够为可再生能源的发展提供更多的市场空间。目前河南单位 GDP 能耗仍然偏高，是广东、江苏等国内先进地区的 1.3 倍、日德法等先进国家的 2 ~4 倍，节能降耗空间和潜力巨大。从结构看，工业、居民和交通是河南三大耗能部门，其中工业能源消费占全省 70% 左右，居民、交通领域分别为 11.4%、7.2%。大幅度提高工业领域耗能设备效率，是河南节能提效的重点。

（三）机制上，更加注重建设符合能源高质量要求的市场体系

市场是提高能源效率、优化资源配置的最有效方式，能否最终建立与可再生能源发展特性相容、与转型方向契合的市场制度是决定能源高质量发展最终能否实现的关键。近年来，河南积极推进能源体制改革，通过输配电价、天然气价格机制改革着力还原能源资源的商品属性，逐步释放了改革红

利。但总体上看，在系统性、协同性、市场化引导机制方面仍然存在一定不足，较为粗放的用能方式使得全省能源基础设施利用率、系统整体运行效率不高。河南应以构建主体多元、平等开放、充分竞争的能源市场生态为导向，进一步优化能源市场体系、价格机制、监管体系，利用市场化手段促进全省能源高质量发展。

（四）供给上，更加注重新型能源基础设施建设

习总书记调研河南时提出了“加强重大基础设施建设”要求。同时，可再生能源分散性、间歇性、波动性的特点，以及能源支撑多元化、能源利用综合化的发展趋势，也要求河南必须进一步加快建设新型能源基础设施，推动传统能源和电力系统的变革。当前，河南能源电力基础设施智能化水平偏低，难以实现灵活、柔性、协同互补的能源供应和集成高效的信息采集，难以满足可再生能源便捷接入和能源互联网全面感知、快速响应、精确控制的需要。河南应以能源互联互通为方向，加快提升能源基础设施的信息化、数字化水平，以新型能源基础设施引领能源高质量发展。

四　新时代推动河南能源转型发展的对策建议

新时代新使命，河南能源转型发展应围绕贯彻落实习近平总书记考察调研河南时重要讲话精神，从能源保障、能源利用、体制机制和基础设施等方面做到“四个着力推动”：着力推动全省能源保障外增内优、着力推动能源利用节能提效、着力推动能源市场机制逐步完善、着力推动能源基础设施提质升级。充分发挥电力在现代能源格局中的中心地位，以及电网能源转换利用的枢纽和基础平台作用，构建清洁低碳、安全高效能源体系，以能源高质量发展服务和保障黄河流域生态保护和高质量发展。

（一）推动能源保障实现外增内优

坚持“外增”与“内优”相结合，外部重点扩大区外清洁能源引入规

模，内部着力优化能源供给结构，推动构建更加清洁可靠的能源电力供应保障体系。一是着力扩大外电入豫规模。立足长远保障，加快青海－河南特高压直流工程及配套特高压交流工程建设。积极推动内蒙古、新疆等能源基地省份与河南能源战略合作，尽快明确第三回特高压入豫直流通道来电方向，并纳入国家规划，尽早实施。二是着力服务可再生能源发展。全力支持可再生能源开发利用，确保可再生能源发电项目及时并网和全额消纳，推动可再生能源成为消费增量供应主体。围绕风电、光伏、生物质等可再生能源发电发展，加强省内豫北、豫西等新能源集中地区输电外送通道建设，确保可再生能源发电项目及时并网、应发尽发和全额消纳。三是着力推动煤电清洁发展。有序实施“郑州主城区煤电清零、洛阳主城区煤电基本清零”行动，实现“机退网进”，确保郑州大都市区电力安全可靠供应。结合全省资源约束①和电力保障需求，提前谋划“十四五”新增煤电项目，在省内豫南等电力供应薄弱、环境空间较大区域新增布局大容量高参数煤电机组，在保障全省煤电机组总装机规模控制在7500万千瓦的前提下，推动省内电源装机结构和布局优化。

（二）推动能源利用实现节能提效

立足河南作为工业、人口大省，能源需求增长刚性强实际，大力实施电能替代、电力需求侧响应、助推农村能源消费模式变革，优化终端用能结构和用能方式，促进全省能源利用效率提高。一是着力优化终端用能结构。优化用能结构是提高能源效率的有效途径，电能占终端能源消费比重每提高1个百分点，社会整体能耗将下降约4个百分点。进一步加大电能替代实施力度，在挖掘全省存量用能领域电能替代潜力基础上，重点采取电气化方式满足工业生产、交通、商业、居民生活等领域新增用能需求，拓展电力使用范围，大幅提升全省城乡终端电气化水平。二是着力提升电力系统灵活性。加

① 根据国家能源局《2022年煤电规划建设风险预警》，河南煤电装机充裕度预警指标由橙色调整为绿色。资源约束指标重点区域由绿色调整为红色，其他区域为绿色。

快南阳天池、洛阳洛宁、信阳五岳等灵活性调节电源建设，推动在运燃煤机组深度调峰改造，扩大电力需求响应实施范围，加快省内储能和调峰辅助服务市场发展，全面提升电力系统灵活性，促进电力基础设施利用率和电力系统整体运行效率提升。三是着力助推农村能源变革。加快推进兰考农村能源革命试点工作，打造农村能源互联网。以兰考农村能源革命为契机，打造全国领先的县域能源互联网典范，探索农村能源发展新模式。建设能源互联网平台、储能等相关设施，助力兰考县新增能源需求主要依靠清洁能源就地供应。全面实施乡村电气化工程，切实提升农村电力普遍服务水平，让农民用上可靠电、舒心电、绿色电、智慧电，推进用能形态转型，使农村成为新能源发展的“沃土”，建设魅力宜居乡村，服务河南乡村振兴。

（三）推动能源市场机制逐步完善

以电力现货市场建设为切入点，加快推动建立较为完善的能源市场机制，充分发挥市场对资源配置的决定性作用，促进全省能源高质量发展。一是有序推进电力现货市场建设。按照“统一市场、两级运作”的整体框架，在省内市场，建立“中长期合约作为结算依据管理市场风险、现货交易采用全电量集中竞价”的电力市场模式。在省际市场，以外送中长期交易结果为边界、保障联络线交易曲线的物理执行，在省内现货市场预出清的基础上，以省内平衡后的富余发电能力参与省际现货交易。二是着力建设能源互联网。加快推进电气化与信息化、数字化深度融合，充分应用“大云物移智链”等现代信息通信技术，统筹开展能源互联网重点任务建设、关键技术攻关、综合示范工程等工作，聚焦能源大数据、能源互联网平台、综合能源服务等领域，尽快形成一批特色做法，以点带面、创新突破，全面提升能源电力基础设施对全省能源的资源配置能力、变革驱动能力和价值转化能力，承载和培育开放共享的能源互联网生态圈。

（四）推动能源基础设施提质升级

顺应能源变革与数字变革融合发展大势，以能源互联互通为方向，加快提升河南电网基础设施的规模、装备、信息化和数字化水平，以新型电力基础设施引领全省能源高质量发展。一是着力建设坚强智能电网。主动适应能源高质量发展要求，推动电网设施换代升级，打造建设坚强智能电网平台，以电网自身升级带动能源产业升级。推动特高压电网成为河南参与全国能源资源优化配置的重要载体，保障河南能源安全。推动500千伏电网充分发挥平台配置作用，围绕特高压工程送出以及郑州大都市区发展，统筹配置外来电、省内火电、新能源等各类资源。推动城乡配电网适应低压配网由“无源”向“有源”网络变化趋势，全面提升用户供电可靠性。推动河南电网迈入全国一流电网行列，全面服务中原出彩、乡村振兴。二是着力建设能源互联网。加快推进电气化与信息化、数字化深度融合，充分应用“大云物移智链”等现代信息通信技术，统筹开展能源互联网重点任务建设、关键技术攻关、综合示范工程等工作，聚焦能源大数据、能源互联网平台、综合能源服务等领域，尽快形成一批特色做法，以点带面、创新突破，全面提升能源电力基础设施对全省能源的资源配置能力、变革驱动能力和价值转化能力，承载和培育开放共享的能源互联网生态圈。

五　结语

能源清洁低碳发展已经成为社会共识。推动能源高质量发展、持续优化调整能源结构，是贯彻落实习近平总书记考察调研河南时重要讲话精神和黄河流域生态保护和高质量发展重大战略的重要抓手，也是实现绿色发展、解决生态环境问题的源头。建议河南从能源保障、利用、机制和基础设施建设等方面共同发力，更加重视电力在现代能源格局中的中心地位，以及电网能源转换利用的枢纽和基础平台作用，推动实现能源保障外增内优、能源利用节能提效、能源机制逐步完善、能源设施提质升级，着力构建清洁低碳安全高效的能源体系，以能源高质量发展服务黄河流域生态保护和高质量发展。

参考文献

习近平：《在黄河流域生态保护和高质量发展座谈会上的讲话》，《求是》2019年第20期。

习近平：《决胜全面建成小康社会　夺取新时代中国特色社会主义伟大胜利——在中国共产党第十九次全国代表大会上的报告》，人民出版社，2017。

河南省统计局：《河南省统计年鉴2018》，中国统计出版社，2018。

朱彤、王蕾：《国家能源转型：德、美实践与中国选择》，浙江大学出版社，2015。

B.12 支撑农村能源革命的能源互联网平台建设实践

——以兰考为例

许长清　李　鹏　李　锰　郑永乐　李慧璇*

摘　要： 河南省兰考县是全国首个农村能源革命试点，兰考能源互联网平台是兰考农村能源技术革命的重要组成部分，以习近平总书记“三个起来”重要指示为遵循，按照兰考农村能源革命试点建设要求，坚持实用实效，突出“农村”要素，探索乡村特色的能源互联网解决方案，构建县域能源数据体系，挖掘数据价值，助推乡村振兴、能源低碳高效等战略实施，打造成为技术先进适用、可复制可推广的农村能源互联网示范工程。

关键词： 能源互联网　农村能源革命　平台建设　能源监测　县域能源数据体系

兰考县是焦裕禄精神的发源地，是习近平总书记第二批党的群众路线教

* 许长清，工学硕士，国网河南省电力公司经济技术研究院高级工程师，研究方向为电网发展与通信智能化规划；李鹏，管理学博士，国网河南省电力公司经济技术研究院高级经济师，研究方向为农村能源转型；李锰，工学硕士，国网河南省电力公司经济技术研究院高级工程师，研究方向为能源电力经济；郑永乐，工学硕士，国网河南省电力公司经济技术研究院工程师，研究方向为能源互联网与农村能源转型；李慧璇，工学硕士，国网河南省电力公司经济技术研究院工程师，研究方向为能源互联网与农村能源转型。

育实践活动联系点，习近平总书记视察时要求兰考县要“把强县和富民统一起来，把改革和发展结合起来，把城镇和乡村贯通起来”。兰考县风、光、地热等可再生资源以及农林废弃物、畜禽粪污等资源较为丰富，具有较好的开展农村能源革命试点建设的基础和条件。目前兰考县能源开发利用水平低下、消费方式粗放、消费结构有待升级等问题仍较突出。2018 年 7 月 23 日，国家能源局批复兰考农村能源革命试点建设总体方案，兰考县成为全国首个农村能源革命试点县。建设兰考能源互联网平台，满足农民清洁、品质、经济用能需求，助力农村用能模式、业态持续演进，支撑兰考农村能源转型道路探索。

一　兰考能源互联网平台建设背景及意义

（一）建设背景

2014 年 6 月 13 日，习近平总书记主持召开中央财经领导小组第六次会议，确立了“能源消费革命、能源供给革命、能源技术革命、能源体制革命和加强国际合作”的能源发展战略，揭开了能源革命探索与实践的大幕。2016 年 2 月国家发改委、国家能源局、工业和信息化部发布《关于推进“互联网 +”智慧能源发展的指导意见》（发改能源〔2016〕392 号），以“互联网 +”为手段，以智能化为基础，构建绿色低碳、安全高效的现代能源体系，推进能源领域供给性结构性改革。国家发展改革委、国家能源局先后印发《国家发展改革委国家能源局关于推进多能互补集成优化示范工程的实施意见》（发改能源〔2016〕1430 号）、《国家能源局关于组织实施“互联网 +”智慧能源（能源互联网）示范项目的通知》（国能科技〔2016〕200 号）等系列文件，落实国家能源革命这一重大战略。

农村能源是我国能源体系的重要组成部分，是建设美丽乡村、实现乡村振兴的重要物质基础。推进农村能源革命是解决农村能源发展问题的根本途径，是优化农村用能结构、提高农村用能效率、保护农村生态环境、完善农村基础设施的重要手段，也是推动城乡融合发展、推进农业农村现代化、构建清洁低碳安全高效的能源体系的重要途径。《可再生能源“十三五”规划》提出，支持资源条件好、管理有基础、发展潜力大、示范作用显著的县域，推进农村能源转型示范县建设。《河南省推进能源业转型发展方案》（豫政办〔2017〕134 号）明确提出，在兰考率先启动能源革命示范县建设，后续进一步扩大范围，推进农村能源综合创新实践。2018 年 2 月，国家能源局印发《2018 年能源工作指导意见》，提出加快推进河南兰考农村能源革命示范县等能源改革创新工程建设。

为更好地贯彻落实习近平总书记对兰考“三个起来”的总体要求，高标准完成国家任务，把兰考打造成为全国农村能源革命的典范，兰考县组织编制了兰考县农村能源革命试点建设总体方案。2018 年 7 月 23 日，国家能源局印发关于兰考县农村能源革命试点建设总体方案（2017～2021）的复函（国能函新能〔2018〕90 号），明确兰考推动农村能源生产革命、农村能源消费革命、农村能源技术革命、农村能源体制革命以及推进城乡废弃物能源化利用等五方面重点任务。其中，能源互联网平台与智能电网、绿色能源小镇试点一起纳入农村能源技术革命专题。能源互联网平台需要达到以下要求：到 2021 年，支撑兰考智慧能源体系的基本建立，服务可再生能源的消纳，满足多能互补、能效管理、需求响应、智慧用能等多类型综合能源服务的有序开展。

（二）建设意义

有利于能源革命战略向农村地区纵深发展。兰考作为全国首个农村能源革命试点，以习总书记视察兰考时提出的“三个起来”要求为遵循，通过兰考能源互联网平台建设，将全方位、立体化展示农村能源革命取得的系列成果及成效，在全国发挥广泛示范带动效应，促进广大农村地区能源革命提速发展。

有利于兰考农村能源革命试点方案落地实施。兰考能源互联网平台是农村能源革命试点的其他各项重点任务实现的有效贯穿，构建清洁低碳安全高效的能源体系，促进本地清洁能源开发利用，实现用能结构优化、用能效率提高，助推农村从能源消费的末端转变为能源生产的前端，助力试点方案推进，为乡村振兴战略实施打下坚实基础。

有利于能源企业共创能源互联网生态。兰考能源互联网平台的建设，为能源互联网技术在广大的农村落地生根提供机遇，为能源互联网企业开展能源优化配置、用能模式创新、新技术应用、服务开拓等提供场景和实施条件，有助于各方积累能源互联网建设与运营管理经验，推动能源互联网新技术、新模式和新业态的兴起。

二　兰考县基本情况

（一）兰考经济社会情况

兰考县位于河南省东部，地处豫东平原西部，总面积 1116 平方公里，总人口 86.49 万人，下辖 3 个街道、5 个镇、8 个乡、1 个产业集聚区、1 个商务中心区，共计 454 个行政村。兰考是国家新型城镇化综合试点县、全国普惠金融改革试验区、国家级园林城市、国家级卫生县城，于 2017 年 2 月正式退出贫困县序列。兰考县三次产业结构为 13.3∶41.0∶45.7，围绕家具制造、食品加工和战略性新兴三大主导产业，逐步壮大特色产业体系，生产总值、财政收入、居民收入等主要指标持续快速增长（见表 1）。至 2021 年，基本建成开封地区副中心城市，县域总人口达到 91 万人，城镇化率达到 50% 以上。

表 1　兰考县 2018 年经济社会指标及 2021 年预计情况

项目	2018 年	2018 年增速(%)	2021 年预计
GDP(亿元)	303.65	8.1	420
规模以上工业企业增加值(亿元)	94.68	9.1	180
固定资产投资(亿元)	198.99	13.2	418
公共财政预算收入(亿元)	21.5	22.9	30
城乡居民人均可支配收入(元)	14755	9.2	22000

（二）兰考能源资源及利用情况

兰考县是传统农业地区，本地无煤炭、石油、天然气等传统能源资源，基本上以外部输入为主；风、光、地热等可再生资源以及农林废弃物、畜禽粪污等资源较为丰富（见表2）。太阳能资源方面，属于太阳能资源Ⅲ类地区，大部分区域太阳年总辐射量为4800～5000兆焦/平方米，经济可开发量为27亿千瓦时。风能资源方面，县域风能资源分布较为均匀，年平均风速为5.8米/秒～5.9米/秒，目前水平下兰考县风电可开发量约120万千瓦时。地热能资源方面，资源总量为270万亿千焦，能源较为丰富，开采条件良好，年可开采资源量约为68万亿千焦，出水温度可以达到72℃。生物质资源方面，兰考县拥有丰富的农林资源，有机废弃物资源丰富（有机废弃物秸秆年产量近85万吨，畜禽粪便年产生量达144万吨）。

表2　兰考县2018年能源资源开发及2021年预计情况

项目	2018年	2021年预计
光伏装机容量(万千瓦)	24.835	40.13
风电装机容量(万千瓦)	13.54	74.9
地热供暖面积(万平方米)	29.206	1255
生物天然气产量(万立方米)	—	6570

（三）兰考能源消费情况

通过对兰考县农村家庭生活用能抽样调查显示，兰考农村家庭生产生活户均能源年消费约为0.9吨标准煤。兰考农村家庭生产生活消费的主要能源依次为电力、液化气、柴油、汽油、太阳能。从能源消费量来看，基本上呈现电力、液化气和柴油三足鼎立局势，电力、液化气、柴油消费占比分别为40.3%、22.1%、22.1%，汽油、薪柴、太阳能仅作为辅助能源，共计占比15.5%（见图1）。

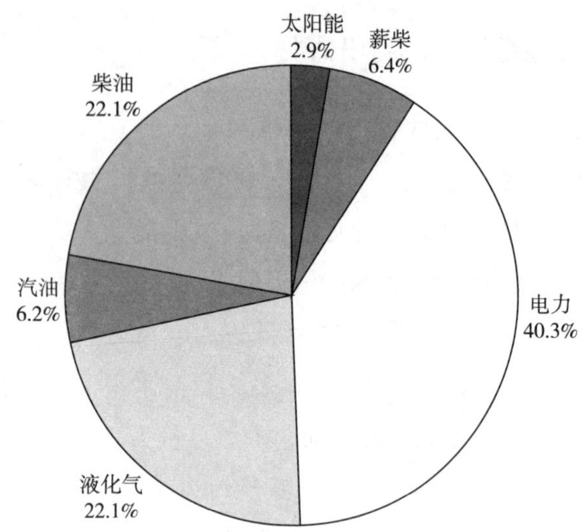

图1　兰考农村家庭能源消费结构图（抽样结果）

资料来源：《河南能源发展报告（2018）》。

（四）兰考能源企业现状

截至2018年底，兰考县有光伏发电企业3家，分别为森源光伏、夜明珠光伏和协鑫光伏；风电企业1家，为坝头风电场；垃圾发电和生物质发电企业各1家，分别为光大国际垃圾发电站和瑞华秸秆发电站；天然气管道公司2家，分别为中油气和中原天然气；天然气销售公司4家，分别为宏盛燃气、鸿图燃气、昆仑燃气和西纳燃气；地热公司2家，分别为中石化新星和浙江陆特能源；兰考扶贫光伏由森源电气公司安装和运维；此外还有成品油销售公司、液化气销售公司等其他能源企业。

三　兰考能源互联网平台体系架构设想

（一）建设目标

立足兰考农村能源特色，助力国网公司“三型两网、世界一流”能源互联网战略目标在农村落地实施，依据“用户广泛参与、乡村特色明显、技术适用先进、可推广可复制”的建设原则，通过在兰考建立能源数据库、能源监测中心、协调优化中心以及公共服务中心，有序开展能效管理、需求响应等多类型综合能源服务，实现兰考能源生产、传输和消费全链条的采集监测分析和数据共享利用，促进“源—网—荷—储”一体化运行，有效保障可再生能源消纳，提高可再生能源利用水平和能源综合利用效率，打造县域能源互联网标杆。

（二）建设原则

以客户体验为中心，以能源服务为宗旨，突出兰考县域特色，重点围绕数据接入、平台搭建、能源基础服务、商业模式等方面，按照如下原则开展兰考能源互联网平台建设工作。

实用性原则。在实用的基础上考虑理念的前瞻性和技术的先进性，切实满足工作需求。

安全性原则。遵循国家或行业的《信息安全防护体系》要求，并结合能源互联网的特点，采用相关安全机制和技术手段保障系统安全。

易用性原则。以平台使用者为中心，符合使用者的习惯与需求，实现易理解、易学习、易操作目标。

规范性原则。平台架构设计遵循国家和行业的《应用软件架构设计规范》《公共数据模型（SG-CIM）》《应用集成技术规范》《软硬件目标架构设计规范》《应用安全设计规范》以及其他架构设计和技术规范要求。

可靠性原则。平台应满足全天候可靠运行的要求，系统关键环节软硬件资源设计采用高可靠性方案，保证系统运行的高度可靠。

推广性原则。系统建设模式及功能设计可扩展、可复制，易于在其他区域推广应用。

（三）功能定位

1. 建立县域能源大数据中心

建立数据归集机制，接入县域全部发电、地热、电网、成品油销售、天然气销售等能源企业，实现能源生产、传输、消费全链条信息互联互通与数据共享。

2. 搭建农村能源互联网平台

综合运用“大云物移智链”等新技术，建设“能源监测、协调优化、公共服务”三个中心，支撑率先达到“两个50%”发展目标。能源监测中心旨在监测资源能源化、能源产业化进程，服务能源监管部门研判兰考能源态势，助推农村能源革命建设提质增效。协调优化中心旨在优化能源生产与消费，实现源网荷储协同，推动能源智慧化，支撑可再生能源消纳，提高能源系统利用效率。公共服务中心旨在创新综合能源服务机制，提高服务品质，满足用户多样化用能需求，促进能源普惠化。

3. 提供多元化能源服务

从服务对象来说，为政府、能源生产企业、能源传输企业、特色农业试点场景、用能企业和居民用户、综合能源服务企业提供能源发展态势分析、用能结构咨询等多元化能源服务，促进综合能源服务企业和用能企业提高能源利用效率。从服务类别来说，提供数据共享服务和数据增值服务，数据共享服务包括经济、行业发展分析，数据增值服务包括负荷优化、用能分析、能效管理等。最终降低用能成本，促进节能降耗及能源转型。

（四）平台架构

兰考能源互联网平台是支撑兰考智慧能源体系构建的中枢系统，通过对兰考县域各类能源信息的汇集、分析和应用，促进兰考传统能源体系向清洁、可靠、经济、开放的智慧能源体系转变。平台建设遵循“系统化”的建设理念，强化顶层设计，从物理层、信息层、应用层三层逻辑结构入手开展项目建设。

物理层：以智能电网为基础，在新能源场站、智慧园区、大型建筑物（商场）、重点用能企业等多类型用户增加智能采集终端，推动跨专业数据同源采集，实现生物质天然气开发等能源革命试点建设各项任务有效衔接，建设平台物质基础。

信息层：应用云大物移、人工智能、边缘计算等适用新技术，提高数据高效处理能力，实现能源生产、传输、消费全链条信息互联互通与数据共享，为平台建设提供智慧支撑。

应用层：以“用户为中心”，紧密耦合物理层和信息层，以能源运行监测为手段，以能源优化控制为核心，以多元服务为延伸，实现能源流—信息流—价值流的合并统一，促进源、网、荷、储的协调控制和深层互动，培育智慧用能新业态。

四 兰考能源互联网平台建设内容

（一）能源数据库

建成覆盖能源全链条的兰考能源数据中心，提升兰考能源管理信息化水平，为优化开展兰考能源规划和项目布局提供基础数据支撑。

1. 建立数据库，实现兰考能源数据集中管理

数据中心是能源互联网平台的基础，一方面实现多源数据的归集，一方面为能源监测、协调优化和公共服务等功能提供数据支撑。根据兰考县政府提出的农村能源革命综合监测运行的需求，数据中心建设硬件基础设施，提供数据归集、数据处理、数据存储、数据计算和数据服务等功能。数据中心采用硬件基础设施包括服务器、存储设备、网络设备、数据管理计算软件等。

2. 形成可推广的县级能源大数据建设模式

兰考能源互联网涉及冷、热、电、气等各种能源形式设备数据接入，支持源、网、荷、储等优化协同功能应用，范围涵盖能源生产、传输、配送、消费等全环节信息。数据类型包括兰考县域各类企业结构化与非结构化数据储存和处理。目前兰考县域尚未形成统一有效的数据收集机制，大量数据通过报表手工填报。根据兰考能源互联网建设需求，将逐一规范各类企业数据范围、数据类型、数据接口等要求，建立标准高效的数据归集机制，构建兰

考县域覆盖全面、链条完整、质量可靠的能源数据体系。

3. 开发数据接口，实现多种类型能源数据公网接入

为满足多种类型数据有效接入，兰考能源互联网平台需要建立依托互联网的数据接口，通过标准化接口协议、数据类型等，实现企业数据的接入。企业侧根据数据接入标准，配置远程数据接口装置或开放互联网访问端口，实现数据的上传。

4. 提供能源数据共享分析服务，挖掘数据价值

数据中心作为各类应用功能的基础，提供全面的数据共享、数据分析、数据计算、数据可视化等功能。数据共享通过标准开放的数据接口和接口访问协议实现，可扩展、可定制。数据分析和计算通过提供丰富的函数模型库、数据挖掘算法以及数据分析模型、BI、AI 等算法实现。数据可视化通过多维分析工具、图形化报表引擎以及可编程可配置的展示工具实现。

（二）能源监测中心

建成全面反映兰考农村能源革命试点建设的能源监测中心，能源生产及消费运行全链条监测系统，整体把握兰考能源革命各项重点工作进程及成效，实现兰考能源生产、输送、消费、建设等环节的直观展示，助推农村能源革命建设提速增效，为电能替代、农网升级改造等行动方案的制订以及相关决策提供数据支撑。

1. 能源革命建设进程动态监测

以图表、地图结合动态效果等全面介绍兰考县农村能源革命历程，展示兰考社会经济、能源发展未来预测，介绍兰考农村能源革命试点建设总体思路、主要目标及八项重点任务等。整体了解兰考能源革命工作情况，展示能源革命各项工作建设历程及成效，利用里程碑计划对兰考农村能源革命各类建设项目进行系统化管理，确保及时了解项目建设进程，为协调配套项目建设提供依据。

2. 能源经济总体情况全面描绘

满足能源主管部门及相关单位宏观掌握兰考县经济情况、各类能源资源

储量以及电、油、气等各类能源生产、消费、库存等历年变化信息，并可实现与其他重要市县主要指标对比分析，实现全省及兰考县能源基本概况的可视化展示，直观了解全县主要能源情况。

3. 实现能源生产、传输、消费全链条监测

在宏观掌握兰考县能源及经济运行概况的同时，微观监测能源日度、月度、季度运行态势；加强对电力、石油、天然气、地热等的生产、消费、价格、库存等信息的能源运行监管，形成能源日度或月度形势分析报告，为管理部门直观了解兰考能源运行情况、研判能源态势提供强有力工具。

4. 开展能源项目运行情况监测

接入风电场、光伏电站、生物质电站、垃圾电站、地热站、充电桩等能源实时运行监测数据，为能源日常运行调节提供数据及技术支撑，掌握生活垃圾资源化处理、太阳能开发、风能开发、地热、绿色交通等能源革命重点建设项目的运行情况。同时满足能源主管部门统一管理查看全县电、油、气等各类能源资源及能源项目地理分布情况以及能源项目详细信息及建设投资情况的需求；采用“三维全景”等技术，结合视频、图片、文字等多媒体资料对有代表性的典型能源项目提供三维立体化认知，增加能源项目管理手段、层次和维度。

（三）协调优化中心

通过兰考风电、光伏、供冷热、电网、储能、负荷等多源信息融合，构建协同优化运行策略，集成源网荷储纵向协调优化和电气冷热多能互补横向协调优化，促进能源生产与消费优化，最大限度消纳清洁能源发电，提高可再生能源利用水平和能源清洁供给能力，提高能源利用效率。

1. 提升兰考县域内可再生能源发电消纳能力

为适应可再生能源发电渗透率提升对现有调度机构带来的变化，提升可再生能源的消纳水平，建设协调优化中心，分层分级搭建电网稳态分析模型，开展可再生能源发电功率预测、用电需求预测和潜在调节能力分析，从面优化、点控制层面提出优化策略，通过调节储能系统、微电网和可控负荷

等柔性负荷，实现源—网—荷—储协调优化运行。

2. 实现智慧园区能量综合管控

为综合管控园区内能源端、负荷端的能源流、业务流、信息流，最大限度开发和利用可再生能源、提高能源综合利用效率、向用户提供经济最优、安全可靠、方便快捷的能源服务，建设智慧园区能源综合管控系统，集成源网荷储纵向优化控制和电气冷热多能互补横向协调控制。综合能量管理平台的功能应包括立体信息感知和智能信息处理、源—荷双端预测、智能应用、高级服务以及智能决策和控制。

3. 改变农村终端能源结构，构建生态美丽乡村

以低碳和生态为未来主要发展导向，优先在能源资源丰富、负荷集中的村、社区和庄园，构建由光伏、风电、储能等组成的“生态美丽乡村”。其中，供电以光伏、风电为主，采暖、制冷、炊事、生活全部实现电能替代，减少污染物排放，改变农村终端能源结构。通过分布式发电直接交易和“光伏+”取暖模式，解决农村取暖问题的同时降低农民用能成本。

（四）公共服务中心

通过需求响应、能效管理等面向用户的公共服务模块建设，提高用户参与度，为用户降低用能成本、提高用能效率提供支撑。

1. 需求响应模块

实施需求响应可以提高系统的可靠性和电网设备利用率，可以减缓或降低因供需紧张而增加发电容量的电网建设投资，可以提高可再生能源的有效并网发电容量，助力兰考农村能源革命试点建设目标推进。通过对接河南省电力需求侧响应管理平台，在承继相关功能模块的基础上，精准挖掘企业级用户需求响应资源潜力，优化制定居民级用户响应引导策略，并开展试点运行。

（1）挖掘兰考需求响应潜力

基于用电特性以及历史数据，考虑天气等影响因子，预测未来负荷基线等；预测各类发电资源的出力情况（含电动汽车、储能等）；分析参与需求

响应的各类用户及设备的响应潜力。

（2）满足需求响应管理要求

按照“满足总调控目标、按用户调控信誉优选用户”的原则，对负荷缺额进行响应额度分配；根据不同用户的响应效果给予累计积分或扣除积分，参照积分的多少评定用户的响应信用等级，激励用户参与自动需求响应。

（3）实施需求响应效果评价

根据单个用电设备/区域用电负荷的调控评价指标体系，对负荷调控效果进行全方位评价，量化调控效果；开展参与需求响应前后用户总用电数据的分析，展示用电设备日用电量对比图、参与需求响应前后用电设备电费累计对比。

2. 能效管理

通过接入兰考县各类用户能效管理数据，提供全域能效分析、能效诊断、能源消费管理等功能，为用户提供专家型、全方位综合能源服务，提高能源利用效率。对接河南省综合能源服务平台，掌握全省相关行业企业能效数据，提供能效对标等服务。

（1）面向三大类用户进行综合能效指标分析

通过系统的在线监测和数据采集功能，面向一般居民用户，商业用户/政府机关事业单位，大型工业企业用户，收集用户的用电、用气、用热等能耗数据，提供实时及历史数据分析、对比功能，利用数据挖掘技术对用户的用能能效进行评估及指标分析，利用人工智能技术通过能效诊断发现用户能源消耗过程和结构中存在的问题，并对用户的用能优化运行方式和用能结构提出诊断建议，优化用能策略，提高用户现有供能设备的效率，实现节能增效、高效用能。

对于居民用户：主要提供综合能源能效分析的基本服务，监视及展示信息推送；对用户的电、气、冷、热等的使用量等信息监视；对用户各类能源数据进行汇总、指标统计和分析管理；提供用能历史数据对比分析，按照月、年进行同比、环比等对比分析。

对于商业用户/政府机关事业单位：提供在居民能效分析基本服务基础上增加更全面的能效分析与诊断服务，分区域、分单位、分时段、分设备等进行综合对比展示。用能历史数据对比分析，即按照日、周、月、年进行同比、环比、峰谷等对比分析。

对于大型工业企业用户：提供最为全面的综合能源能效分析与诊断系统，除了上面两类用户的功能，还提供能效综合评估，包括定额分析，即将实际用量与系统设定额定用量进行数学比较；用能成本分析，即统计并展示用户峰谷用能用量、能源价格、能源综合成本等；综合能效分析，即对用户用能转换效率、使用效率、单位产值能耗、单位面积能耗、单位人员能耗等进行统计分析，发现用户用能薄弱环节及问题。

（2）重点监测用能大户全省对标分析

对于重点监测的用能大户，可以通过本能效分析与诊断系统，接入全省区域的能效分析与诊断平台，对标自己企业所在行业或者同类型商业用户/政府机构事业单位的能效情况，基于河南全省数据分析及对比，挖掘用户能耗问题，提供节能评估、用能结构及能效优化方案及建议，提高用户用能效率，这样既可以促进兰考县企事业单位节能减排，高效用能，也可以促进河南省其他地区的企事业单位提高能效，促进综合能源服务水平。

五　兰考能源互联网平台特色场景建设

兰考能源互联网平台特色场景建设融入“互联网+”建设思路，集用能监测、用能分析、用能管理“三位一体”，提高企业能源管理效率，降低用能成本，能够为政府、企业、能源运营商、能源生产商等，提供绿色、安全、经济、高效的综合能源信息化智慧服务，构建共赢、共享的能源生态圈。

在具体场景的选取上，从兰考200多家规模以上企业中选择了典型企业作为重点调研对象；其次，对典型企业进行了深入细致的调研，基于兰考产业特色以及行业代表性，从商场、种植、养殖三类企业中各选取一家作为本次能源互联网特色场景建设的目标单位，开展“互联网 + 商场”“互联网 + 食品加工”“互联网 + 种植”典型用能企业数据接入，提供能耗监测、需求响应、能效服务等功能，探索能源互联网在广大农村落地模式。

“互联网 + 商场”场景方面：以兰考县某大型连锁超市为对象，该商场主要能源消耗为电力，主要用电设备为空调、照明灯具、电梯及其他辅助性设备等。根据商场能源消耗现状，从配电分项监测、环境监测与空调能效监测三个方面进行设计。通过配电分项监测、环境监测与空调能效监测，实时监测该商场电力运行与能源消耗状况，从而找出能耗占比最高项，列为企业的重点节能方向，发掘节能空间，为制订节能方案提供科学依据和分析手段。

“互联网 + 食品加工”场景方面：以兰考某肉制品加工企业为例，该企业生产所需主要能源是电力和燃气，厂区有三台专用配电变压器，主要用电设备为 9 台大功率制冷机、污水处理增氧泵等，县燃气公司燃气管道架设到厂区。根据企业能源消耗情况，从配电监测、冷库温度监测与锅炉能耗监测三方面进行设计。通过配电监测、冷库温度监测与锅炉能耗监测，实时监测其主要能源消耗状况，找出能耗占比最高项，重点列为企业的节能突破方向。

“互联网 + 种植”场景方面：以兰考某经济作物种植基地为例，该企业正常生产所需要的能源以电力和液化天然气为主，主要耗电设备是三台生产用中央空调和一台办公楼中央空调，使用液化天然气的设备是一台蒸汽锅炉。根据企业能源消耗情况，从用电信息、空调能效监测与锅炉能耗监测三方面进行设计，发掘节能空间，为制订调整、优化用能方案提供科学依据和分析手段。

六　兰考能源互联网平台建设预期成效

能源互联网平台是兰考农村能源革命试点建设的重要内容，是实现农村能源革命试点建设各项重点任务的有效衔接，驱动兰考传统能源体系向清洁、可靠、经济、开放的能源新体系转变。

（一）促进能源革命试点建设加速

通过平台建设，可提供工程进度监测、新能源运行监测、革命成效监测等多项服务，有助于能源监管部门及时了解各类项目建设进度及建设成效，快速推进能源革命试点建设相关工作。

（二）促进兰考能源结构优化

通过平台建设，可促进兰考县域能源生产与消费之间优化运行，最大限度消纳清洁能源发电，提高可再生能源开发利用水平，有效挖掘本地可再生资源的能源化利用潜力，实现本地能源供给的清洁化，进而驱动用户能源消费的绿色化、低碳化，为兰考地区能源结构优化升级提供支撑平台。

（三）促进兰考能源利用效率提升

通过平台建设，可实现用能数据全面采集，提供实时及历史数据分析、对比功能，对用户的用能能效进行评估及指标分析，通过能效诊断发现用户能源消耗过程和结构中存在的问题，并对用户的用能优化运行方式和用能结构提出诊断建议，优化用能策略，提高用户现有供能设备的效率，实现节能增效、高效用能。

（四）促进兰考用户用能成本降低

通过平台建设，可实现兰考能源生产侧出力预测和消费侧需求预测，分析兰考地区电力电量供需情况，并结合天气气象情况、用户消费行为，为能源生产企业和用能用户提供参加市场化交易的建议，采用市场手段，引导双方采用理性措施，在交易平台开展交易，降低交易价格，进而实现用能成本的降低。

参考文献

国家发展和改革委员会：《关于推进“互联网+”智慧能源发展的指导意见》（发

改能源〔2016〕392 号)，2016 年 2 月 24 日。

国家发展和改革委员会：《国家发展改革委国家能源局关于推进多能互补集成优化示范工程的实施意见》(发改能源〔2016〕1430 号)，2016 年 7 月 4 日。

国家能源局：《国家能源局关于组织实施“互联网 +”智慧能源（能源互联网）示范项目的通知》(国能科技〔2016〕200 号)，2016 年 7 月 26 日。

河南省人民政府办公厅：《中共河南省委河南省人民政府印发〈关于打好转型发展攻坚战的实施方案〉的通知》(豫发〔2017〕18 号)，2017 年 11 月 14 日。

国家能源局：《国家能源局关于印发 2018 年能源工作指导意见的通知》(国能发规划〔2018〕22 号)，2018 年 2 月 26 日。

国家能源局：《国家能源局关于兰考县农村能源革命试点建设总体方案（2017 ~ 2021）的复函》(国能函新能〔2018〕90 号)，2018 年 7 月 23 日。

B.13 基于大数据分析的河南省新能源发电出力特性及消纳预警研究

王圆圆　司瑞华　卜飞飞*

摘　要： 依托河南省能源大数据应用中心，基于全省实时负荷数据、新能源场站出力数据的精细化分析，实现新能源供给能力和消纳预警等级的量化评估。借助信息化手段，基于负荷特性分析精准推送适应不同分析需求的研究时段，实现新能源出力特性的概率统计分析，分时段、分区域提出新能源参与电力平衡的原则及出力比例。结合未来三年的新能源发展规划，建立全省分地市新能源消纳"红橙黄绿"预警体系，并根据评估结果提出保障新能源消纳的配套电网加强措施。

关键词： 河南省　能源大数据　新能源　供给能力　消纳预警

新能源是能源生产体系的重要组成部分。大力发展新能源，已成为推动能源清洁低碳发展的重要途径。近年来，河南省新能源呈跃增式发展态势，装机容量已连续三年实现翻番，局部地区的弃风（光）风险日益凸显，亟须提前应对新能源消纳及送出等问题。受到分析工具限制，传统的电力规划

---

* 王圆圆，工学博士，国网河南省电力公司经济技术研究院工程师，研究方向为电网规划与能源大数据；司瑞华，工学硕士，国网河南省电力公司经济技术研究院高级工程师，研究方向为电网规划；卜飞飞，工学硕士，国网河南省电力公司经济技术研究院工程师，研究方向为能源大数据。

中新能源参与电力平衡的原则选用典型发电曲线进行分析，随着大数据技术的发展，利用新能源发电的实时数据的深度挖掘，优化新能源参与电力平衡的原则和比例，实现全省及分地市新能源消纳预警等级的量化评估。

一　河南省新能源发展现状

（一）新能源资源分布

1. 风能资源省内区域差异明显

河南省为风能资源可利用Ⅳ类地区，在全国中部省份中属于风电开发潜力较大的省份之一，资源分布的区域差异性明显。省内风能资源较优的五个区域为豫西北黄河两岸台塬地区、太行山与平原过渡地带、南阳盆地与平顶山隘口区、豫西南伏牛山区、豫南大别山区。其中，伏牛山东部余脉风能资源最为丰富，年平均风速为5.2～7.1米/秒；伏牛山西南部和大别山区域风能资源较为丰富，年平均风速为5.7～7.0米/秒；风能资源相对一般区域主要以太行山和沿黄平原区域为主，年平均风速为5.4～6.0米/秒。

随着风机制造技术的不断进步，平原区海拔100米及以上，年平均风速为4.8～5.5米/秒，风能资源有望得到进一步的开发利用。

2. 太阳能资源北多南少

河南省太阳能资源较丰富，属于Ⅲ类地区。年平均太阳总辐射为4300～5000兆焦/平方米，多年平均光伏等效满负荷利用小时数在900～1100小时。从全省年平均太阳总辐射的区域分布看，基本表现为北多南少，随纬度的变化较为显著，随经度的变化不明显，集中表现为豫中黄河沿岸的较多区，南阳盆地和大别山南部山区的较少区。

以年平均太阳总辐射4800兆焦/平方米线为界，经过沈丘、西平、宝丰、卢氏把河南大致分为南北两个部分，此线以北有三个相对高值区：一是豫东北的南乐县、濮阳县，年平均太阳总辐射在4900兆焦/平方米以上；二是中部沿黄地区的焦作、洛阳、郑州、开封、新乡等地；三是豫东的虞城附近。此线以南有2个相对低值区，年平均太阳总辐射在4600兆焦/平方米以下：一是南阳盆地的西南部，淅川、内乡、邓州一带；二是驻马店的东北部、信阳大别山区的南部。

光伏发电的开发与可利用的土地资源密切相关。目前来看，集中式电站发展空间有限，未来将以发展利用固定建筑物屋顶架设的分布式光伏为主。

（二）新能源发展现状

近年来，河南省新能源迅速发展，装机容量、发电量快速增长，新能源出力能力不断提升。截至2019年10月底，河南省新能源（风电、光伏、生物质）装机容量达到1758万千瓦，占总装机容量比18.9%，总发电量占比8.0%。省内新能源装机容量前三的地市依次为：安阳、南阳、平顶山，其中，居于首位的安阳市新能源装机容量占比已达57.0%（见图1）。

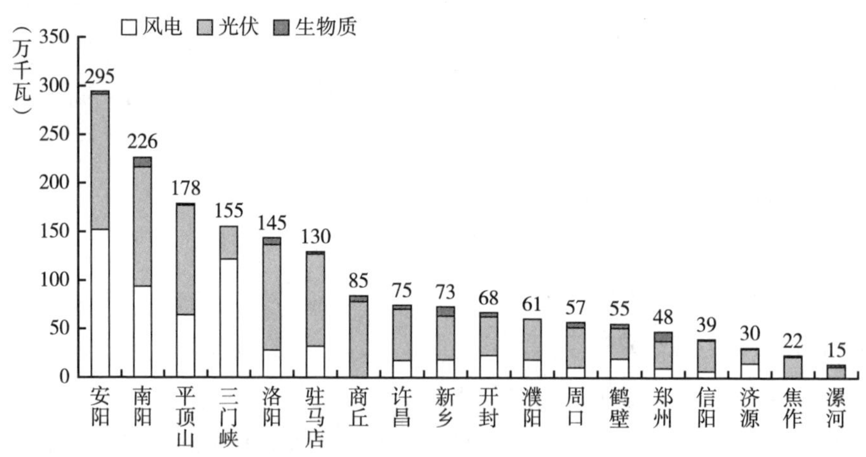

图1 河南省各地市新能源装机容量（截至2019年10月）

资料来源：调研分析。

随着新能源的快速发展，新能源出力占用电负荷的比例不断上升，新能源正午时刻的负荷削峰作用愈加明显。一方面，新能源已逐渐成为大负荷时段能源供应的重要组成部分；另一方面，受新能源资源、季节及昼夜差异特性影响，部分地区新能源消纳的风险日益凸显。传统电力规划中，新能源参与电力平衡原则大多依据典型日出力特性曲线和经验值选定，夏季日间大负荷时刻风电不参与电力平衡，光伏装机参与20%平衡。2019年夏季日间大负荷时刻新能源整体出力率为39.8%，传统系数的选取明显偏低。考虑各地区新能源出力特性存在差异，为提升电网设备利用效率、提高电力投资效益，亟须利用大数据挖掘分析技术，通过精细化出力特性分析，合理确定全省、分区域、分地区、分时段新能源参与电力平衡比例，服务全省电力规划与建设（见图2）。

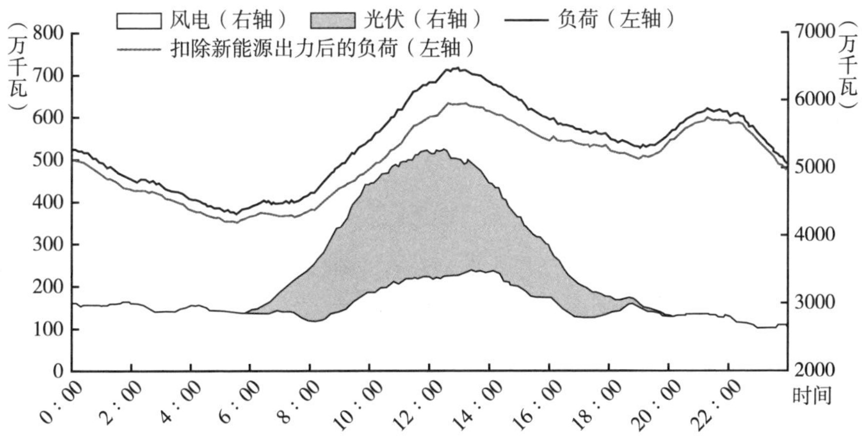

图2　2019年夏季大负荷日河南电网调度负荷及新能源出力曲线

二　河南电网负荷特性分析

考虑新能源出力的间歇性和波动性，为量化研究电网大负荷时段的新能源有效供给能力和小负荷时段的新能源消纳风险，有必要通过负荷特性分析精准选定分析时段，开展典型场景不同概率水平下的新能源出力特性研究。本文中的最大负荷和出现时刻，均源自电网实际负荷数据，2008～2014年负荷数据间隔为每小时，2015～2018年负荷数据间隔为每5分钟。

（一）电网负荷特性分析

1. 年负荷特性分析

2018 年，河南省电网负荷特性曲线呈现“夏冬双高峰”的特点。电网用电负荷最大值出现在夏季（7 月），达到 6364 万千瓦；冬季（12 月）大负荷略低于夏季大负荷，达到 5270 万千瓦，约占夏季（7 月）大负荷的 83%；春季（3～5 月）、秋季（10 月）最大负荷水平相对较低。全年最小负荷发生在冬季（2 月），其次为春季，全年每月最小负荷波动较小。

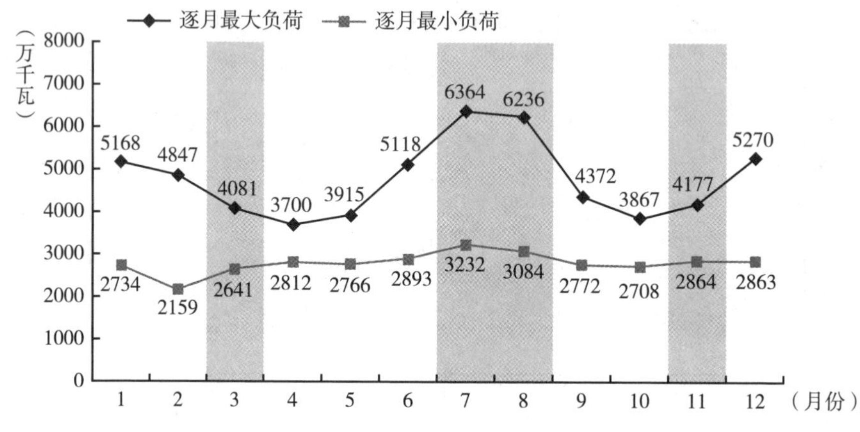

图 3　2018 年河南电网逐月最大、最小负荷曲线

从 2018 年逐月最大负荷出现的时段来看，除 3 月、7 月、8 月的大负荷集中于正午时段（11∶30～13∶30）外，其余月份大负荷均出现在晚间，其中：6 月、9 月分别出现在 21∶30 和 20∶00 左右，其余月份均集中于 17∶30～19∶30。从 2018 年逐月最小负荷出现的时段来看，除 11 月的小负荷出现在零点左右，其余月份小负荷均出现在凌晨（03∶45～05∶45）。

从 2008～2018 年的年负荷特性来看，除 2009 年大负荷出现在冬季外，其余年份大负荷均出现在夏季，小负荷均出现在春节期间（见图 4）。

从大负荷出现的月份来讲，夏季大负荷均出现在 7～8 月，冬季大负荷均出现在 1 月、12 月。大负荷出现在夏季的年份中，冬季大负荷占夏季大

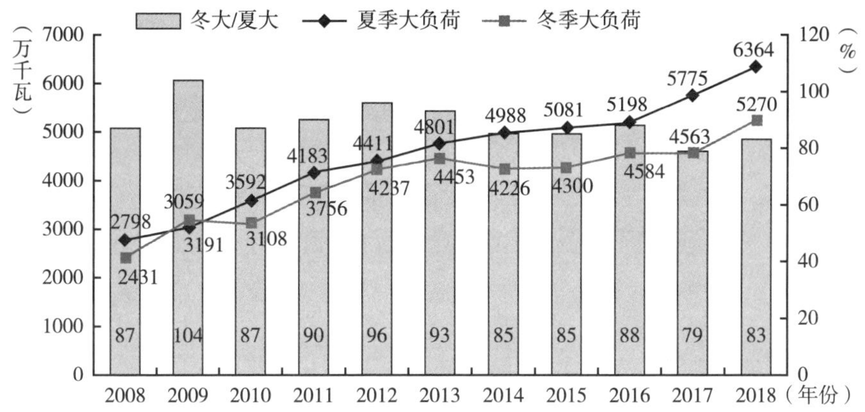

图4　2008～2018年河南电网夏季大负荷、冬季大负荷

负荷的比例为79%～96%。考虑到近年来电能替代、清洁取暖系列政策因素的影响，冬季大负荷增长具有一定的潜力，因此，针对夏季大负荷、冬季大负荷开展新能源有效供给能力研究。从小负荷出现的月份来讲，小负荷随逐年春节农历日期变化不同，次小负荷春季、冬季居多。

2. 典型日负荷特性分析

2018年，河南省夏季大负荷出现在7月25日，负荷特性曲线呈现“双峰态势”；午高峰出现在13:15左右，晚高峰出现在20:35左右；晚峰值略低于午峰值，约占午峰值的95%。冬季大负荷出现在12月28日，负荷特性曲线呈现“双峰态势”；午高峰出现在11:25左右，晚高峰出现在17:55左右；午峰值略低于晚峰值，约占晚峰值的92%（见图5）。

从2015～2018年夏季、冬季大负荷日特性来看，日负荷特性曲线呈现明显的季节性。夏季大负荷日的午峰值均高于晚峰值，近三年的晚峰值占比均为95%；冬季大负荷日的晚峰值均高于午峰值，午峰值占比为91%～96%。考虑午峰值和晚峰值相对接近，需针对典型大负荷日的午高峰、晚高峰两种场景展开分析。

从2015～2018年春季、冬季小负荷日特性来看，日负荷特性曲线呈现明显的季节性。小负荷一般出现在夜间凌晨，次小负荷一般出现在午后，小

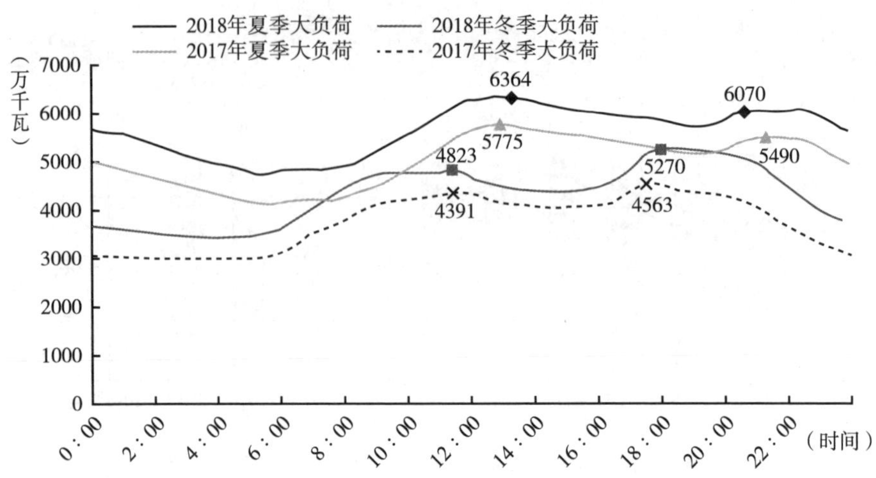

图5　2017～2018年河南电网夏季大负荷、冬季大负荷日特性曲线

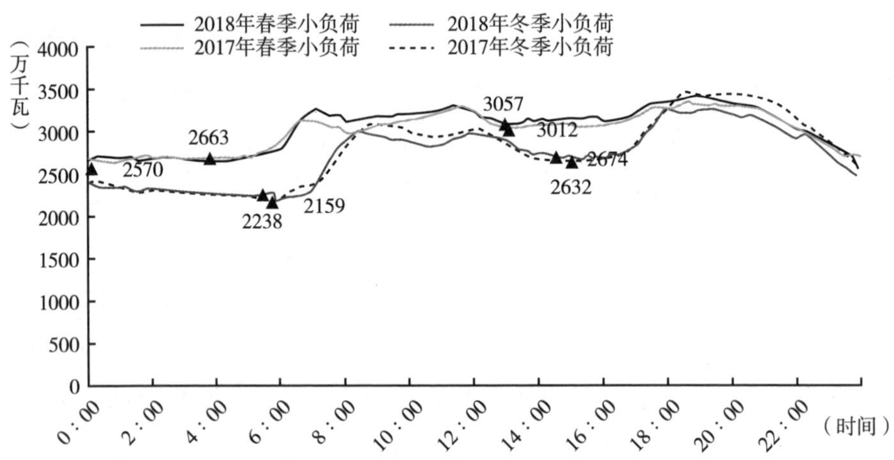

图6　2017～2018年河南电网春季小负荷、冬季小负荷日特性曲线

负荷与次小负荷的比值维持在80%～90%（见图6）。考虑新能源资源的时间差异特性，需针对典型小负荷日的日间、夜间两种场景展开分析。

（二）年度供给能力分析时段选取分析

结合选定的夏大午高峰、夏大晚高峰、冬大午高峰、冬大晚高峰四类场景，选定新能源有效供给能力研究对应的分析时段（见表1）。

表 1　2015～2018 年河南电网逐月最大负荷出现时刻

	1 月	2 月	3 月	4 月	5 月	6 月	7 月	8 月	9 月	10 月	11 月	12 月
2015 年	01.28 18:30	02.02 18:20	03.10 11:25	04.29 11:25	05.25 11:15	06.13 11:30	07.29 12:50	08.03 12:50	09.09 11:25	10.31 17:50	11.30 17:30	12.27 17:40
	冬大							夏大				
2016 年	01.24 18:45	02.01 19:40	03.09 17:50	04.14 11:25	05.05 11:15	06.22 22:20	07.29 12:45	08.13 12:45	09.05 11:50	10.31 17:45	11.24 17:50	12.29 17:55
	冬大						夏大					
2017 年	01.06 17:25	02.08 18:20	03.23 17:25	04.29 11:25	05.31 21:10	06.30 12:35	07.24 12:55	08.06 12:45	09.18 19:00	10.31 17:55	11.29 17:35	12.14 17:30
							夏大					冬大
2018 年	01.25 18:35	02.02 19:25	03.07 11:25	04.04 17:50	05.15 17:55	06.27 21:25	07.25 13:15	08.08 12:45	09.02 20:05	10.20 17:45	11.17 17:40	12.28 17:55
							夏大					冬大

注：白色午间（11:25～13:15），浅灰色晚间（17:25～19:40），深灰色夜间（20:00～22:20）。

从 2015～2018 年负荷特性来看，河南省网负荷特性逐年演变的特征较为明显。全年特别是春秋季，大负荷出现在晚高峰的概率逐年增加；部分月份晚高峰出现时段向后延迟。夏季、冬季大负荷日的出现时段相对稳定，夏季大负荷集中在 7～8 月的正午时段，冬季大负荷集中于 1 月、12 月的晚间时段。

考虑到负荷特性的演变和河南省新能源装机规模的发展，新能源出力特性研究的年份选定为 2017～2018 年，月份选定为夏季（7～8 月）和冬季（1 月、12 月）。

考虑到新能源出力的间歇性和波动性，在保证分析所需数据量的基础上，研究时段应选取的相对精准。结合原始数据样本的颗粒度，研究时段时长选取一小时至两小时。此时，单项场景对应的样本量为 1612 至 3100，可满足概率特性研究需要。具体时段选定原则如下。

以夏季大负荷午高峰场景为例，一是筛选出 2017～2018 年 7～8 月逐日午间负荷峰值达到当年夏季大负荷午峰值 90% 水平以上的午高峰出现的时刻；二是去除负荷曲线明显畸变点后统筹分析，选定夏季午高峰对应的时段为12:30～13:30；三是利用2017年、2018年夏季大负荷日午间负荷峰值持续时间（达到午峰值99%水平以上）校核所选择时段的合理性。与此类似，分别选定夏季晚高峰、冬季午高峰、冬季晚高峰对应的分析时段。夏季午高峰时段为12:30～13:30，夏季晚高峰时段为20:30～22:30，冬季午高峰时段为10:00～12:00，冬季晚高峰时段为17:30～19:30（见表2）。

表2　新能源供给能力分析时段选取

	夏季		冬季	
	午高峰	晚高峰	午高峰	晚高峰
年份	2017～2018年			
月份	7～8月		1月、12月	
时段	12:30～13:30	20:30～22:30	10:00～12:00	17:30～19:30

（三）年度消纳分析时段选取分析

结合选定的春小日间、春小夜间、冬小日间、冬小夜间四类场景，选定新能源消纳对应的分析时段。全年最小负荷出现在冬季黎明时段，次小负荷出现在春季、冬季夜间居多，时段选取原则与上节类似（见表3）。消纳分析年份选定为2017～2018年，月份选定为春季（3～5月）和冬季（1～2月）。春季日间小负荷时段为12:30～13:30，春季夜间小负荷时段为23:30～05:30，冬季日间小负荷时段为14:00～15:30，冬季夜间小负荷时段为05:00～07:00（见表4）。

表3　2015～2018年河南省网逐月最小负荷出现时刻

	1月	2月	3月	4月	5月	6月	7月	8月	9月	10月	11月	12月
2015年	01.21 03:55	02.20 05:50	03.02 03:55	04.02 02:55	05.02 03:45	06.05 03:30	07.01 04:25	08.31 03:05	09.03 04:30	10.01 03:15	11.06 03:05	12.14 03:40
		最小			次小							

续表

	1月	2月	3月	4月	5月	6月	7月	8月	9月	10月	11月	12月
2016年	01.03 04:25	02.10 06:30	03.03 23:55	04.03 03:50	05.31 23:55	06.06 03:45	07.20 04:55	08.08 05:05	09.28 03:50	10.02 03:30	11.20 03:55	12.22 03:00
		最小					次小					
2017年	01.29 05:25	02.01 04:25	03.19 03:30	04.05 00:05	05.03 23:50	06.05 23:50	07.30 03:55	08.31 00:00	09.06 04:05	10.05 03:55	11.06 03:35	12.31 05:40
	最小	次小										
2018年	01.01 05:25	02.18 05:45	03.14 04:00	04.05 04:30	05.01 05:05	06.19 04:10	07.05 03:50	08.19 03:55	09.25 04:45	10.02 04:40	11.04 23:50	12.01 03:45
		最小	次小									

注：白色凌晨（零点前后），浅灰色夜间（02:55～05:00），深灰色黎明（05:00～06:30）

表4　新能源消纳分析时段分析

	春季		冬季	
	日间	夜间	日间	夜间
年份	2017～2018年			
月份	3～5月		1～2月	
时段	12:30～13:30	23:30～05:30	14:00～15:30	05:00～07:00

三　基于概率分析的河南省新能源供给能力研究

根据全省电网负荷特性和新能源有效供给能力研究时段分析，选取研究样本，研究基于不同概率水平下的河南省和典型地区的新能源有效供给能力。

（一）样本选取

分析选定时段内的新能源出力特性，发现针对夏季午高峰时段，风电出力与电网负荷水平呈现一定的相关性。以2018年电网出现大负荷的月份为例，单日分析时段内出力水平相对稳定，波动范围小于5%。但若将所有日期依据当日午高峰时段的负荷峰值进行分类，可以发现：负荷峰值占大负荷日峰值比重超过90%的日期，样本风电出力率为0～25%，而筛选前的风电出力率为 0～35%。筛选后风电出力率均值和波动范围均明显降低，这是由于夏季日间大负荷一般出现在闷热无风的午后。

考虑负荷水平与新能源出力的相关性，选取两类分析样本：一是夏季（或冬季）月份逐日，样本量为 1612 至 3100；二是夏季（或冬季）月份中达到相应时段负荷峰值 90% 水平以上的日期，样本量为 390 至 1325。针对夏季午高峰、夏季晚高峰、冬季午高峰、冬季晚高峰四种场景开展新能源供给能力分析。

（二）基于概率分析的新能源保证出力系数研究

依据所选取的样本在分析时段内的出力概率分布，选取典型场景的新能源保证出力系数。

对比不同场景下两种样本选取方法发现，夏季午高峰风电、光伏，冬季午高峰光伏三种场景下，均出现负荷峰值筛选后样本（即负荷峰值 90% 以上样本）标准差显著降低的情况。以夏季午高峰为例，逐日样本：风电出力率为 0～50%，在 0～20% 范围内的概率达到 83%，平均出力率 12.3%，标准差 9.3%；光伏出力率为 0～60%，在 20%～50% 范围内的概率达到 78%，平均出力率 37.0%，标准差 12.0%。负荷峰值 90% 以上样本：风电出力率为 0～30%，在 0～20% 范围内的概率达到 96%，平均出力率 9.3%，标准差 5.6%；光伏出力率为 20%～60%，在 30%～50% 范围内的概率达到 91%，平均出力率 43.8%，标准差 5.4%。通过负荷峰值法筛选后，风电的平均出力率降低，标准差减小；光伏的平均出力率增高，标准差减小。

原因如下：一是夏季午高峰，负荷与风电、光伏出力存在相关性。夏季午间，负荷水平较高的日期，气温高的概率相对较大，一般来说，闷热天气可能性大，风速相对较低，风电出力率低；阴雨天气可能性低，光照辐射度相对较高，光伏出力率高。二是冬季午高峰，负荷与光伏出力存在相关性。冬季午间，负荷水平较高的日期，考虑采暖负荷影响，气温低的概率相对较大，受降雪和光伏板结冰因素影响，光伏出力率低。综合以上，经负荷峰值筛选的样本分析结论更可信。

根据负荷峰值筛选后的累计概率密度曲线可知（见图 7、图 8）：夏季午高峰场景下河南电网的风电出力系数超过 1.0% 的概率为 95%，光伏出力系数超过 35.0% 的概率为 95%。可根据不同的概率水平选取相应的新能源保证出力系数。

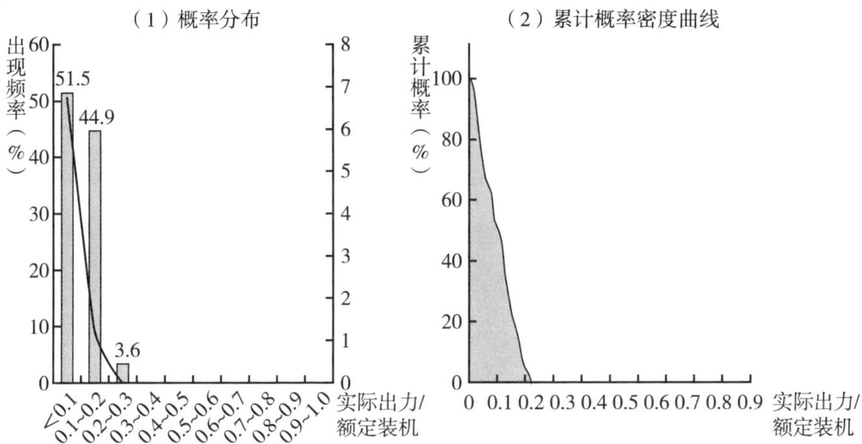

图 7　2017～2018 年河南电网夏季午高峰时段集中式风电出力概率分布（90%以上样本）

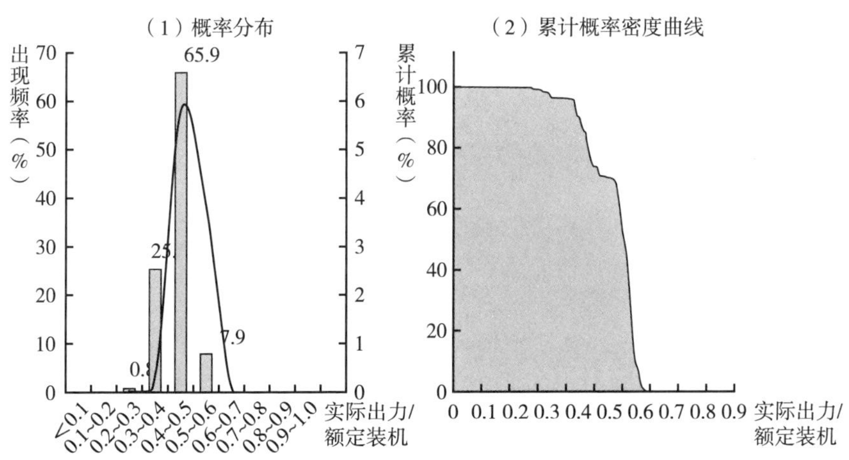

图 8　2017～2018 年河南电网夏季午高峰时段集中式光伏出力概率分布（90%以上样本）

同理，基于90%负荷峰值筛选，得出四种场景不同概率水平下的新能源保证出力系数，概率水平分别为97%、95%、90%、85%、80%。如表5所示。

表5 不同概率水平下河南省风电、光伏的保证出力系数

河南省		概率水平	97%	95%	90%	85%	80%
夏季	午高峰（12:30~13:30）	风电	0.8%	1.0%	1.7%	2.4%	2.9%
		光伏	31.6%	35.0%	35.9%	37.1%	38.9%
	晚高峰（20:30~22:30）	风电	9.2%	10.2%	11.5%	12.3%	13.4%
		光伏	0	0	0	0	0
冬季	午高峰（10:00~12:00）	风电	2.8%	3.2%	5.1%	5.9%	7.0%
		光伏	1.3%	1.7%	3.6%	4.8%	5.9%
	晚高峰（17:30~19:30）	风电	2.8%	3.1%	3.9%	5.0%	6.5%
		光伏	0	0	0	0	0

（三）考虑概率的新能源参与平衡的合理比例

传统电力规划中夏季大负荷时刻风电装机不参与电力平衡，光伏装机参与20%平衡，对应的概率水平均为100%。2018年调整为夏季大负荷日，午高峰风电10%、光伏30%，对应的概率水平分别为51%、99.5%；晚高峰风电10%、光伏0，对应的概率水平分别为95%、100%。对比可知，午高峰时段的风电出力系数对应的概率水平偏低。

基于概率分析手段选取规划出力系数的相关结论已被河南省电力规划研究体系采纳。按照95%概率水平推荐新能源参与电力平衡的比例。风电、光伏夏季大负荷午高峰时段分别为1%、35%，晚高峰时段为10%、0；冬季大负荷午高峰时段为3%、2%，晚高峰时段为3%、0。

根据新能源装机规模和投产时间，以南阳、三门峡地区为例，开展区域新能源供给能力分析。推荐的全省、南阳、三门峡新能源参与平衡合理比例，如表6所示。

表 6　全省、南阳、三门峡新能源参与平衡合理比例

		夏季		冬季	
		午高峰	晚高峰	午高峰	晚高峰
全省	风电	1%	10%	3%	3%
	光伏	35%	0	2%	0
南阳	风电	0	0	0	0
	光伏	15%	0	1%	0
三门峡	风电	0	1%	1%	1%
	光伏	30%	3%	2%	0

南阳夏季午高峰光伏有效供给能力显著低于全省，这是由于南阳负荷午高峰出现时段较全省有一定程度的延迟。全省午高峰时段为 12:30 ~ 13:30，南阳午高峰时段为 12:40 ~ 15:30，光伏出力水平在午后时段下降。

对比全省与地区新能源出力标准差发现，地区级的风电出力率波动大于全省，光伏出力率波动持平。对风电而言，随着区域规模的扩大，或是区域个体之间距离和区域个体数目的增加，由于区域内不同位置风资源的波动性相互抵消，使得区域总体波动性减弱，呈现出平滑效应。当区域内风电装机达到一定规模后，出力率波动范围预计会有一定程度的降低。

四　河南省新能源消纳预警评估

结合河南省新能源发展规划，测算规划年份的可再生能源电力消纳责任权重。基于各地市典型场景的电力平衡分析，提出新能源消纳预警的等级标准，实现河南省分地市新能源消纳预警的量化评估。

（一）新能源发展规划

结合河南省新能源资源禀赋和《河南省可再生能源发展“十三五”规划》等系列文件，预测近三年全省新能源发展规模。

风电装机，“十一五”、2011 ~ 2018 年前八批次核准集中式风电开发方案，“十三五”分散式风电开发方案中的全部项目均计划于 2020 年底前投运，按照“十三五”分散式风电开发调整方案调增项目2021年底前投运，第一批风电平价、竞价上网项目等按照2022年底投运考虑，河南省风电装机容量已接近技术可开发总量。

光伏装机，“5·31”新政已明确暂不安排普通光伏电站建设规模。综合考虑光伏平价上网、分布式交易试点、竞争性配置等项目后，河南省年度光伏装机增量约100万千瓦。

综合以上，2020~2022年河南省风电、光伏装机规划，如表7所示。

表7 2020~2022年河南省风电、光伏的装机规划

单位：万千瓦

	2019年10月底	2020年	2021年	2022年
风电	636	1964	2417	2559
光伏	1047	1100	1200	1300

根据国家发展和改革委、能源局《关于建立健全可再生能源电力消纳保障机制的通知》，河南省2020年非水可再生能源、可再生能源消纳的最低责任权重分别为10.5%、16%，激励性的消纳责任权重分别为11.6%、17.6%。综合河南省“十四五”区外来电规划，新能源发展规划，以及历史年份的发电设备利用小时数，预计2020年，河南省非水可再生能源消纳电量占比为17.9%，可再生能源消纳电量占比为22.5%，均可超出激励性的可再生能源电力消纳责任权重要求。

（二）建立消纳预警评估体系

结合负荷特性分析，选取春季日间小负荷、夜间小负荷、冬季日间小负荷、夜间小负荷四种典型场景开展新能源消纳预警分析。按照零弃风弃光以及就地就近消纳的原则开展测算，省内平衡不外送。区外来电方面，天中直流、青豫直流夜间低谷调峰系数分别为20%、80%。考虑常规电源最小开机、最小出力，开展全省18地市四种典型场景下的220千伏电网电力平衡分析。基于分析结果提出红、橙、黄、绿四级新能源消纳预警机制，划分等级标准如表 8 所示，可以指导全省各地市有序开展新能源前期工作。

表 8　新能源消纳预警等级划分标准及工作建议

预警等级	划分原则	工作建议
红	四场景均存在电力盈余，且盈余电力均超过小负荷	建议地方暂缓规划和安排新的项目，开发企业慎重决策建设
橙	四场景均存在电力盈余，且盈余电力未超过小负荷	建议地方慎重规划和安排新项目，开发规模应与消纳的空间相匹配
黄	四场景中部分场景存在电力盈余，且最大盈余超过 30 万千瓦	可适度规划和安排新项目
绿	四场景均不存在电力盈余，或部分时刻存在电力盈余但最大盈余电力未超过 30 万千瓦	可合理安排年度开发方案

随着新能源装机快速发展，2020～2022 年河南省新能源消纳的形势逐步严峻，2022 年，全省呈现“2 红 9 橙 4 黄 3 绿”的状态（见表 9），仅 7 地市可以适度和合理安排新能源开发方案，11 地市需要控制建设规模。三门峡、鹤壁地区弃风（光）风险大，建议地方暂缓规划和安排新的项目，开发企业慎重决策建设。安阳、濮阳、洛阳、开封、商丘、南阳、漯河、周口、驻马店，建议地方慎重规划和安排新项目，开发规模应与消纳的空间相匹配。若考虑 5% 左右的合理弃风弃光率，则全省新能源消纳红色、橙色地区明显减少。

表 9　规划年份 2020～2022 年河南省分地市新能源消纳预警等级

预警等级	2020 年	2021 年	2022 年
红	2 三门峡、鹤壁	2 三门峡、鹤壁	2 三门峡、鹤壁
橙	6 安阳、濮阳、洛阳、商丘、南阳、周口	6 安阳、濮阳、洛阳、商丘、南阳、周口	9 安阳、濮阳、洛阳、开封、商丘、南阳、漯河、周口、驻马店

续表

预警等级	2020 年	2021 年	2022 年
黄	4 新乡、济源 平顶山、驻马店	6 新乡、济源、开封、平顶山、 漯河、驻马店	4 新乡、济源 平顶山、信阳
绿	6 焦作、郑州、开封、许昌、 漯河、信阳	4 焦作、郑州 许昌、信阳	3 焦作、郑州、许昌

针对三门峡、鹤壁两类红色区域，在电网侧提前开展促进新能源消纳的措施研究，并采取措施消除消纳瓶颈。为缓解未来三年的消纳问题，在三门峡220千伏电网加装稳控装置，提升三门峡220千伏电网东送断面输送能力50%；在“十四五”规划建设马寺—惠济500千伏线路工程，提升豫西电网外送断面输送能力23%；在安鹤电网加装稳控装置及实施衡山—桃园线路的改造工程，可提升安阳–鹤壁南部220千伏断面外送能力17%。

五 结论与建议

近年来，随着河南省新能源迅速发展，新能源出力占用电负荷的比例不断上升。依托河南省能源大数据应用中心，利用全省集中式新能源各场站全年实时数据，合理确定全省、分地区、分时段新能源参与电力平衡比例，提升电网运行效率，提高投资效益。根据未来三年电力及新能源发展规划，测算规划年份的可再生能源电力消纳责任权重，实现全省分地市新能源“红橙黄绿”四级消纳预警的量化评估，指导全省新能源有序发展，并提出保障新能源消纳的措施建议。

（一）实现负荷特性的精细化分析

借助信息化手段，实现负荷特性的精细化分析，针对不同研究需求精准推送个性化、定制化的分析数据，大幅提高技术人员工作效率，为新能源供给能力和消纳分析奠定基础。河南省电网负荷特性曲线呈现“夏冬双高峰”的特点。夏季大负荷均出现在 7～8 月份，冬季大负荷在 1 月份、12 月份，小负荷在春节期间，次小负荷在春季、冬季居多。同时，提出不同场景对应的精细化分析时段。

（二）优化新能源参与电力平衡的比例

基于概率分析手段选取规划出力系数的相关结论已被河南省电力规划研究体系采纳。按照 95% 概率水平推荐新能源参与电力平衡的原则和比例，河南省风电、光伏夏季大负荷午高峰时段分别为 1%、35%，晚高峰时段为 10%、0，其中，相较于传统规划，午高峰时段光伏出力提升 15 个百分点，晚高峰时段风电出力提升 10 个百分点；冬季大负荷午高峰时段为 3%、2%，晚高峰时段为 3%、0。

（三）可再生能源电力消纳权重任务可完成

综合河南省“十四五”区外来电规划，新能源装机规模发展预测，以及历史年份的发电设备利用小时数，预计 2020 年，河南省非水可再生能源消纳电量占比为 17.9%，可再生能源消纳电量占比为 22.5%，均可超出激励性的可再生能源电力消纳责任权重要求。

（四）新能源消纳预警四级量化评估初步建立

按照零弃风弃光原则，2020～2022 年河南省新能源消纳的形势逐步严峻，2022 年，全省呈现“2 红 9 橙 4 黄 3 绿”的状态，仅 7 地市可适度和合理安排新能源开发方案，11 地市需要控制建设规模。三门峡、鹤壁地区弃风（光）风险大，建议地方暂缓规划和安排新的项目，开发企业慎重决策建设。安阳、濮阳、洛阳、开封、商丘、南阳、漯河、周口、驻马店，建议地方慎重规划和安排新项目，且开发规模应与消纳的空间相匹配。相关结论可指导全省各地市有序开展新能源前期工作。同时，针对新能源消纳红色预

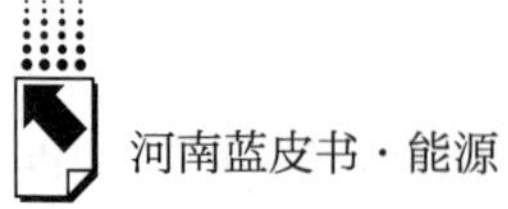

警区域，提出保障消纳的电网侧措施。若考虑5%左右的合理弃风弃光率，则全省新能源消纳红色、橙色地区明显减少。

参考文献

河南省发展和改革委员会：《关于印发河南省“十三五”可再生能源发展规划的通知》（豫发改能源〔2017〕916号），2017年8月30日。

河南省发展和改革委员会：《关于下达河南省“十三五”分散式风电开发方案的通知》（豫发改能源〔2017〕1203号），2017年11月21日。

河南省发展和改革委员会：《河南省“十三五”生物质发电项目建设实施计划（修订稿）》（豫发改能源〔2018〕448号），2018年6月5日。

河南省发展和改革委员会：《关于调整河南省“十三五”分散式风电开发方案的通知》（豫发改能源〔2019〕539号），2019年8月28日。

国家发展和改革委员会、国家能源局：《关于积极推进风电、光伏发电无补贴平价上网有关工作的通知》（发改能源〔2019〕19号），2019年1月8日。

国家发展和改革委员会、国家能源局：《关于建立健全可再生能源电力消纳保障机制的通知》（发改能源〔2019〕807号），2019年5月10日。

谭永才：《电力系统规划设计技术》，中国电力出版社，2012。

B.14

河南省成品油市场高质量发展的思考与建议

冯小磊　匡振山　李　鑫*

摘　要： 近年来，国家持续放宽成品油上下游环节限制，成品油炼化及零售市场发展迅猛。一方面，河南省成品油市场竞争主体日益多元，市场竞争更加充分。另一方面，受利益驱使“自流黑”现象屡禁不绝，市场监管难度持续加大，直接影响了全省污染防治攻坚战成效。本文梳理了河南省成品油市场概况及现状，对成品油零售环节发展进行探讨，建议进一步强化市场监管、推动乙醇汽油再封闭、加快新型智慧油站及综合服务体建设，进一步优化全省成品油市场和消费环境改善。

关键词： 河南省　石油销售　成品油　乙醇汽油

河南省总面积16.7万平方千米，2018年全省生产总值4.8万亿元，继续保持全国第5位、中西部省份首位的地位。河南交通区位优势明显，是全国承东启西、连南贯北的重要交通枢纽，全国“十纵十横”综合运输大通道中有五个通道途经河南。2018年末，全省高速公路通车里程6600公里，铁路通车里程5460公里，其中高速铁路1308公里，分别位居全国第6位、

* 冯小磊，中石化河南分公司高级经济师，研究方向为成品油市场经营及资源运作；匡振山，中石化河南分公司经济师，研究方向为成品油市场经营及资源运作；李鑫，中石化河南分公司经济师，研究方向为成品油市场经营运作。

第7位、第5位。便利的交通条件使河南成为全国重要的综合交通枢纽和人流、物流、信息流中心，巨大人流、物流带动了河南成品油销售市场的迅速增长，目前全省成品油年销售量已达1800万吨左右。

一　成品油市场基本情况

河南省作为经济大省和农业大省，始终坚持经济与环境的统筹协调发展。在成品油消费领域，全省自2001年起即开始推动车用乙醇汽油试点，并逐步推广全省，成为全国乙醇汽油封闭先行示范区，即河南区域内只准生产、销售、使用乙醇汽油，严禁生产、销售、使用非乙醇汽油，在配套政策、运行机制等方面形成了较为完善的工作体系，对全国乙醇汽油推广起到了示范引领作用，同时，全省高度重视油品质量升级工作，质量升级始终先行一步，在全国推进力度排名靠前。

（一）全省乙醇汽油推广情况

乙醇汽油是由粮食或植物纤维加工成的燃料乙醇和普通汽油按一定比例混合形成的新型石油替代能源，可以降低一氧化碳、二氧化氮和烃类的排放，降低尾气排放对环境的污染。为进一步调整能源消费结构，开发石油替代资源，改善汽车尾气排放和大气环境质量，促进农业生产、消费的良性循环和可持续发展，2004年国家发改委等8部委下发《车用乙醇汽油扩大试点方案》和《车用乙醇汽油扩大试点工作实施细则》，明确河南省为车用乙醇汽油推广示范区域。

按照国务院总体部署和国家发改委等八部委有关文件精神，全省车用乙醇汽油的封闭推广主要经历了三个阶段：

试用阶段。2001年6月至2002年6月，在南阳、郑州、洛阳3市中心城区，选取部分站点开始试点销售使用车用乙醇汽油。

试点阶段。2002年6月至2004年3月，根据试用阶段成功经验，在南阳、郑州、洛阳3市城区进行了封闭推广试用试点，并从2003年3月起，在南阳市城乡全境封闭推广使用车用乙醇汽油。2004 年3 月至2004 年11 月底，在洛阳、郑州两市扩大试点，实行全区封闭销售。

全省推广阶段。自 2004 年 12 月 1 日起，根据《河南省人民政府令》（第 84 号），全省按照“定点生产，定向流通”原则，开始封闭推广使用车用乙醇汽油，由此河南省也成为全国乙醇汽油封闭先行示范区，有助于解决三农问题、调整能源结构、改善大气环境质量。

（二）全省车用柴油推广情况

相对于国Ⅲ车用柴油，国Ⅳ车用柴油对硫含量等指标的限制更加严格，硫含量将从 350ppm 降至 50ppm，降幅 85%，氮氧化物和颗粒物排放下降约 50%，二氧化硫减排达 80% 以上，对于减少尾气污染物排放效果明显。为加快调整能源结构，增加清洁能源供应，减少污染物排放，2013 年 9 月，国务院发布《关于印发大气污染防治行动计划的通知》（国发〔2013〕37 号），要求在 2014 年底前，全国供应符合国家第四阶段标准的车用柴油，在 2017 年底前，全国供应符合国家第五阶段标准的车用柴油。按照《河南省人民政府关于推行国家第四阶段标准车用柴油的通告》要求，2014 年 8 月起全省实现了国Ⅳ车柴供应，但受车柴、普柴并行及价格因素影响，车柴推广效果不够理想。

为解决“低品油退市难”问题，尤其是车普并行导致车柴销售不畅，影响油品升级减排成效和扰乱市场秩序问题，2016 年 2 月，国家十一部委发布《关于进一步推进成品油质量升级及加强市场管理的通知》（发改能源〔2016〕349 号），要求 2017 年 1 月 1 日起，全国全面供应符合国Ⅴ标准的车用柴油，同时停止销售低于国Ⅴ标准车用柴油，实现加油站车用柴油封闭销售。2016 年 11 月起，河南按要求完成全省加油站国Ⅴ油品升级置换，同时积极加强市场监管整顿，基本实现“车用柴油、普通柴油、部分船舶用油”三油并轨，实现了国Ⅴ车柴封闭运行，较国家要求提前 2 个月。目前，除个别区域部分站点受利益驱使，仍有低标柴油销售外，全省已基本实现了车用柴油全覆盖。

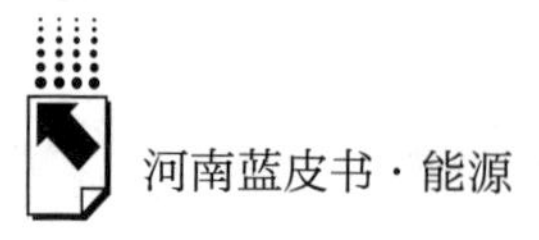

（三）近年来油品质量升级情况

近年来，为打赢蓝天保卫战，降低机动车污染物排放，改善大气环境，保障人民群众身体健康，全省按照国家统一部署，持续加快推进油品质量升级。

2013 年 12 月 1 日起，按照《河南省人民政府关于推行国家第四阶段标准车用乙醇汽油的通告》要求，完成全省加油站国Ⅵ车用乙醇汽油升级置换，较国家要求提前 1 个月；2014 年 8 月 1 日，按照《河南省人民政府关于推行国家第四阶段标准车用柴油的通告》要求，完成规定区域内加油站国Ⅳ车用柴油升级置换，较国家要求提前 5 个月。

2016 年 11 月 1 日起，按照《河南省推广使用国家第五阶段标准车用乙醇汽油车用柴油质量升级工作方案》（豫政办〔2016〕164 号）要求，完成全省加油站国Ⅴ油品升级置换，较国家要求提前 2 个月。

2017 年 10 月 1 日起，按照《关于做好“2 + 26”城市提前供应国六标准油品有关工作的通知》（发改办能源〔2017〕965 号）要求，实现“2 + 26”郑州、安阳等 7 地市国Ⅵ油品升级。

2018 年 7 月 1 日起，按照《河南省推广使用国家第六阶段标准车用乙醇汽油车用柴油质量升级工作方案》（豫政办〔2018〕36 号）要求，完成全省加油站国Ⅵ油品升级置换，较国家要求提前半年。

目前全省已基本实现国Ⅵ油品全覆盖，对降低机动车污染物排放、改善大气环境、保障人民群众身体健康起到了积极促进作用。

（四）全省主要油品经营单位

随着我国对成品油领域改革加快推进，加油站各项管控政策放宽，社会站点发展迅猛，目前河南省已初步形成了中石化、中石油两大集团与社会站点充分竞争的格局。

中石化销售河南分公司是中国石化在河南设立的省级分支机构，目前下辖 19 个市公司，业务涉及汽油、柴油、润滑油、天然气的储运和销售等，开展便利店、汽服等附加服务，是省内最大的成品油销售企业之一。

中石油河南销售分公司是中国石油在河南设立的省级分支机构，形成了基本覆盖全省 18 个地市的销售网络，是省内最大的成品油销售企业之一。

随着近年来国内原油进口“两权”放开，山东地炼为消化原油配额，打造产运销一体产业结构，加快了在下游加油站网络的建设布局。同时社会资本也借助政策放宽机遇，也纷纷加入加油站网络的投资建设，并通过提升形象、形成网络、抱团竞争等方式，全力抢夺市场份额，大桥石化、延长石油等一批销售连锁企业迅速壮大。加之我国逐步放宽外资对加油站领域限制影响，包括 BP、壳牌在内的多家国际石油巨头逐步加快了在豫建站步伐。

目前，全省经营主体日趋多元，成品油市场竞争也日趋激烈。截至 2018 年底，全省商务在册加油站已达近 9500 座，其中中石油、中石化两大集团在豫在册站点共约 4000 座，占比约 40%；其他个体、民营、集体、国有等所有制在册社会加油站约 5500 家，占比约 60%。

二　国家及省内相关政策对成品油市场影响

（一）国家政策对成品油市场影响

1. 零售终端管控放开推动市场竞争

2018 年商务部和国家发改委联合发布《外商投资准入特别管理措施（负面清单）（2018 年版）》，外商投资经营加油站业务的限制全面取消。2019 年国务院发布《关于加快发展流通促进商业消费的意见》，取消石油成品油批发仓储经营资格审批，将成品油零售经营资格审批下放至地市级政府，乡镇以下具备条件的地区建设加油站、加气站、充电站等可使用存量集体建设用地。一系列政策的出台，降低成品油市场准入门槛，加快了外资及社会资本进入，加剧行业市场竞争态势，为进一步推动石油领域的对外开放和推进市场化定价机制改革起到积极的促进作用。

近期，BP 和东明成立合资公司，壳牌和延长石油成立合资公司，逐步探水华北市场。未来5年BP将在山东、河南、河北三省增设500家加油站；壳牌计划到2025年在豫投资100亿元，打造500座集生活消费、汽车服务、星级公厕、油气电供应为一体的新型智能化加油站。外资高端加油站的进入，将推动全省加油站经营不能再简单地比拼价格，而要转向以树立品牌形象、比拼服务和实施差异化价格等为主的综合性竞争，进一步提升成品油终端销售环节的综合服务能力，加剧市场竞争程度。

2. 乙醇汽油推广加速有利全省封闭

2017年9月国家发改委、能源局等15部委联合印发《关于扩大生物燃料乙醇生产和推广使用车用乙醇汽油的实施方案》。在当前形势下，扩大生物燃料乙醇生产和推广使用车用乙醇汽油具有重要的现实意义和战略意义，不但有利于优化能源结构、改善生态环境、调控粮食市场，而且有利于促进农业农村和区域经济发展。方案要求到2020年，在全国范围内推广使用车用乙醇汽油，基本实现全覆盖。2018年8月22日，国务院总理李克强主持召开国务院常务会议，审议通过了《全国生物燃料乙醇产业总体布局方案》。生物燃料乙醇产业上升为国家战略，除原有11个试点省份外，2018年进一步在北京等15个省份推广。

随着乙醇汽油的加速推广，成品油供应端汽油组分和燃料乙醇的生产规模及积极性将会进一步提高，规模扩大及供应商增加将有利于降低乙醇汽油的采购成本，扩大采购方的采购渠道和议价能力，社会加油站利润空间增加，将进一步带动社会加油站乙醇汽油销售积极性，有利于河南省优化资源结构、改善生态环境、促进农民增收。

3. 油品涉税体制改革促进地方增收

2019年9月国务院下发了《国务院关于印发实施更大规模减税降费后调整中央与地方收入划分改革推进方案的通知》，目标是要建立更加均衡合理的分担机制，稳步推进健全地方税体系改革，后移消费税征收环节并稳步下划地方，拓展地方收入来源。成品油作为国内最大的消费品目，将为增加地方税收收入，均衡税收分担机制起到积极作用。

目前河南加油站众多，在征管可控的前提下，将在生产环节征收的成品油消费税逐步后移至批发或零售环节征收，将极大拓展地方收入来源、缓解生产企业的税收压力。目前省税务局已在许昌开展“加油站涉税数据管理云平台”建设试点，通过“液位网关”对油罐进口、通过“数据网关”对加油枪出口“双管齐下”，实现日常数据实时采集、日常变动实时监控、异常情况实时警报三大功能，为加强成品油市场税收监管提供信息支撑。该平台的推广在强化地方对成品油零售环节偷逃税款行为的查缴追缴力度的同时，还将有利于进一步净化市场，营造公平的经营环境。

（二）省内政策对成品油市场影响

为调整能源结构、改善大气环境质量，推动全省经济高质量发展、实现中原更加出彩的目标，河南省下发多项生态环境治理文件，同时加大能源结构调整和公共交通清洁发展推进力度，全省成品油需求增速放缓。

1. 公转铁因素影响。近年来，河南进一步提升了“公转铁”的推进力度，明确地方重点企业“公转铁”任务目标，并与之签订货运增量目标责任书，推动各企业落实“公转铁”目标任务。拥有铁路专用线的大型工矿企业和新建物流园区，煤炭、焦炭、铁矿石等大宗货物铁路运输比例原则上达到80%以上，预期将大幅减少公路货运柴油需求。

2. 替代能源发展影响。截至2019年10月，全省电动汽车保有量18.12万辆。根据《关于加快新能源汽车推广应用及产业化发展的实施意见》（豫政办〔2016〕56号）发展规划，以及各市政府推广计划，预计全省公交、出租、物流等专业车辆将在3～5年内全部更新为电动汽车，根据近年省内电动私家车年均增幅情况，预计2025年河南省电动汽车保有量预计将达到227万辆左右。全省要新增各类集中式充换电站、分散式充电桩超过30万个，满足新增电动汽车充电需求。替代能源的迅速发展对成品油零售市场的冲击将不断加大。

3. 出行方式转变影响。一是高铁快速发展。根据中原城市群规划方案整体部署，郑州将建成“米”字形高铁网络，辐射周边各大城市，随着郑万、郑合（郑阜）、商合杭高铁陆续开通，全省高铁通车里程将达近2000

公里，郑州将初步成为全国铁路路网中的“双十字”中心，高铁出行增多将抑制成品油需求释放。二是城市公共交通发展。郑州继开通地铁1号、2号线运营后，2019年又开通了5号、14号线，地铁总公里数达到134公里，地铁通车里程的增加和郑州常态化限行政策导致市区通勤车辆大幅减少，加之共享单车及公交汽车电动化普及，出行最后一公里现象得到改善，城区车辆用油需求大幅减少。三是城际铁路发展。目前全省已建成郑开、郑焦、郑机（郑州至机场）三条城铁线路，通车里程171公里。郑许城铁在建，预计2020年通车；贯通郑州市与洛阳市的郑洛城际铁路，总投资600亿元，已进入规划建设阶段。此外，国家已经正式批复，全省将投资1200亿元建设城际铁路1085公里，连接郑州、洛阳、开封、新乡、焦作、许昌、平顶山、漯河、济源9个城市，将形成以郑州为中心的省内“1小时交通圈”，受此影响，成品油用油需求将进一步萎缩。

4. 城市限行因素影响。河南省是全国大气污染较为严重的省份之一，河南省各地市在全国169个地级城市排名总体靠后，综观近年空气质量状况，污染严重的时段主要集中在1~2月和11~12月。受厄尔尼诺现象影响，2019年秋冬季气象条件整体偏差，不利于大气污染物扩散，全省限行地市已达13家，加之河南空气质量全国排名依然落后，预期限行政策将持续影响成品油需求释放。

综上所述，受各项政策及新能源汽车发展影响，全省成品油增速将进一步放缓，需求受抑将进一步推动加油站零售行业通过降低价格、提升综合服务水平等方式提升竞争力，增强客户黏性，未来成品油市场竞争状况将更加激烈。

三　当前成品油市场存在问题

（一）车用乙醇汽油封闭不严

2004年，国家发改委等8部委及河南省政府均明确了全省乙醇汽油封闭运行及“定点生产，定向流通”政策，试点和封闭推广初期，省政府的高度重视和大力监管，各级职能部门对市场的细化监管和对违规行为的严厉打击，市场监管取得了很好的成效，全面净化了车用乙醇汽油市场，营造了良好的封闭运行环境。近年来，受资源严重过剩，批零价差拉大等因素影响，大量地炼低标低质油品通过不同渠道倾销全省，凭借其价格优势，社会单位经营规模迅速扩大。虽然近年来，全省各级政府持续加大成品油市场等监管力度，但是受站点保有规模大、监管难度加大等因素影响，邻近河南周边的东明、玉皇等地炼大量非乙醇汽油流向河南市场，非乙醇汽油销售规模不断扩大，部分站点违规经营非乙醇汽油现象不同程度存在。

（二）市场整顿难度不断加大

为全面贯彻落实党的十九大精神和全省生态环境保护大会精神，打好生态环境保护和污染防治攻坚战，省政府开展了生态环境违法违规行为专项整治等一系列专项行动。近年来，全省共查封“自流黑”站点（自建罐、流动加油车、黑站点）数千家，促进了全省大气质量明显改善。但从近年来情况看，受利益驱使，部分地区前期已关闭的“自流黑”站点死灰复燃现象时有发生，其销售方式由“明”转“暗”，隐匿至废弃场站售油或通过流动售油车、改装车售油，昼伏夜出；通过微信建立客户群，出现了微信线上锁定客户、线下送货上门新模式；通过以次充好、虚标销售等方式对外销售，金额高达上千万元，查处难度不断加大。

（三）偷漏税影响市场经营秩序

消费税、增值税和所得税是成品油企业三大主要税种，特别在生产环节征收的消费税占比最大，是成品油偷税漏税的主要源头。2018 年消费税 1 号公告出台后，地炼企业通过不开票交易逃避税收监管，并形成了地炼—贸易商—民营加油站—用油企业的地下产业链条。社会加油站普遍采用“体外循环”方式避税和经营，通过购进两大集团或地炼少量带票油品，凭采购票据应对检查，实际销售则主要为地炼无票油品，通过对消费者不开票方式脱离税收监管，以远低于完税成本的价格低价倾销，导致市场价格严重扭曲，“劣币驱逐良币”现象突出。虽然通过政府一系列手段打击，地炼及社会单位偷漏税情况有所收敛，但是不开票交易方式产生的偷税漏税现象仍然存在，对市场秩序的不良影响仍然存在。

四　促进河南省成品油市场高质量发展的发展思考及建议

（一）持续加强成品油市场监管

只有不断加强市场监管，将所有站点纳入成品油市场监管体系，方能为后期成品油消费税成为地方税税种纳入零售环节征收，增加地方收入创造条件。建议持续加强市场监管工作，公安、商务、质检、工商、税务、交通、安监等部门，按照“密切配合、分口把关、各司其职、失职追责”原则开展常态化市场监管，多方面、多线条开展综合治理，既要对流通环节加强黑网（点）、违规经营等方面的重点治理，更要对生产环节质量升级、偷漏税等方面开展源头治理，对违规生产经营的企业从严从重治理，取消其生产、经营资质，从根本上断除非标油品的生产经营。同时建立健全行政执法和刑事司法衔接机制，全力净化成品油市场环境。

（二）推动乙醇汽油市场封闭运行

推广车用乙醇汽油是国家的一项战略性举措，河南省是国家乙醇汽油封闭运行示范区，在配套政策、运行机制等方面形成了较为完善的工作体系，对全国乙醇汽油推广起到了示范引领作用。在当前全省深入开展三大攻坚战、推进供给侧结构性改革的关键阶段，用足用好国家车用乙醇汽油相关政策，对于解决三农问题、调整能源结构、改善大气环境质量，推动全省经济高质量发展、实现中原更加出彩的目标具有重要战略意义。建议将车用乙醇汽油市场封闭运行作为全省大气污染防治的重大方略和具体举措，强化乙醇汽油市场监管，把好进销两道关口，真正达到封闭严密、有效减排的目的，真正实现“乙醇封闭示范区”。

（三）加快加油站综合服务体建设

综观当下经济发展，多数行业都面临转型升级，石油行业也不例外。随着油气市场的不断开放，下游的市场环境发生了极大改变。一方面，国企、外资、民企等多种主体纷纷加码下游业务，成品油市场新一轮激烈竞争将应时而起；另一方面，先进的“互联网＋金融”正在与传统的加油站行业进行深度融合，对于全省成品油零售来说，传统的加油站模式已经不能满足当下社会消费需求，智慧型油站将成为未来加油站发展的方向。建议相关政府主管部门适时调整加油站相关政策限制，结合当前及未来成品油经营模式变化，支持综合型一体化的加油站服务平台建设，推动加油站转型升级。

五 结语

展望未来，随着河南成品油替代能源的冲击及市场经营主体更加多元，可以预见河南成品油市场需求增速将逐步放缓；同时由于成品油市场供应端浙江石化、大连恒力投产运营，山东地炼加快整合带来的产能释放叠加能效提升，预计全省成品油市场供应量将继续走高，成品油市场整体供需将趋于宽松，市场竞争将更加激烈。同时，国家推动中央与地方收入划分改革，消费税征收环节稳步下划地方，地方政府主管部门加强市场监管的主动性将进一步提升。激烈市场竞争和更加全面完善的市场监管必将引导成品油市场逐步由单纯价格竞争向增值、综合服务提升方向转化。总体上看，在河南大力推动能源结构转型的带动下，充电站、加氢站等一系列新型能源站将加快落地，河南成品油市场也将迎来新的变革与发展机遇。

参考文献

国务院：《关于扩大生物燃料乙醇生产和推广使用车用乙醇汽油的实施方案》。

国务院：《关于加快发展流通促进商业消费的意见》。

B.15

服务生态文明建设的河南省生物质能高效综合利用研究*

李学琴　王志伟　雷廷宙　陈峡忠**

摘　要： 河南省是典型农业大省，生物质资源较为丰富。生物质能作为唯一可转化为气、液和固态燃料及其他产品的可再生能源，替代化石能源的前景广阔，生物质能的高效转化利用日益受到国内外研究者的重视。本文基于生物质能发展与生态文明建设的辩证关系，阐述了河南省生态文明发展及生物质能发展现状，估算了全省生物质资源储量，提出了服务河南省生态文明的生物质能高效综合利用的相关政策建议。

关键词： 河南省　生态文明　生物质资源

河南省生物质资源丰富，加快推动生物质能源高效利用可以有效减少生物质资源废弃、焚烧带来的环境污染，并对化石能源实现替代，对河南省生态文明建设有重要现实意义。现阶段由于生物质资源利用技术较为落后，全省丰富的生物质能源绝大部分未转化为能源进行利用，大量生物质资源被废

* 本文研究得到中国工程院重大咨询研究项目“中部地区生态文明建设及发展战略研究”（2017－ZD－09－03－02）支持。

** 李学琴，河南省科学院能源研究所有限公司助理研究员，研究方向为生物质能源技术与材料；王志伟，工学博士，河南省科学院能源研究所有限公司研究员，研究方向为生物质能源技术与材料；雷廷宙，工学博士，河南省科学院能源研究所有限公司研究员，研究方向为生物质能源技术与材料；陈峡忠，河南省科学院副研究员，研究方向科技发展战略。

弃、浪费。推动生物质资源的清洁利用和高效转化，已经成为生物质产业发展的方向和重点。本文基于生物质能的发展和生态文明建设的辩证关系以及河南省生物质资源现状，构建了生态文明背景下生物质能高效综合利用的相关建议，以期为全省生物质资源的高效综合利用发展提供借鉴和参考。

一　生态文明背景下生物质能高效综合利用的重要价值

河南省生物质资源极为丰富，生物质作为六种可再生能源之一，实现生物质资源的开发利用，有助于提高居民收入，解决社会就业问题，具有很好的社会、环境和经济效益。

（一）生物质能高效综合利用是考核生态文明建设工作的重要指标

“绿水青山就是金山银山”，保护生态环境需要全国人民、社会各界的共同努力。2018 年，习近平总书记在全国生态环境保护大会上发表了重要讲话，明确指出“生态环境是关系党的使命宗旨的重大政治问题，也是关系民生的重大社会问题，生态环境保护是生态文明建设的根本目标”。生物质能作为清洁且唯一可转化为气、液和固态燃料及其他产品的可再生能源，其高效综合利用能够有效减少化石能源消费、降低污染物和碳排放，具有显著的经济、环境和社会效益。作为传统的农业大省，丰富的生物质资源是河南的特色和优势，大力推进生物质能源的清洁利用和高效转化，促进全省能源转型发展、能源结构优化，谱写新时代中原更加出彩的绚丽篇章，是河南推进生态文明建设的重要内容和应有之义。

（二）生物质能是生态文明建设的纽带

生物质能被称为于煤、石油、天然气等传统化石能源之外的第四大能源，也是可转化为气、液和固态燃料及其他产品的可再生能源。河南省作为农业大省，生物质资源极其丰富，推进生物质能资源的清洁开发和能源化利用，是促进人与自然和谐发展的关键和纽带。当前，河南正处于全面建成小康社会的决胜时期，生态文明建设、能源转型发展面临诸多困难和挑战，必须大力推进生物质资源的高效利用，充分发挥生物质能在全面小康和生态文明建设中的重要作用。

（三）生物质能是影响生态文明建设的重要因素

党的十九大报告首次提出将美丽中国作为与富强、民主、文明、和谐并列的社会主义现代化建设目标，生态文明建设已经上升到了国家战略的高度，进入了关键时期。依据“绿水青山就是金山银山”及国家陆续出台了一系列行动和政策，并根据国家能源局发布的《2018 年能源工作指导意见》可知，加快生物质能等新能源发展已然成为生态文明建设的重要因素。

生物质行业整体处于起步阶段，生物质能作为推进生态文明建设的重要要素，目前还存在开发技术欠缺、政策不完善、利用率不高等问题，产业化和商业化程度相对偏低。加快推进生物质能的开发利用是推进能源生产和消费革命的重要内容，是改善环境质量、发展循环经济的重要任务。

二　河南省生物质能发展现状与困境

（一）河南省生物质资源的发展现状

生物质能原料来源主要有农业剩余物、林业剩余物、畜禽粪便、工业有机废弃物、城市有机垃圾、能源植物等。通过表 1 至表 3 可以看到 2010 ~ 2018 年全省农、林业生产情况及农作物产品产量，2018 年农作物播种面积 14783. 4 千公顷，粮食总产量是 6648. 9 万吨。根据 2010 ~ 2018 年农产品产量数据和林业生产情况可知，河南省农林业废弃物量极其丰富，农作物秸秆资源实物总蕴藏量较大，生物质资源丰富。

表1　2010～2018年河南省农业生产情况

年份	播种面积（千公顷）				粮食产量（万吨）		棉花产量（万吨）	油料产量（万吨）	园林水果产量（万吨）
	总面积	粮食	棉花	油料	总产量	小麦			
2010	14320.8	10027.0	354.2	1431.7	5581.8	3121.0	33.9	515.7	797.5
2011	14373.3	10244.4	280.	1413.6	5733.9	3144.9	27.0	501.7	835.6
2012	14386.9	10434.6	169.40	1378.1	5898.4	3223.1	17.0	530.4	872.9
2013	14586.5	10697.4	115.0	1361.9	6023.8	3266.3	11.7	542.1	891.3
2014	14731.5	10945.0	88.1	1339.1	6133.6	3385.2	8.4	531.4	899.4
2015	14879.7	11126.3	64.3	1311.8	6470.2	3526.9	6.8	539.0	919.7
2016	14902.7	11219.6	50.0	1302.4	6498.0	3618.6	4.9	549.8	927.1
2017	14732.5	10915.1	40.0	1397.5	6524.3	3705.2	4.4	587.0	932.0
2018	14783.4	10906.1	36.7	1461.4	6648.9	3602.9	3.8	631.0	606.5

资料来源：《河南统计年鉴2018》。

表2　2010～2018年河南省林业生产情况

年份	2000	2005	2010	2013	2014	2015	2016	2017	2018
营林情况									
当年造林面积（千公顷）	241.3	263.5	277.1	253.9	260.0	200.0	133.5	180.9	/
人工造林	206.5	186.7	211.5	201.2	201.3	154.8	97.7	126.3	/
按造林用途分（千公顷）									
用材林	56.8	73.9	72.8	55.7	67.2	55.4	25.8	29.6	/
经济林	69.1	39.0	35.5	41.4	49.0	37.4	18.0	22.4	/
防护林	113.8	72.9	168.6	156.8	143.1	105.2	89.5	107.8	/
年末实有封山育林面积（千公顷）	475.5	385.9	367.5	362.8	388.3	425.8	403.5	404.0	/
零星（四旁）植树（万株）	25806	30639	27328	22948	20768	18921	14012	13611	/
育苗面积（千公顷）	18.21	28.7	34.9	42.6	53.7	59.2	65.8	59.5	/
当年苗木产量（万株）		201169	153503	239485	253022	268911	279005	282924	/
森林抚育面积（千公顷）			634.6	324.0	349.1	217.1	300.4	300.8	/
主要林产品产量									
天然生漆（吨）	569	955	2034	2209	2103	2111	2092	2086	1998
油桐籽（吨）	57054	45802	120701	83830	84397	79182	81155	68173	66397
油茶籽（吨）	3270	8079	20823	17461	18439	24324	29213	32047	49134
乌桕籽（吨）	1157	2557	11631	10825	9765	8235	7869	7220	/
五倍子（吨）	934	1709	3986	4181	4163	4173	4072	4062	/
村及村以下竹木采伐量									
木材（万立方米）	306.0	55.9	149.7	243.1	228.8	228.9	274.0	246.0	258.4
竹材（万根）	158.0	506.5	76.5	125.9	151.4	153.9	153.5	111.0	/

资料来源：《河南统计年鉴2018》。

表3　2010~2018年河南省主要农作物产量

单位：万吨

种类	2010年	2011年	2012年	2013年	2014年	2015年	2016年	2017年	2018年
稻谷	471.2	474.5	492.5	485.8	528.6	531.5	542.2	485.3	501.4
小麦	3082.2	3123	3177.4	3226.4	3329	3501	3466	3705.2	3602.9
玉米	1634.8	1696.5	1747.8	1796.5	1732.1	1853.7	1753	2170.1	2351.4
其他谷类	18.9	14.1	13.8	14.0	15.0	16.4	18	22.2	27.7
大豆	86.4	88.0	78.1	72.9	54.6	49.9	50.6	50.4	101.7
绿豆	6.4	6.5	6.0	5.4	4.1	3.6	3.7	3.0	/
花生	427.6	429.8	454.0	471.4	471.3	485.3	509.2	529.8	572.4
菜籽	67.4	54.7	57.9	55.4	49.7	46.2	40.9	42.1	39.0
芝麻	23.2	24.1	26.8	26.9	25.9	27.3	27.2	14.1	18.8
棉花	33.9	27.1	17.0	11.7	8.4	6.8	4.9	4.4	3.8
麻类	3.9	4.4	3.7	3.7	2.9	2.9	2.7	2.3	2.1
烟叶	28.8	29.3	30.7	34.7	30.0	28.9	28.3	26.7	25.3

注：其他谷类包括高粱、谷子和大麦。

资料来源：《河南统计年鉴2018》；2018年豆类数据统一记为大豆。

“谷草比”是估算农林剩余物资源储量的关键，生物质资源潜力可通过“农林剩余物资源储量”指标进行量化评价，生物质资源储量则可通过“各种农作物产量”与“谷草比”的乘积以及“林业剩余物与折算系数乘积”的总和进行量化考量。本文根据不同类型农作物的谷草比（见表4、表5），对河南省2010~2018年的生物质资源储量进行量化评价（见表6）。根据分析结果可知，2017年河南省生物质资源储量为9748.6万吨，2018年河南省农业资源储量为9446.8万吨，资源量及发展潜力巨大。

表4　主要农作物谷草比

农作物	稻谷	小麦	玉米	其他谷类	大豆	绿豆	花生	油菜	芝麻	棉花	麻类	烟叶
谷草比	1.2	1.1	1.7	1.6	1.6	2	0.8	1.5	2.2	9.2	1.7	1.6

表5　各类林业剩余物的折算系数

林业工作	造林截杆	幼林抚育	成林抚育	木材采伐	竹材采伐
折算系数	2.5t/hm^2	0.5t/hm^2	0.72t/hm^2	0.45t/m^3	0.005t/根

表6 2010~2018年河南省生物质能源资源储量

单位：万吨

年份	2010	2011	2012	2013	2014	2015	2016	2017	2018
农业资源储量	7775.1	7847.7	7937.3	8024.7	7999.1	8384.8	8184	9074.5	9446.8
林业资源储量	1299.3	1140.2	1032.4	1053.3	971.6	677.4	618.3	674.1	/
资源总和	9074.4	8987.9	8969.7	9078.0	8970.7	9062.2	8802.3	9748.6	/

（二）河南省生物质能利用技术现状

河南省生物质能开发利用起步较早，其开发利用技术主要涵盖了生物质成型燃料、生物质液体燃料、生物质气体燃料和生物质发电等方向，涉及燃料乙醇、纤维乙醇、沼气、成型燃料、生物柴油、生物质发电等。其中，乙醇汽油是由粮食或植物纤维加工成的燃料乙醇和普通汽油按一定比例混合形成的新型石油替代能源，可以降低一氧化碳、二氧化氮和烃类的排放，降低尾气排放对环境的污染。2004年国家发改委等8部委下发《车用乙醇汽油扩大试点方案》和《车用乙醇汽油扩大试点工作实施细则》，河南成为全国最早进行乙醇汽油推广示范的省份。

目前河南省生物质能利用技术及规模水平方面基本走在了全国的前列，其中燃料乙醇、沼气和秸秆成型燃料等技术和装备居国内领先地位；经过近二十年的努力，河南省在生物质利用技术上的研究和实践大力促进了河南省生物质成型燃料技术的快速发展。近年来河南省生物质能研究整体技术水平达到国内先进，部分技术达到国内领先和国际先进水平，在生物质能源转化和利用方面取得多项成果，获得了国家科技进步奖、河南省科技进步奖、国家能源科技进步奖、国家专利发明奖等多项国家和省部级奖励，为河南生物质能源规模化利用和产业发展以及河南农村能源革命提供重要的技术支撑。

为了推动生物质资源利用工作，2017年河南省政府出台了《河南省“十三五”可再生能源发展规划》（以下简称《规划》）。《规划》明确提出，要提升生物质能利用水平，依托河南资源、产业和技术优势，建立健全全省生物质资源收集、加工转化和就近利用的生产消费体系，推进生物质能的多元利用、产业化发展，提高生物质能利用效率和效益，建设先进生物质能示范基地，并提出了四个方面的重点任务：一是有序推进生物质热电联产，二是稳步发展城镇生活垃圾焚烧发电，三是加快发展非粮生物液体燃料，四是加快其他生物质能源开发利用。

总体上看，尽管河南省在生物质的开发利用方面付出了诸多努力，但目前河南省生物质能综合利用的规模与预期目标之间还存在一定差距；与世界先进国家的生物质综合利用水平也有较大差距。以瑞典为例，瑞典生物质能利用规模已经达到其能源消费总量的1/3以上，广泛应用于生物质发电、供热和车用燃料等领域。对比河南与瑞典，生物质能的利用方面政策激励和引导机制欠缺，是制约河南生物质能发展的重要原因。

（三）河南生物质能发展面临的困难

近年来，河南省不断深化生态文明建设实践，推动了生物质资源的开发利用，并取得了良好的成效。根据初步调研结果，省内部分生态示范区的建设进展仍面临着很多困难，全省生态文明建设仍面临诸多挑战。

1. 以生物质能为主体的可再生能源产业发展落后

2017年河南省生物质资源储量为9748.6万吨，河南省能源供给主要以煤炭为主，根据图1可知煤炭在能源生产总量中的比重最大，2018年可再生能源在能源生产总量中的占比为10%。能源结构不合理，大量的煤炭、原油的生产消费导致水环境、大气环境质量差，污染严重；同时，生物质能源等清洁能源的发展水平仍较低，可再生能源发电在整个发电量中所占比例较少，大力开发生物质能源，提高清洁能源消费占比对于推动河南生态文明建设具有重要意义。

2. 污染物排放量大，环境污染形势不容乐观

根据《河南省环境质量状况公告》，2018年河南省辖市PM2.5、PM10、二氧化硫、二氧化氮平均浓度分别为73微克/立方米、128微克/立方米、33微克/立方米、42微克/立方米，全年环境空气优良天数比例为53.6%，与2016年相比，全省各项大气污染物浓度、指标均有不同程度的降低，全

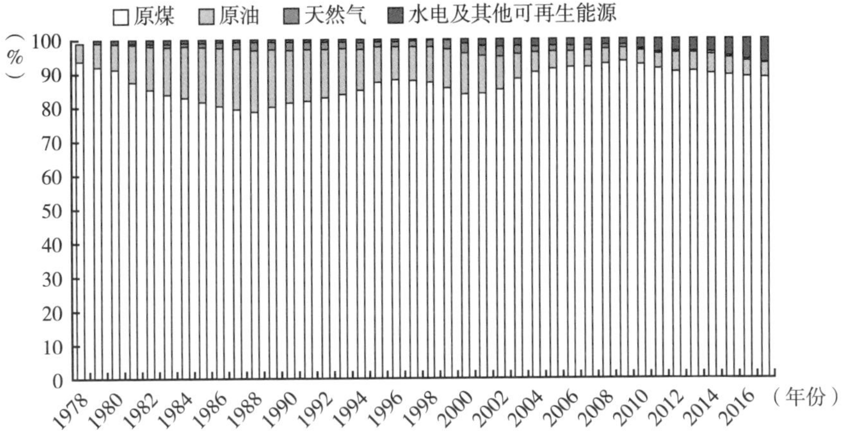

图1 不同能源占能源生产总量的比重

资料来源：历年中国能源统计年鉴和河南统计年鉴。

年空气优良天数也有明显的增加，但整体上看，河南省大气污染防治面临的形势仍然十分严峻，推进全省生态文明建设仍然任重道远。

3. 制约河南省生物质资源高效利用的因素依然存在

河南省生物质能源资源丰富，目标较为成熟的生物质能利用方式包括直接燃烧、生物质热解、生物质气化、发电、沼气等，其中生物质发电和生物质沼气应用最为广泛。但受限于省内生物质能利用技术普及程度不够、农村地区生物质能利用技术较为落后等因素，全省生物质资源并未得到充分的开发利用，生物质资源大规模应用也面临着诸多制约。生物质能发电方面，作为发电燃料的秸秆能量密度较低、分布分散且季节性特点突出，收集、运输、存储等制约因素，使得生物质资源供应不稳定、发电成本偏高。生物质制沼气方面，河南省内农村推广的以水压式埋地沼气池为主，具有投资少、工艺简单的优点，但也存在装置简陋等问题，难以满足沼气发酵所需的厌氧、温度和酸碱度等条件，加之农民群众缺乏专业知识、管理维护不善，省内沼气池普遍存在建成初期使用良好，但因缺乏维护产气量下降至逐步废弃的情况，近年来全省生物质沼气发展成效并不明显。

同时，由于缺乏合适的机械工具，秸秆等生物质资源的收集需要耗费大

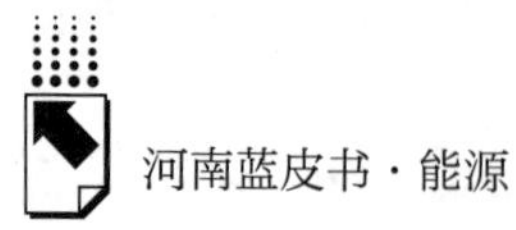

量的人力，河南农村地区因青壮年外出打工而劳动力紧缺，从农民群众经济角度考虑，费力费时收集出售秸秆得不偿失，也导致了生物质资源的大量浪费，省内大部分秸秆就地焚烧或腐烂在地里。

三　服务于生态文明建设的河南省生物质能高效综合利用的政策建议

在可再生能源迅速发展、能源转型速度加快的大形势下，河南应省充分利用自身能源资源优势，大力发展生物质能源开发利用，促进全省生物质能源开发利用持续有序健康发展。

（一）充分推广生物质能技术的研发和应用

努力将生物质能源的研发方面具有较强实力的科研机构、高校与相关企业的生物质研究技术相结合，形成校企合作的模式，将生物质能科研机构和高校的生物质能研发技术应用到企业，进行生物质技术的推广及研究成果的市场化。发展适合河南省情的生物质能源技术，依靠资源优势和科研平台重点研发生物质成型燃料技术、餐厨废油转化生物柴油技术、大中型沼气技术、纤维素乙醇技术、纤维素酯类车用燃料技术等，突破技术瓶颈，掌握核心技术，大力推进产业发展。

（二）构建生物质能行业产品质量体系

建立规范的行业标准体系和产品质量体系，能够有效促进生物质行业的健康快速发展。建议结合河南省情，探索建立规范的生物质能行业准入标准、生产标准和产品质量体系。重点加强对全省生物质能源企业生产、销售等环节的全流程控制和把关，促进相关企业科学规范发展。借鉴国内先进省份经验，在省内生物质资源丰富地区或生物质能源企业集中的地市，探索建立产品质量检验中心，并制定明确标准，强化对相关产品的性能测试、系统安装测试、产品及零部件设计检测把关，推动和促进全省生物质行业健康有序发展。

（三）建立和完善生物质能方面的制度和政策体系，加快生物质能高效开发利用的制度化

加快制定和完善适合河南省生物质能发展的法治体系，制定、修改和强化相关法律法规及标准，形成生物质资源治理与保护的整体合力，保障生态文明建设顺利进行。加快制度创新，增强改革的系统性、整体性和协调性，完善生物质资源环境价格机制、构建环保监管体制、强化法制体系建设、健全多元环保投入机制、建立全民参与机制，进一步加强环境保护制度保障。构建以高效综合开发利用生物质能为核心的目标责任体系，明确责任主体，建立科学合理的考核评价体系，突出生物质能开发利用的环境、生态指标在绿色发展指标和生态文明建设目标的考核权重，确保生物质能高效开发利用工作层层落实。

参考文献

河南省生态环境厅：《2018 年河南省生态环境状况公报》［EB/OL］. http：//www. hnep. gov. cn/hjzl/hjzlbgs/webinfo/2019/07/1563842114203032. htm。

河南省生态环境厅：《2016 年河南省生态环境状况公报》［EB/OL］. http：//www. hnep. gov. cn/hjzl/hjzlbgs/webinfo/2017/08/1502773695176605. htm。

郑邦山：《河南生态文明建设现状、困境及路径创新》，《创新科技》2016 年第 1 期，第 17 ~21 页。

李学琴、王志伟、雷廷宙等：《基于生态文明建设需求的河南省生物质能的发展与思考》，《河南科学》2018 年第 5 期，第 785 ~792 页。

吴明作、孟伟、赵勇等：《河南省农业剩余物资源潜力分析》，《可再生能源》2014 年第 2 期，第 222 ~228 页。

曹稳根、段红：《我国生物质能资源及其利用技术现状》，《安徽农业科学》2008 年第 14 期，第 6001 ~6003 页。

吴创之、马隆龙、陈勇：《生物质气化发电技术发展现状》，《中国科技产业》2006 年第 2 期，第 76 ~79 页。

吴创之、庄新姝、周肇秋等：《生物质能利用技术发展现状分析》，《可再生能源》

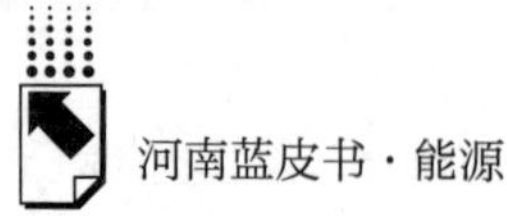

2007 年第 9 期，第 35 ~ 41 页。

王久臣、戴林、田宜水等：《中国生物质能产业发展现状及趋势分析》，《农业工程学报》2007 年第 9 期，第 276 ~ 282 页。

邵丽华：《酒精汽车驰骋中原——河南省推广使用车用乙醇汽油》，《环境经济》2004 年第 2 期，第 43 ~ 46 页。

张瑞芹、张长森、尹辅印：《流化床反应器中生物质空气气化试验研究》，《郑州大学学报》（理学版）2006 年第 2 期，第 76 ~ 80 页。

胡燕：《生物质气化合成气发酵制乙醇工艺分析》，郑州大学硕士学位论文，2012。

王风芹、张炎达、谢慧等：《生物质气化气发酵生产乙醇优良菌株的筛选》，《农业工程学报》2015 年第 7 期，第 221 ~ 226 页。

何晓峰、雷廷宙、李在峰等：《生物质颗粒燃料冷成型技术试验研究》，《太阳能学报》2006 年第 9 期，第 937 ~ 941 页。

孙寅聪、肖菊、李明魁等：《生物质平模成型燃料设备及规模化运行系统研究》，《河南科学》2014 年第 5 期，第 820 ~ 824 页。

李在峰、门超、杨树华等：《生物质（秸秆）成型燃料冷却干燥特性研究》，《河南科学》2015 年第 10 期，第 1741 ~ 1744 页。

河南省发展和改革委员会：《河南省“十三五”能源发展规划》［EB/OL］. http：//www. hndrc. gov. cn/2017/02 - 08/721030. html。

国家发展改革委：《可再生能源发展“十三五”规划》，《太阳能》2017 年第 1 期，第 78 ~ 78 页。

王志伟、雷廷宙、陈高峰等：《瑞典生物质能发展状况及经验借鉴》，《可再生能源》2019 年第 4 期，第 18 ~ 24 页。

B.16 河南省春节期间人口流动对电力需求影响分析

杨萌　杨钦臣　马任远*

摘　要： 河南省是人口和劳动力输出大省，春节期间受放假停工、省外务工人员返乡等因素影响，全省用电负荷特性较平日变化明显，省内不同地区用电特性也存在较大差异。本文梳理了河南省春节期间人口流动特点，调研分析了近年来全省春节期间用电需求变化趋势，并选取了省内春节期间人口流出最为突出的郑州市和外出务工返乡较为集中的周口市进行了对比分析，研究结论可为春节期间电力供应保障及相关电力规划设计提供一定的参考。

关键词： 河南省　春节　人口流动　电力需求

河南作为人口大省，春节期间人口流动量大，2019年全国大数据显示，郑州市为2019年全国十大“春节空城”之一，周口、商丘、信阳、南阳被列入全国十大“春节团圆地”。省会城市人口流出，劳动力输出城市返乡，巨大的人口流动对电力需求造成的影响不容小觑。近年来，河南省春节期间

* 杨萌，工学硕士，国网河南省电力公司经济技术研究院高级工程师，研究方向为能源经济与电网规划；杨钦臣，工学硕士，国网河南省电力公司经济技术研究院工程师，研究方向为能源电力供需与电网规划；马任远，经济学硕士，国网河南省电力公司经济技术研究院经济师，研究方向为能源电力经济。

全省日用电量和日用电最大负荷曲线均呈“V”字形：随着春节假期临近，工业企业停工、企事业单位放假、在外务工人员及学生等集中探亲返乡，全省日用电量与日最大负荷持续下降，假期结束后逐步回升。研究分析春节期间人口流动因素对全省用电情况变化影响，对于更好地保障春节期间电力供应具有重要意义。

一 河南省春节期间人口流动情况分析

河南省是劳动力输出大省，春节期间人口流动规模较大。截至2018年底，河南省总人口10906万人，常住人口9605万人，其中农村人口4638万人，占比48.3%。2018年年末，全省农村劳动力转移就业总量2995万人，占农村人口的64.6%，其中省内转移1799万人，省外输出1196万人（见表1）。分地区看，省内周口、商丘、南阳、驻马店、信阳、安阳、开封等农业区劳动力输出较多。从河南外出务工人员省外集中地看，主要集中分布在长三角、珠三角、京津唐等经济发达地区，从省内跨地区就业的务工人员集中地看，主要集中在郑州、洛阳、新乡等地市。因此，返乡潮造成河南省春节期间人口流动规模较大。

表1 2014~2018年河南省转移就业人口情况

年份	总人口（万人）	常住人口（万人）	乡村常住人口（万人）	城镇化率（%）	新增农村劳动力转移就业（万人）	农村劳动力转移就业总量（万人）
2018	10906	9605	4638	51.7	56	2995
2017	10853	9559	4764	50.2	63	2939
2016	10788	9532	4909	48.5	62	2876
2015	10722	9480	5039	46.9	72	2814
2014	10662	9436	5171	45.2	82	2742

资料来源：2014~2017年数据引自《河南统计年鉴（2018）》，2018年数据引自《2018年河南省国民经济和社会发展统计公报》。

郑州市位列“春节十大空城”，春节期间人口流出效应突出。根据《2019年春节出行报告》，2019年1月28日（小年）至2月4日（年三十），国内深圳、北京、上海、广州、东莞、成都、苏州、郑州、杭州、佛山等十个城市人员流出最多，被称为“春节空城”。这充分折射出，郑州作为建设中的国家中心城市和人口大省省会，辐射及吸引外来人员迁居、就业能力正在不断增强，已成为典型的外来人口聚集城市。

河南省多地市入选“春节十大团圆目的地”，返乡人口较为集中。根据《2019年春节出行报告》，2019年1月28日（小年）至2月4日（年三十），三四线城市迎来大批返乡过年的人们。国内周口、阜阳、商丘、茂名、徐州、南充、宿州、黄冈、信阳、南阳等十个城市为人口流入最多的城市，成为“春节十大团圆目的地”。其中，河南省周口、商丘、信阳、南阳等4个城市进入全国前十。

二 河南省春节期间人口流动对电力需求影响分析

春节前后，河南全省用电量总体呈现“V”形态势。全省用电量一般在农历腊月中旬进入下行通道，春节假期间降至低谷，最低点普遍出现在农历大年初一，此后缓慢回升，至农历正月中旬逐步恢复至正常水平。同时春节期间城市和农村间的人口流动，使得全省城乡居民用电分别呈现不同的特征。

（一）河南省春节期间用电整体情况分析

工业用电量占河南全社会用电量的比重在60%以上。春节期间，受工业企业停工、企业事业单位放假等因素影响，河南省整体用电量较日常偏低。2017~2019年，春节假期期间（农历除夕至正月初六）河南省网日均用电量基本维持在7亿~8亿千瓦时，为春节前后全省正常日均用电量的80%左右水平。

1. 2019年春节假期河南省网用电情况分析

2019年春节假期期间（农历除夕至正月初六），河南省网用电量达到54.4亿千瓦时，同比增长13.7%。对比2017～2019年河南春节期间用电量变化情况，2019年全省春节假期用电呈现“V形夹口收窄、V形最低值提高”的新特征。以下两大因素共同推动了河南春节用电这一特征的出现。

一是生活节奏日益加快，春节效应对用电量的影响周期明显缩短。2019年春节，农历腊月二十五后，河南省网日用电量才进入快速下降通道，电量步入下降通道的时间较往年农历腊月中旬推迟了近10天。同时，春节假期后全省用电量迅猛回升，2019年农历正月初七，即春节假期结束第一天便基本回升至节前（农历腊月初）的正常用电水平，较往年提前约一周。整体上看，2019年春节假期对全省用电量影响周期仅持续不足两周，较往年缩短15天以上。其中不乏2019年春节节后气温偏低因素影响，但也从一定程度上反映出，随着工作、生活节奏的日益加快，春节假期对全省用电量的影响周期明显缩短。

二是生活水平日益提高，春节效应对用电量的影响幅度明显减小。2019年春节假期期间，河南省网日均用电量达到7.8亿千瓦时，为节前两周正常日均用电量水平的88%左右，明显高于往年80%左右的水平。2019年春节期间日用电量最低点（农历正月初一）达到6.6亿千瓦时，也高于2017～2018年最低值（见图1）。2019年河南省春节期间日均用电量数据变化，与近年来全省用电结构中工业占比下降、第三产业和居民用电占比上升的变化趋势相互印证，充分反映出河南经济社会发展、城乡电网建设投入的持续加大和新一轮农网改造升级取得了良好成效，全省服务业、居民生活用电需求得到了有效释放。

2. 2019年春节假期河南省网负荷情况分析

2019年春节期间，从河南省网用电负荷曲线上看，除夕和大年初一当天省网最大用电负荷出现在晚间20:00～22:00，较全省冬季典型日最大负荷出现在19:00前后偏晚，与夏季典型日最大负荷出现在白天午间明显不

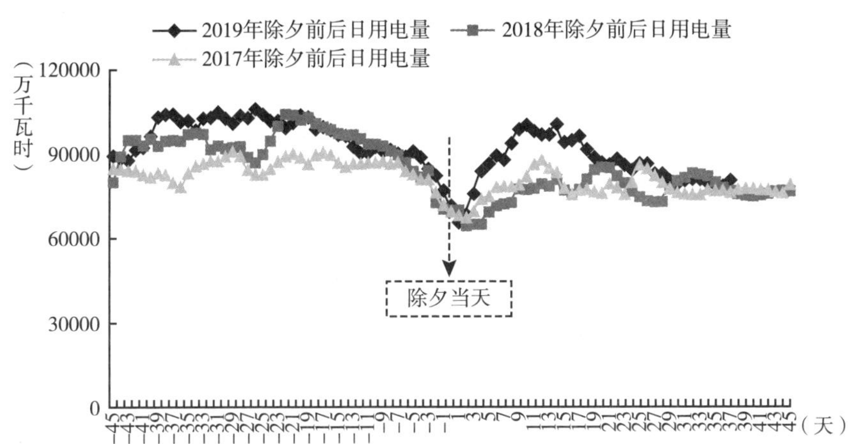

图 1　2017～2019 年除夕前后 45 天河南电网日用电量变化情况

同。除夕和大年初一当天，省网最大用电负荷仅为全省冬季典型日最大负荷的 70%、夏季典型日最大负荷的 63% 左右。用电负荷波动性方面，2019 年除夕和大年初一当天全省日平均负荷率基本保持在 83% 左右，较全省冬季典型日平均负荷率低约 2 个百分点，较夏季典型日低 5～6 个百分点，与春节假期期间全省用电负荷以居民生活用电和服务业用电为主、峰谷特性更加明显的特征相吻合（见图 2）。

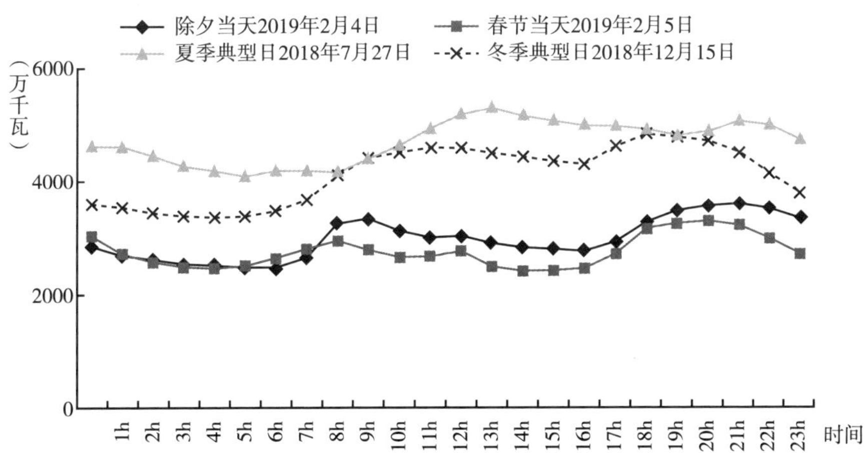

图 2　2019 年除夕、大年初一河南省网用电负荷与夏季、冬季典型日对比

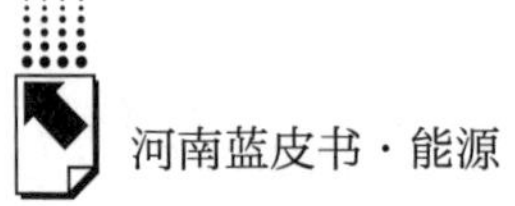

（二）河南省春节期间城乡居民生活用电情况分析

近年来，春节期间河南省城乡居民生活用电保持了迅猛增长。春节假期前后，省内城镇人口以流出居多、农村人口以流入为主，人口流动变化使得全省城市和农村用电呈现不同的特征。

1. 春节期间城镇居民生活用电呈现小“V”形

2019 年春节假期期间，河南省城镇居民生活用电呈小“V”形波动态势。随着春节临近，河南城镇居民逐步返乡过年，全省城镇居民生活日用电量进入下行通道，农历腊月二十五后逐步走低，至农历正月初一降至最低点。此后由农历正月初二开始逐步回升，至农历正月初六全省城镇居民生活用电量基本恢复到节前正常水平。从用电曲线上看，2019 年春节假期期间全省城镇居民日用电量曲线夹口较窄，体现出春节效应对城镇居民生活用电影响周期较短，仅持续 10 天左右（见图 3）。

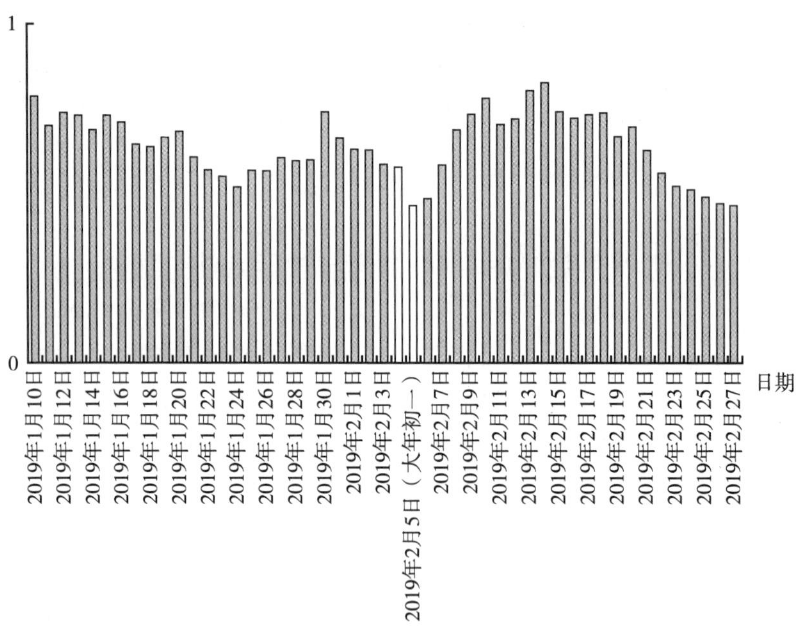

图 3　2019 年河南省除夕前后城镇居民日用电量趋势（按标幺值表示）

2. 春节期间农村居民生活用电曲线呈“倒 U”形

2019 年春节假期期间，河南省农村居民生活用电呈“倒 U”形波动态势。从日用电量曲线看，随着春节临近农村在外务工人员陆续返乡，自农历腊月二十左右开始，全省农村居民生活日用电量开始逐步增长，除夕当天达到小高峰，农历正月初一至初三波动上升，农历正月初四达到峰值此后进入波动下降状态，至农历正月二十一，全省农村居民生活用电基本达到春节节前正常水平。整体上看，春节期间全省农村居民生活用电量大幅增加，且农村春节效应影响周期明显更长，春节前后累计持续近 1 月，远高于城市 10 天左右的周期（见图 4）。

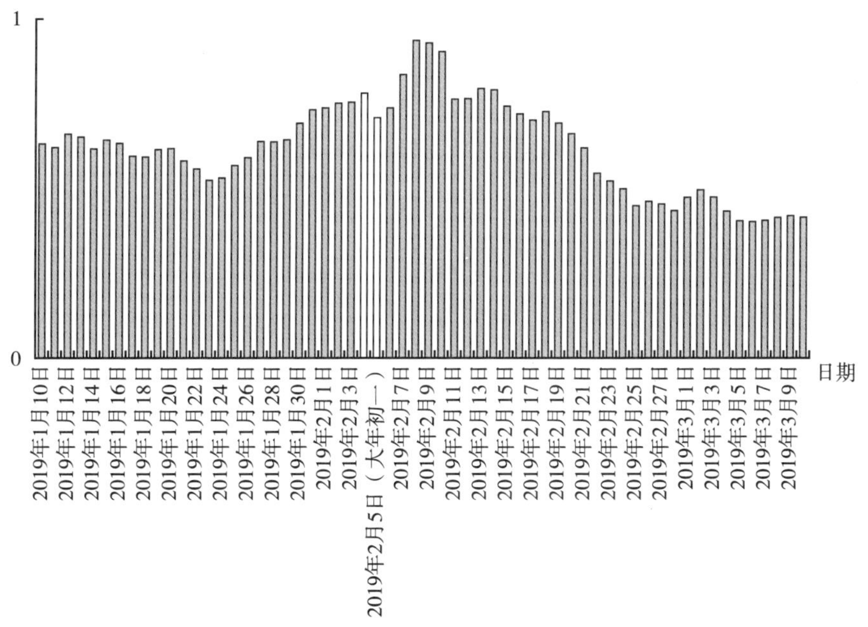

图 4　河南省 2019 年除夕前后农村居民日用电量趋势（按标幺值表示）

三　典型地区春节期间人口流动对电力需求影响分析

为进一步深化春节期间人口流动对电力需求的影响分析，本文选取了春节期间河南省人口流出效应最为突出的郑州市，以及外来务工人员返乡较为集中的周口市，作为典型地区进行对比分析。

（一）郑州市春节期间用电情况分析

郑州市是河南省省会、中国中部地区重要的中心城市、特大城市、国家重要的综合交通枢纽、商贸物流中心、中原城市群中心城市、国家园林城市。下辖6区1县及5个县级市，总面积7446平方公里，建成区面积830.97平方公里。2018年，郑州市常住人口1014万人（见表2），生产总值10143.3亿元，三次产业结构比重为1.4∶43.9∶54.7。2019年春节期间，郑州市人口外流效应突出，被喻为全国“春节十大空城”，全市用电量受春节假期影响较为显著。

表2 近年来郑州市人口及转移就业情况

年份	总人口（万人）	常住人口（万人）	乡村常住人口（万人）	城镇化率（%）	新增农村劳动力转移就业（万人）
2018	—	1014	270	73.4	6.1
2017	782	988	274	72.2	8.0
2016	776	972	282	71.0	9.5
2015	770	957	290	69.7	10.2
2014	760	938	297	68.3	11.4

资料来源：2014～2017年数据引自《河南统计年鉴（2018）》，2018年数据引自《2018年郑州市国民经济和社会发展统计公报》。

1. 郑州市春节期间整体用电情况分析

2017～2019年，郑州市春节假期期间（农历除夕至正月初六）用电量呈现稳步增长态势（见图5），年均同比增长13.9%。2019年，春节假期期间郑州市用电量占全省省网用电总量的11.7%。分析2017～2019年郑州市春节期间用电情况，受春节假期及人口大规模流出因素影响，郑州市春节期间用电呈现两大特征。

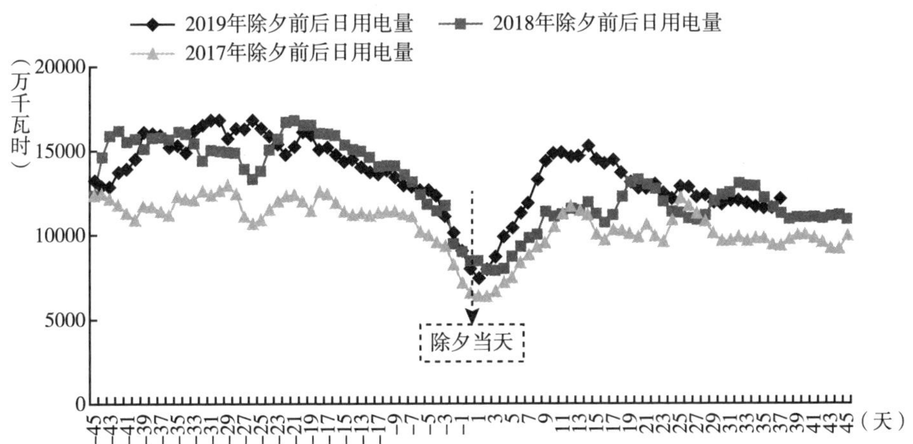

图5　2017～2019年除夕前后45天郑州市省网日用电量情况

春节效应对郑州市用电量的影响周期近1个月，较全省平均更长。2019年春节期间，郑州市省网用电量变化呈现“U”形态势。农历腊月二十前后，郑州市日用电量进入下降通道，正月初一降至最低点，随后缓慢回升，至正月中旬基本恢复至节前（农历腊月初）正常用电水平。总体上看，2019年春节期间郑州市用电量恢复速度较往年更快，春节效应影响周期较往年有所缩短。但从与全省的对比看，郑州市用电量受春节效应影响持续时间近一个月，全高于全省10天左右的影响周期。分析原因，主要由于郑州市外来务工人员返郑、工业企业及建筑业复工较晚等因素影响。

郑州市春节期间用电量大幅下降，降幅远高于全省平均水平。2019年春节假期期间，郑州市日均用电量最低点出现在农历大年初一，不足春节前正常用电水平的一半（见图6）。从日均用电量看，2019年郑州市春节期间日均用电量为春节前正常用电水平的61%左右，远低于全省春节期间为节前正常日均用电88%左右的水平，降幅较全省平均高27个百分点。充分表明郑州作为大型工业城市和“春节十大空城”，春节假期期间用电量降幅远高于全省平均水平。

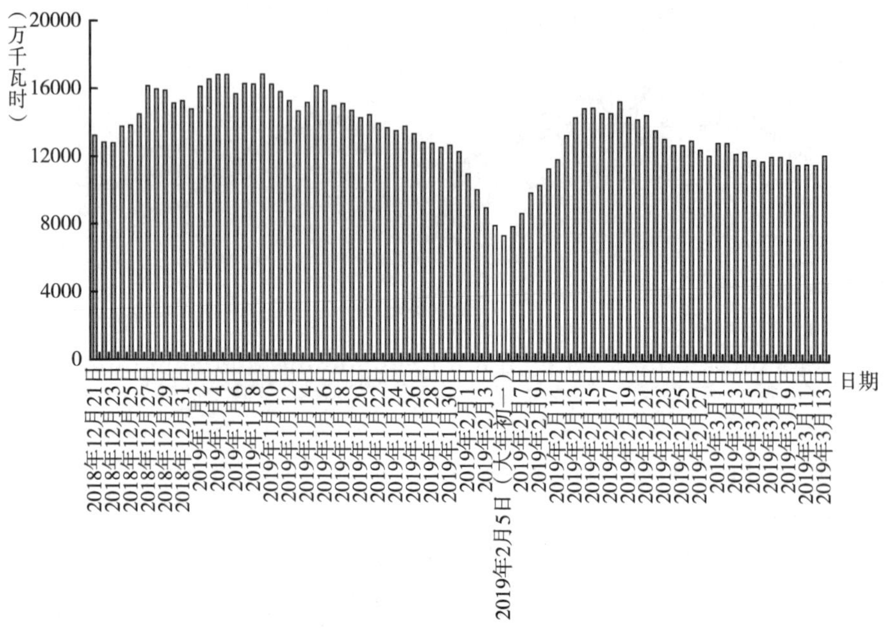

图6　2019 年除夕前后 45 天郑州市日用电量情况

2. 郑州市典型用户春节期间用电分析

郑州市某典型商业台区。郑州典型商业台区春节期间日用电量变化趋势与春节假期郑州地区人口外流趋势相一致。2019 年春节期间，该台区日用电量呈“V”形，农历腊月二十六后台区日用电量开始逐日下降，农历大年初一降至最低，农历正月初六后基本恢复至春节前正常水平（见图 7）。

郑州市某电子装备制造企业。2019 年春节期间，该企业日用电量呈小“U”形。农历腊月二十九当天骤降，春节假期维持在较低水平，假期结束后恢复至节前正常水平（见图 8）。

郑州市某汽车装备制造企业。2019 年春节期间，该企业日用电量呈大“U”形。农历腊月二十三至正月十五元宵节期间，始终维持在较低水平，与企业春节期间停复工时间相吻合（见图 9）。

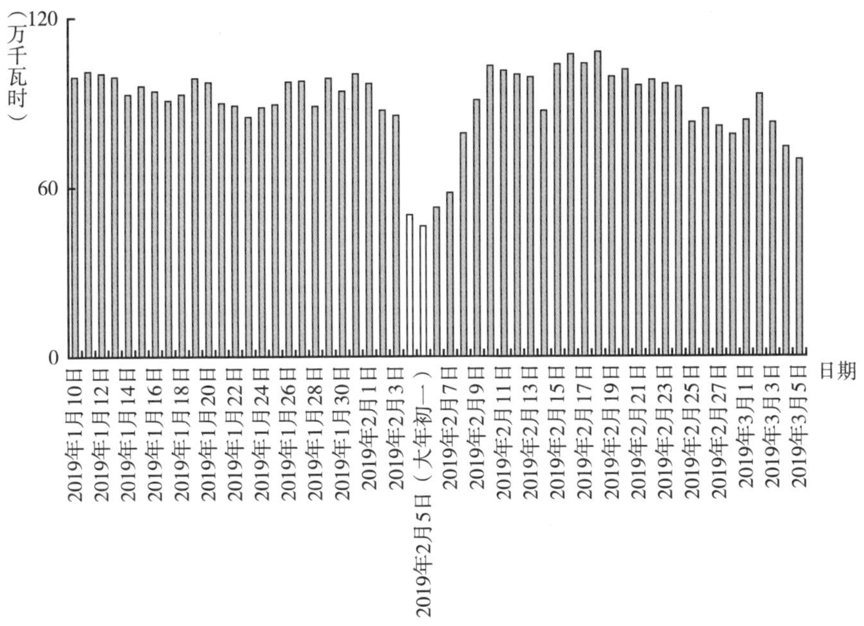

图7　2019 年春节前后郑州市某典型商业台区日用电量情况

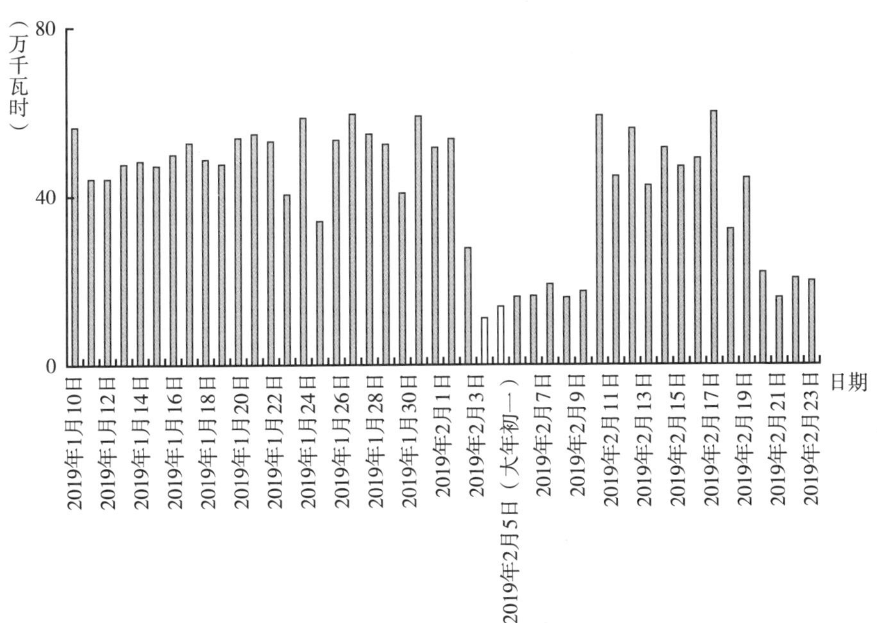

图8　2019 年春节前后郑州某电子装备制造企业日用电量情况

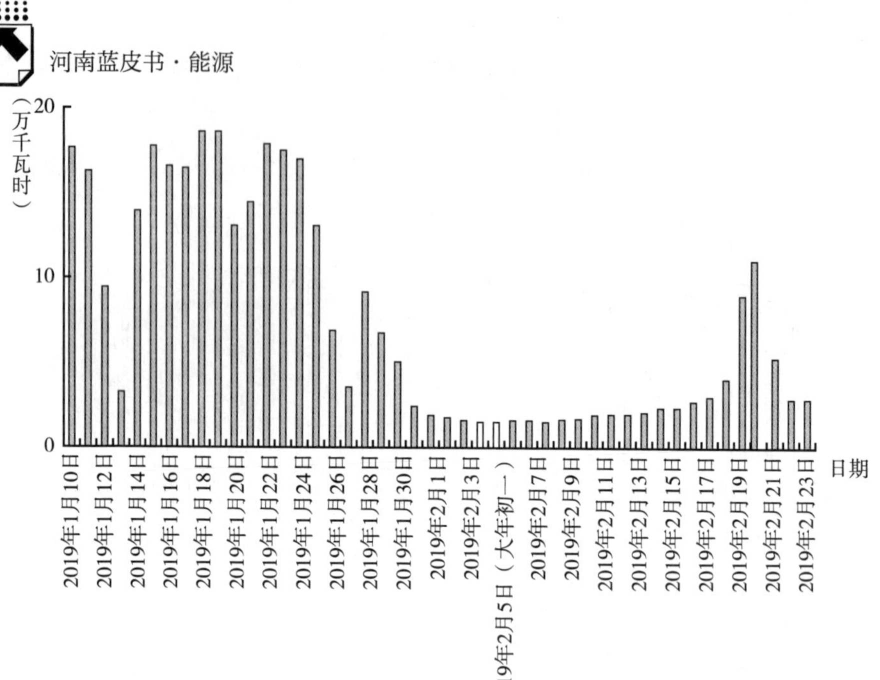

图9　2019 年春节前后郑州某汽车装备制造企业日用电量情况

（二）周口市春节期间用电分析

周口市地处豫中平原，是全国重要的粮、棉、油、肉、烟生产基地，是典型农业大市。下辖 2 区 7 县及 1 个县级市，总面积 11959 平方公里。2018 年，周口市生产总值 2687.2 亿元，三次产业结构比重为 16.7∶45.1∶38.2。周口是河南人口大市和劳务输出大市，2018 年全市总人口 1162 万人，常住人口 868 万人（见表 3），劳务经济已经成为周口经济发展重要组成部分，2019 年春节因外出务工人员返乡规模较大，周口入围国内“春节十大团圆目的地”。

表 3　近年来周口市人口及转移就业情况

年份	总人口（万人）	常住人口（万人）	乡村常住人口（万人）	城镇化率（%）	新增农村劳动力转移就业（万人）
2018	1162	868	496	42.8	6.0
2017	1156	876	515	41.2	5.9
2016	1149	882	534	39.5	9.0
2015	1142	881	547	37.9	10.5
2014	1136	880	561	36.2	10.3

资料来源：2014 ~2017 年数据引自《河南统计年鉴（2018）》，2018 年数据引自《2018 年周口市国民经济和社会发展统计公报》。

1. 周口市春节期间整体用电情况分析

2017～2019年，周口市春节假期期间（农历除夕至正月初六）用电量呈现平稳增长态势（见图10），年均同比增长9.6%。2019年，春节假期期间周口市用电量约为郑州市的40%，仅占全省省网用电总量的4.8%。分析2017～2019年周口市春节期间用电情况，受外出务工人员返乡较为集中影响，周口市春节期间用电呈现两大特征。

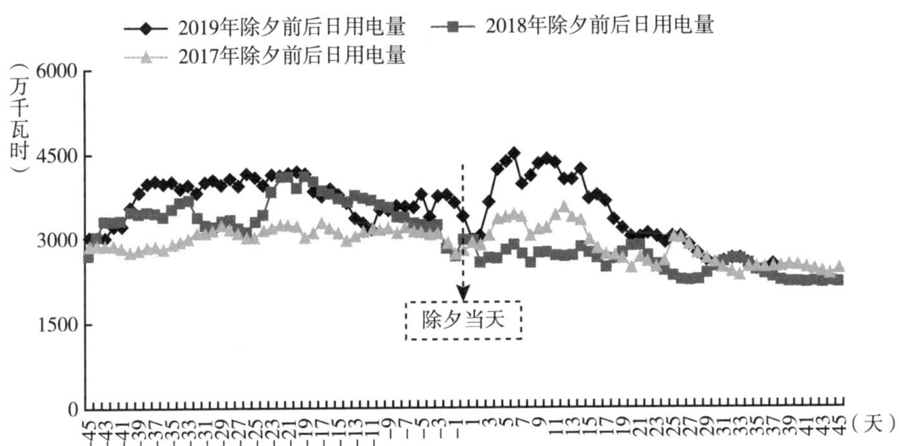

图10　2017～2019年除夕前后45天周口市省网日用电量情况

春节效应对周口市用电量的影响周期达2个月左右，远高于全省平均及郑州。从2017～2019年春节前后日用电量曲线看，周口市日用电量自春节前40天左右开始攀升，此后呈现较为平稳的波动态势，直至农历正月末，用电量出现明显回落，整体呈现“宽口倒U”形。周口市春节前后用电量变化态势，反映出该市典型的外出务工人员返乡过年特征：农村地区外出务工人员自春节前一个月开始陆续返乡，到正月结束才离开家乡，踏上城市打拼的征程，中国传统的“家”“年”情节得到了充分的体现，农业大市“年味儿”更浓。

周口市春节期间用电量相对平稳，整体用电量高于日常平均水平。2019年，受春节效应影响，春节前后共计2个月左右的时间段内，周口市日均用电量较普通冬季典型日提升了20%以上。反映出周口市大量外出务工人员春节期间返乡，家庭团圆过节，用电需求大幅提升。同时，2017～2019年周口市春节期间用电量稳步增长，反映出老百姓生活水平的日益提高，以及近年来河南省城乡电网大规模投资、改造惠及了百姓生活，满足了人民日益增长的美好生活、佳节团圆的用电需要。

2. 周口市典型台区春节期间用电分析

周口市典型居民台区。从选取的典型居民台区用电曲线看，2019年春节期前后该居民台区用电量明显升高，整体曲线呈现显著的“倒U”形。该台区用电量自春节前10天左右开始攀升，农历正月初五达到峰值，至元宵节后，春节效应对用电量的影响基本消除，台区用电量恢复至正常水平（见图11）。

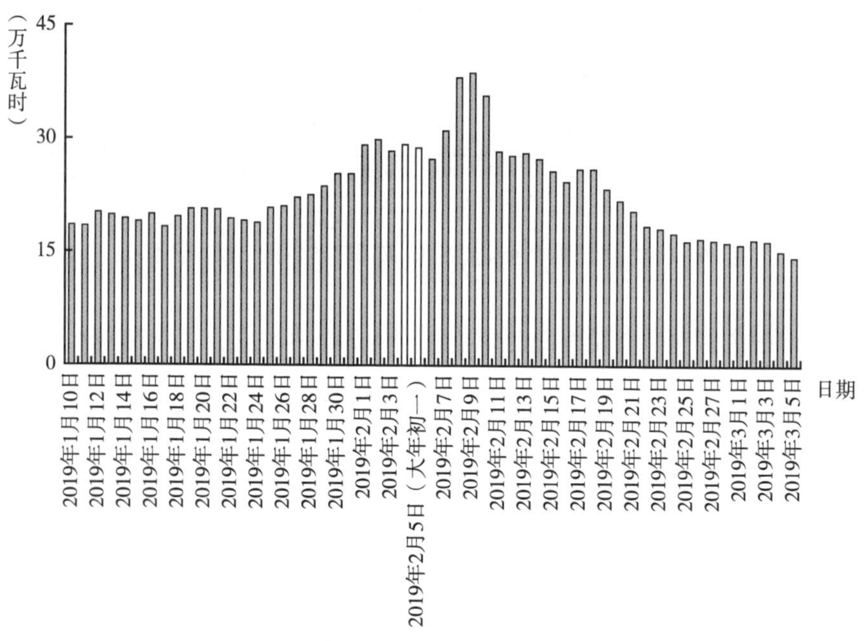

图11 2019年春节前后周口市某典型居民台区日用电量情况

周口市典型商业台区。从选取的周口典型商业台区用电曲线看，2019年春节前后该商业台区用电量呈现不规则波动态势，受返乡人员的消费活动影响，整体用电量明显高于春节后日常水平，与郑州市春节假期期间商业台区用电量呈“V”形形成了鲜明的对比（见图12）。

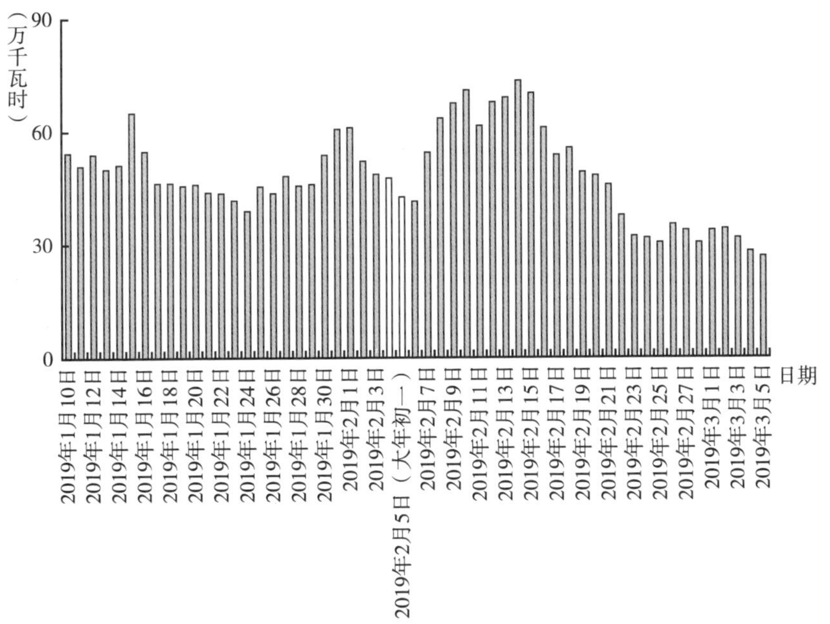

图12　2019年春节前后周口市某典型商业台区日用电量情况

四　结论及建议

（一）结论

河南省是经济、人口大省，劳动力资源丰富。近年来，农村劳动力转移就业总量持续增长，占农村人口的2/3左右，其中省外分布在长三角、珠三角、京津唐等地区，省内分布在郑州、洛阳、新乡等较发达地区。春节效应驱动下，劳动力迁徙带动一系列影响，各行业日用电量相应呈现不同变化。

1\. 河南春节期间用电总体呈“V”形，2019年呈现“V形夹口收窄、V形最低值提高”新趋势

春节前后，河南全省用电量总体呈现“V”形态势，全省用电量一般在

农历腊月中旬进入下行通道，春节假期间降至低谷，最低点普遍出现在农历大年初一，此后缓慢回升，至农历正月中旬逐步恢复至正常水平。整体上看，2019年春节“V”形用电量曲线更为明显，呈现“V形夹口收窄、V形最低值提高”“晚降早升”的新趋势。春节假期对全社会用电量的影响越来越小：随着生活节奏日益加快，春节效应对用电量的影响周期明显缩短，同时人民生活水平日益提高，春节效应对用电量的影响幅度明显减小。

2. 河南春节期间城镇与农村人口流向不同，使得城镇与农村用电变化趋势截然不同

春节前后，城镇居民生活用电呈现小“V”形，农村居民生活用电曲线呈“倒U”形，城镇居民生活用电和乡村居民生活用电春节效应趋势反向。整体上看，2019年春节假期期间全省城镇居民日用电量“V”形曲线夹口较窄，春节效应对城镇居民生活用电影响周期较短，仅持续10天左右，而农村居民用电“倒U”形春节效应前后累计持续近1月，主要原因是省内外出务工人员节前“候鸟”式回乡、节后陆续回城，人口流动变化使得全省城市和农村用电呈现不同的特征。

3. 春节期间，河南省内人口流出和人口流入城市电力需求变化趋势形成鲜明对比，团圆地“年味儿”更浓

春节期间，郑州市人口外流效应突出，被喻为全国“春节十大空城”，全市电力需求受春节假期影响较为突出，呈现显著的“空城”特征。一是春节效应对郑州市用电量的影响周期近1个月，较全省平均更长。2019年春节期间，郑州市省网用电量变化呈现“U”形态势，用电量恢复速度较往年更快，春节效应影响周期较往年有所缩短，但是受外来务工人员返郑、工业企业、建筑业复工较晚等因素影响，郑州市春节效应影响周期仍明显较全省更长。二是郑州市春节期间用电量大幅下降，降幅远高于全省平均水平。2019年春节假期期间，郑州市最低日用电量不足春节前正常水平的一半，日均用电量仅为春节前正常水平的61%左右，降幅较全省平均高27个百分点，现代大城市范初显。

春节期间，周口市外出务工人员返乡较为集中，入围全国“春节十大团圆目的地”，全市电力需求变化与郑州市存在明显差异，农业大市“年味儿”更浓。一是春节效应对周口市用电量的影响周期达2个月左右，远高于全省平均及郑州。主要原因是农村地区外出务工人员自春节前一个月陆续开始返乡，到正月结束才离开家乡。二是周口市春节期间用电量相对平稳，整体用电量高于日常平均水平。原因在于春节期间周口市受工业企业停工影响较小，而大量外出务工人员春节期间返乡，家庭团圆过节，用电需求大幅提升；同时，近年来河南省城乡电网大规模投资改造惠及了百姓生活，满足了人民日益增长的美好生活的用电需要。

（二）建议

引导“填谷”负荷，缓解电网调峰压力。河南电网年最大负荷一般出现在7月、8月，而春季电网负荷处于全年最低的时期，特别是春节当天全省日最大负荷达到最低，电网调峰问题非常突出，建议全省多措并举，开展春节需求侧响应工作、火电机组灵活性改造、加装储能设施等，缓解春季电网调峰困难问题，保障电网安全运行。

投资重心向农网倾斜，增强农网应急保障能力。建议电网投资重心进一步向农网倾斜，加强中心村电网改造升级、“煤改电”清洁取暖、小康电示范县等领域电网投资力度，满足全省经济社会快速发展的用电需要。加强对春节农村用电台区的负荷测控，有效防止台区重过载等问题，备齐备品备件和抢修物资，增强应对雨雪等恶劣天气应急保障能力，确保配网运行稳定安全。

提升用电台区智能监测水平，重点地区重点监控。建议在用电台区加装智能配变终端、在线监测系统，对配变台区运行状态进行监测与评估预警，实现配电台区用电数据的综合监测和实时采集，以及配电设备运行异常的就地判断与报警，及时调整配网运行方式。针对外出务工占比较大地区，提前考虑裕度，重点做好居民用电台区容量校核和规划增容工作。

参考文献

殷子皓:《气温变化对用电负荷影响的分析》,《贵州电力技术》2014 年第 17 期。

黎民等:《民工潮、民工荒与中国农村劳动力的战略转移》,《社会科学战线》2006 年第 3 期。

邵丹等:《考虑春节影响的中期电量预测》,《电机与控制学报》2007 年第 5 期。

调研报告

Investigation Reports

B.17

河南省“煤改电”实施及用户用电情况调查分析

武玉丰　陈　重　金　曼　牛　彪*

摘　要：“煤改电”作为河南助推大气污染防治、实现冬季清洁取暖的重要方式之一。河南省自2017年启动实施居民“煤改电”（电代煤），截至2019年底，全省累计实施近411万户，占“双替代”（电代煤、气代煤）供暖工作总数的93%。本文调查分析了近两年河南省“煤改电”实施效果、政策环境以及“煤改电”技术方式比较，基于河南省大量“煤改电”居民用户用电数据，从供暖期电量、月电量、日电量以及典型项

* 武玉丰，国网河南省电力公司高级工程师，研究方向为电力市场分析；陈重，国网河南省电力公司高级工程师，研究方向为电力市场分析；金曼，管理学硕士，国网河南省电力公司经济技术研究院经济师，研究方向为能源政策与电力市场；牛彪，国网河南省电力公司高级工程师，研究方向为电力市场分析。

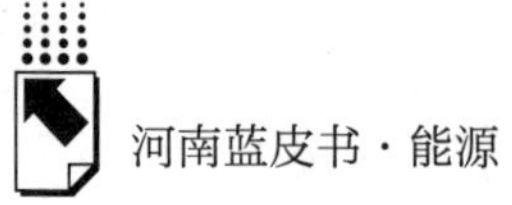

目等多个维度，研究了河南省居民“煤改电”用户用电情况和用电特性，提出了“煤改电”实施面临的问题及相关对策建议，可为河南省进一步推动“煤改电”科学实施提供参考。

关键词： 河南省 “煤改电” “双替代” 技术方式 用户用电分析

习近平总书记在中央财经领导小组第十四次会议中强调，推进北方地区冬季清洁取暖，是能源生产和消费革命、农村生活方式革命的重要内容。居民“煤改电”作为河南助推大气污染防治、实现冬季清洁供暖的重要方式之一，在热力管网覆盖不到的城乡接合部、农村等地区，具有清洁高效、电能利用品质高、运行方式灵活等优势。截至 2019 年底，全省累计完成居民“煤改电”用户近 411 万户，按照户均减少 1 吨供暖散煤，年可减少散煤燃烧约 411 万吨，等效减少二氧化碳排放 750 万吨，减少二氧化硫、氮氧化物、粉尘等污染物排放 234 万吨，环保和社会效益显著。

一 河南“煤改电”政策环境

“煤改电”工作是一项复杂的系统工程，涉及财政支持、价格机制、建筑保温、能源供应等多个环节。为保障“煤改电”用户冬季清洁取暖“用得上、用得起”，河南省级政府主管部门重点出台了支持“煤改电”清洁取暖的价格政策，各地政府也陆续出台了“煤改电”设备购置和电费补贴政策。

省级层面，2017 年，省发改委出台《关于转发〈国家发改委关于印发北方地区清洁供暖价格政策意见的通知〉的通知》，全面推行居民峰谷分时电价政策，每日 22 时至次日 8 时在分档电价的基础上每千瓦时降低 0. 12 元，每日 8 时至 22 时在分档电价的基础上每千瓦时提高 3 分钱。实行供暖期阶梯电价政策，采暖期 4 个月一档电量每月增加 100 度并取消第三档电价。2018 年，进一步完善居民峰谷电价政策，“煤改电”居民用户采暖季低谷时延长 2 小时，调整为每日 20 时至次日 8 时，由居民用户自愿选择。允许电能清洁取暖电量纳入电能替代“打包交易”，给予参与交易的发电企业成交电量 30% 发电量奖励，并依据此政策创新组织开展了居民清洁取暖电量 5 年期挂牌交易，完成交易电量 100 亿千瓦时，针对政府盖章确认“煤改电”居民以 10 月份用电量作为基础生活电量，供暖期每月超过基础电量部分视为取暖电量，每度电降低 0. 15 元。

地市层面，各地市基本均出台了“煤改电”设备补贴政策，但补贴标准不统一，以 2018 年为例，鹤壁设备补贴标准最高为每户 6000 元，漯河、信阳最低为每户 300 元，其余地市在 600 ~ 3500 元。部分地市出台了电费补贴标准，补贴标准为每度电补贴 0. 2 元，最高补贴 3000 度（见表 1）。

表 1　2017 ~ 2018 年河南省各地市“煤改电”政策补贴情况统计

序号	地市	2018 年设备补贴标准	2018 年电价补贴标准	2017 年设备补贴标准	2017 年电价补贴标准
1	郑州	3500 元	0. 2 元(3000 度)	3500 元	0. 2 元(3000 度)
2	开封	分布式 35 元每平方米，分散式 3500 元最高 70%	—	2000 元	0. 3 元(3000 度)
3	洛阳	2000 元	—	2000 元	—
4	平顶山	共计 900 万		3000 元	0. 2 元(1200 度)
5	安阳	4800 元	—	3500 元	0. 2 元(3000 度)
6	鹤壁	6000 元	—	2500 元	0. 2 元(3000 度)
7	新乡	3000 元	0. 2 元(3000 度)	3500 元	0. 2 元(3000 度)
8	焦作	3500 元	—	统一发放取暖设备	0. 4 元(2500 度)
9	许昌	共计 400 万元		下发补贴资金 650 万元	
10	漯河	300 元	—	1750 元	0. 2 元(3000 度)
11	商丘	设备改造和运行补贴比例不低于 50%	—	2800 元	0. 1 元(1500 度)
12	周口	共计 600 万元		2800 元	0.2 元(300 度/月)
13	济源	600 元	0. 2 元(3000 度)	600 元（试点村 1500 元）	0. 2 元(3000 度)

续表

序号	地市	2018 年设备补贴标准	2018 年电价补贴标准	2017 年设备补贴标准	2017 年电价补贴标准
14	驻马店	1000 元		1000 元	0.2 元(1000 度)
15	濮阳	3500 元	—	下发补贴资金 2000 万元	
16	南阳	1750 元	—	1750 元	—
17	三门峡	共计 600 万元		500 元	0.2 元(2500 度)
18	信阳	300 元	—	未出台	

资料来源：调研分析。

二　河南“煤改电”主要技术方式

居民“煤改电”供暖方式主要分为分布式和分散式两种。分布式“煤改电”供暖方式类似市政集中供热，其供暖热源和散热设备分别安装，通过热力管网相连接，适用于具备保温设施的居民住宅小区、办公楼、写字楼、学校、医院和商业综合体等，供暖热源通常由热泵、蓄热电锅炉或二者组合提供，河南冬季清洁取暖实施方案（2018～2021 年）明确提出今后“煤改电”要重点推广分布式电供暖。近两年河南累计发展分布式“煤改电”用户 8.4 万户，占比 3.8%。分散式“煤改电”是指一家一户采用独立的电采暖设备供暖，适用于农村低层居民住宅，供暖热源主要有冷暖空调、空气源热泵（风机）、电油汀、碳晶电暖器、蓄热电暖器等。按热转换模式划分，“煤改电”技术主要有直热、蓄热、热泵三种，运行过程中，不同取暖设备的价格、能耗、用电负荷大小和运行特性差异较大（见表 2）。

表 2　分散式“煤改电”技术

序号	供暖技术	采暖用电功率（每台）	百平方米供暖季理论耗电量	主要用电特点
1	直热类：碳晶电暖器、电油汀、冷暖空调等	1～3kW	6000 度	设备价格便宜，可行为节能，但能耗高

续表

序号	供暖技术	采暖用电功率（每台）	百平方米供暖季理论耗电量	主要用电特点
2	蓄热式：蓄热电锅炉、蓄热电暖器等	6～9kW	6000 度	低谷电价运行成本较低，部分设备停电可继续供暖，但配网要求高
3	热泵类：空气源热泵、空气源热风机等	1.5～4kW	3000 度	能效比高、运行成本低，但价格相对较贵

三　河南省“煤改电”实施情况分析

（一）总体情况

从2017年起，河南省连续两年提出了“双替代”供暖100万户的工作目标，2019年将“双替代”目标任务提高到200万户。截至2019年底，全省累计完成“煤改电”411.0万户，占“双替代”总户数（443.9万户）的92.6%。其中，2017年完成“煤改电”111.15万户，占当年“双替代”户数（122.47万户）的90.76%；2018年完成“煤改电”108.81万户，占当年“双替代”户数（112.42万户）的96.79%，2019年完成“煤改电”191万户，超额完成180万户的年度目标，占全年“双替代”户数（209万户）的91.4%。

（二）分地区情况

分地区来看，大气污染传输通道地市（含济源）和汾渭平原地市共10个地市是河南省“煤改电”实施重点区域，2017～2018年完成148.15万户，占“煤改电”总户数67.35%。其中，安阳地区“煤改电”户数最多，为26.44万户，郑州、新乡地区次之，分别为26.05万户和19.11万户，济源地区“煤改电”户数最少，为3.47万户（见图1）。

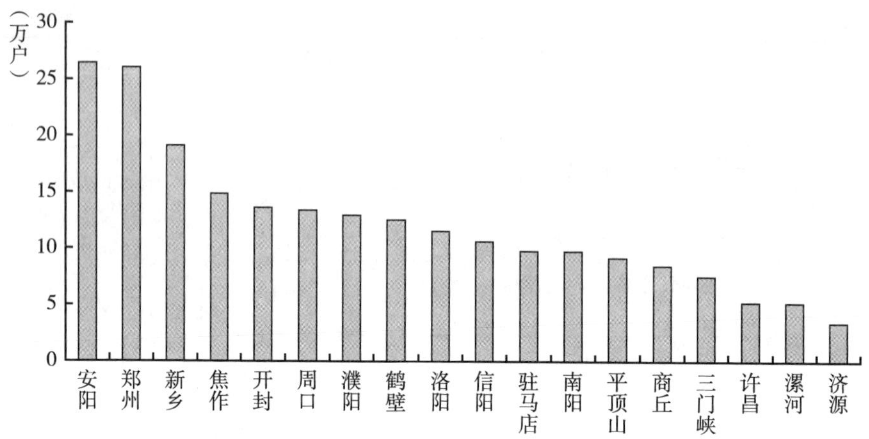

图1　2017～2018年河南省各地区“煤改电”完成户数统计

资料来源：调研分析。

（三）设备利用情况

2017年河南电采暖设备基本以冷暖空调、电油汀、碳晶电暖器为主，分别占当年“煤改电”设备总量的67.1%、32.5%、0.4%。2018年随着除三门峡以外的“7+2”地市列入中央财政支持北方地区冬季清洁取暖试点城市，空气源热风机新型电采暖设备纳入“煤改电”设备补贴或发放范围，冷暖空调、空气源热风机、碳晶电暖器和电油汀分别占2018年“煤改电”设备总量的41.9%、32.3%、25.8%（见图2）。蓄热供暖技术仅在安阳地区试点进行了少量应用。

四　河南省居民“煤改电”用户用电情况调查

本研究调查收集了河南省大量“煤改电”居民用户用电数据，并对相关“煤改电”居民用户用电情况进行多维度大数据分析，以求客观反映河南省“煤改电”用户用电规律和特性。

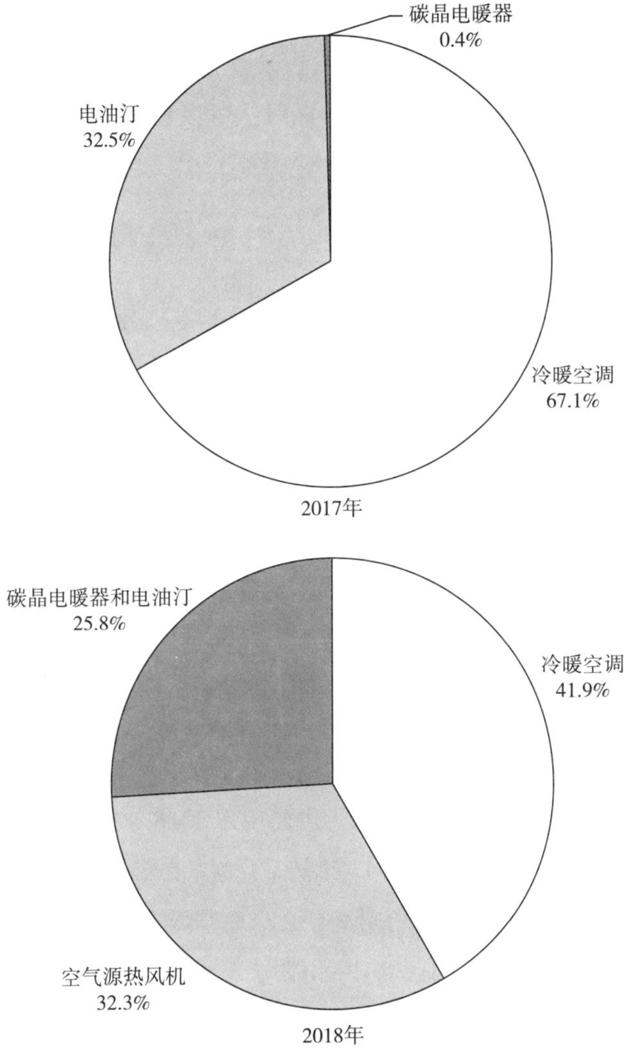

图 2　2017 年和 2018 年河南“煤改电”设备类型构成

资料来源：调研分析。

（一）供暖期电量分析

2016～2018 年，全省“煤改电”居民用户供暖期四个月用电量分别完成 6.96 亿千瓦时、8.55 亿千瓦时、10.45 亿千瓦时，同比分别增长 1.8%、

22.8%、22.2%。剔除供暖期零度户后户均用电量分别为553千瓦时、649千瓦时、785千瓦时。较全省非集中供暖区域居民用户供暖期户均用电量分别高18千瓦时、187千瓦时、255千瓦时。可以看出，2017年“煤改电”实施后，用电量保持了较高的增长水平（见图3）。

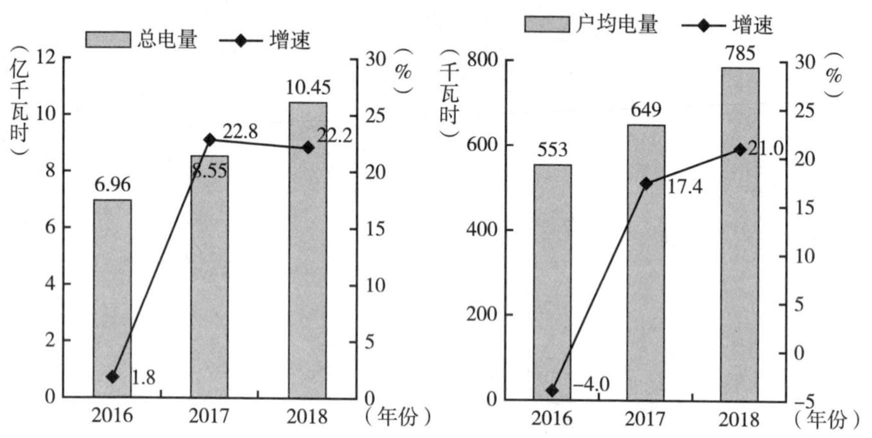

图3　河南省“煤改电”居民2016~2018年供暖期总电量和户均电量趋势

资料来源：调研分析。

分年度看，2017年度“煤改电”居民用户2016~2018年供暖期四个月用电量分别完成3.58亿千瓦时、4.66亿千瓦时、5.25亿千瓦时，同比分别增长2.4%、30.2%、12.7%，剔除零度户后户均用电量分别为588千瓦时、722千瓦时、810千瓦时。2018年度“煤改电”居民用户2016~2018年供暖期四个月用电量分别完成3.38亿千瓦时、3.89亿千瓦时、5.20亿千瓦时，同比分别增长1.2%、15.1%、33.7%，剔除零度户后户均用电量分别为519千瓦时、579千瓦时、761千瓦时。可以看出“煤改电”当年居民户均用电量都较上一年有较明显的提升，而且随着取暖习惯的改变用电量会逐年稳步增加（见图4）。

分地区看，以2018年供暖期四个月“煤改电”用电量为例，用电总量方面，焦作、安阳、开封三个地区用电量最高，分别为1.86亿千瓦时、1.54亿千瓦时、1.00亿千瓦时；许昌、南阳、三门峡三个地区最低，分别

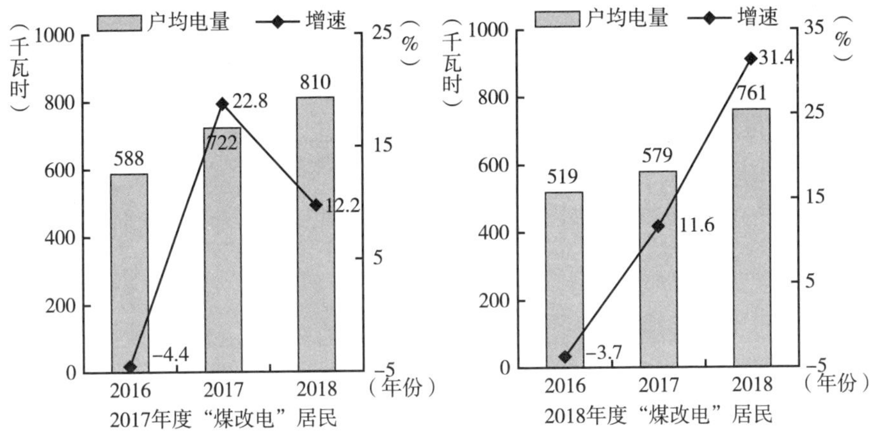

图4 河南省2017年度、2018年度“煤改电”居民2016～2018年供暖期户均电量趋势

资料来源：调研分析。

为0.19亿千瓦时、0.18亿千瓦时、0.16亿千瓦时（见图5）。户均电量方面，济源、开封、焦作三个地区最高，分别为1056千瓦时、993千瓦时、977千瓦时；三门峡、信阳、商丘三个地区最低，分别为572千瓦时、571千瓦时、441千瓦时（见图6）。

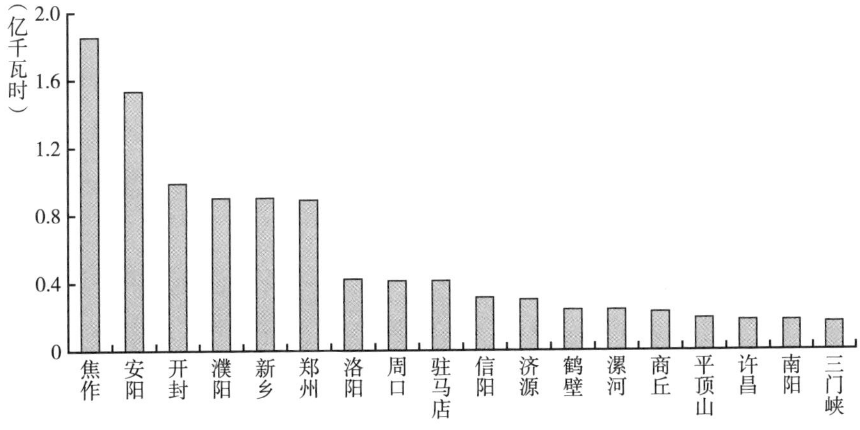

图5 河南省各地区“煤改电”居民2018年供暖期总电量统计

资料来源：调研分析。

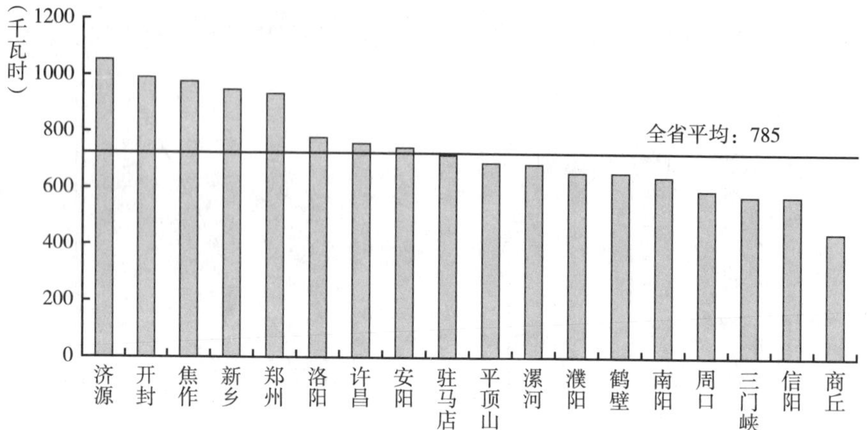

图6 河南省各地区“煤改电”居民2018年供暖期户均电量统计

资料来源：调研分析。

分电量区间看，“煤改电”居民用户2018年供暖期用电量主要集中在1200千瓦时以下，总户数达到116.22万户，占比81.7%，其中，零度户9.15万户，占比6.43%（见图7）。经各地市走访收资和现场调研，“煤改电”用户供暖期电量普遍低于河南省3000千瓦时取暖电量补贴标准，主要有以下四方面原因，一是政府发放或补贴的电采暖设备功率偏低，普遍为2千瓦左右，采暖面积仅满足一间房子取暖需要；二是电采暖设备大部分以直热为主且基本未进行房屋保温改造，取暖能耗偏高且效果较差，百姓舍不得用；三是河南省地处中原极寒天气较少，居民对电采暖设备刚性需求偏弱；四是河南外出务工人员多、加之部分新建居民楼房用户暂未入住、供暖期搬至城区居住等原因零度户偏多。

2017年“煤改电”以来，“煤改电”用户供暖期总电量当年均保持了30%以上增长率，高于全省其他居民供暖期电量15%的平均增长水平，一定程度体现了河南省“煤改电”工作成效。但从“煤改电”户均电量来看，80%以上的“煤改电”用户供暖期电量在1200千瓦时以下，远低于河南省3000千瓦时取暖电量补贴标准，侧面反映了河南省“煤改电”未达到预期的供暖效果。从地域来看，户均用电量高的区域主要集中在豫北和豫中地区。

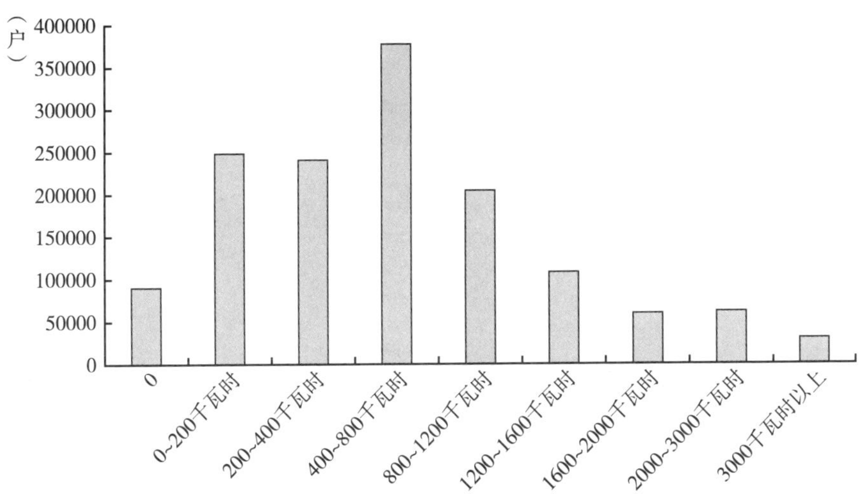

图7　河南省“煤改电”居民2018年供暖期用电量户数分布

资料来源：调研分析。

（二）月维度电量分析

2015～2018年，全省“煤改电”用户分月电量趋势如图8所示，可以看出，11月份用电量增长相对较慢，进入12月份后特别是2017年实施“煤改电”后随着气温的逐步降低用电量大幅增加，1月份电量最高达到11月份用电量的两倍左右，3月份随着气温回暖用电量又大幅下降。供暖期11月份和次年3月份用电量与供暖期前的10月份相比变化不大，反映了供暖期初期和末期因气温较高，“煤改电”用户基本未启用电采暖设备。

分年度看，2017年“煤改电”居民用户2015～2018年分月电量趋势图如图9所示。2018年“煤改电”居民用户2015～2018年分月电量趋势图如图10所示，“煤改电”未改造前年份，电量增长不明显，改造当年电量增长最为明显，改造第二年因上年基数高增幅随之下降。

分月电量占比看，以“煤改电”居民用户2018年供暖期为例，2018年11月至2019年3月电量分别为1.50亿千瓦时、2.63亿千瓦时、3.22亿千瓦时、3.10亿千瓦时、1.56亿千瓦时，占比分别为12.5%、21.9%、

26.8%、25.8%、13%。可以看出用电量主要集中在天气寒冷的12月、1月和2月，占供暖期月份电量的74.5%（见图11）。

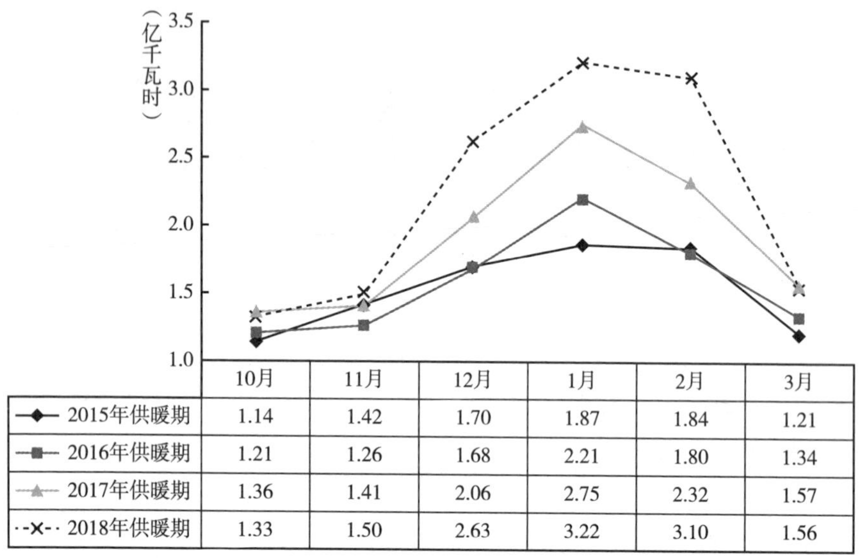

	10月	11月	12月	1月	2月	3月
2015年供暖期	1.14	1.42	1.70	1.87	1.84	1.21
2016年供暖期	1.21	1.26	1.68	2.21	1.80	1.34
2017年供暖期	1.36	1.41	2.06	2.75	2.32	1.57
2018年供暖期	1.33	1.50	2.63	3.22	3.10	1.56

图8 河南省“煤改电”居民2015～2018年供暖期月度电量趋势

资料来源：调研分析。

分月取暖电量看，按照《河南省发展和改革委员会关于落实电能替代打包交易支持居民清洁取暖的复函》（豫发改能源函〔2018〕239号）文件规定，分散式“煤改电”一户一表居民用户以居民10月份用电量作为基础生活电量，供暖期每月超过基础生活电量部分视为取暖电量，取暖电量享受打包交易支持政策的电量不超过3000千瓦时。2018年供暖期享受打包交易支持政策的“煤改电”居民用户取暖电量5.72亿千瓦时，其中11月至次年3月取暖电量分别为0.24亿千瓦时、1.41亿千瓦时、1.99亿千瓦时、1.84亿千瓦时、0.25亿千瓦时。其中，2月份享受打包交易支持政策“煤改电”居民用户最多为104.4万户，剔除零度户，全省仍有近13万户“煤改电”居民每月用电量未超过10月份用电量，此类用户整个供暖期基本未启用电采暖设备；同时供暖期取暖电量超过3000千瓦时有1.48万户，约占全部“煤改电”居民用户的1%，供暖期户均用电量5000千瓦时（见表3）。

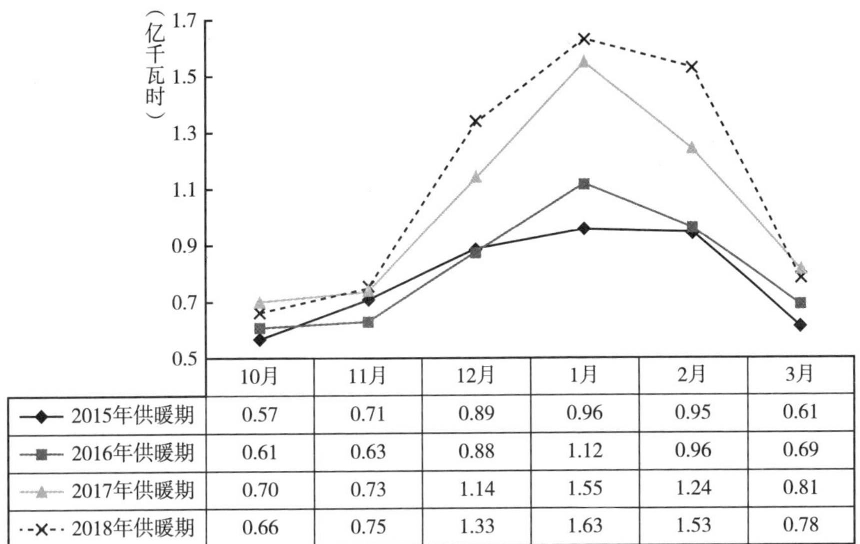

	10月	11月	12月	1月	2月	3月
2015年供暖期	0.57	0.71	0.89	0.96	0.95	0.61
2016年供暖期	0.61	0.63	0.88	1.12	0.96	0.69
2017年供暖期	0.70	0.73	1.14	1.55	1.24	0.81
2018年供暖期	0.66	0.75	1.33	1.63	1.53	0.78

图 9　河南省 2017 年度“煤改电”居民 2015～2018 年供暖期月度电量趋势

资料来源：调研分析。

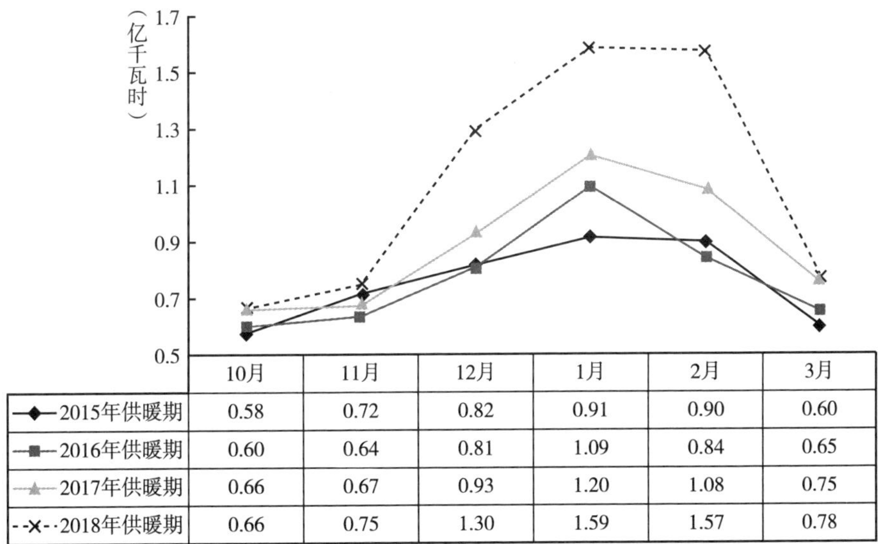

	10月	11月	12月	1月	2月	3月
2015年供暖期	0.58	0.72	0.82	0.91	0.90	0.60
2016年供暖期	0.60	0.64	0.81	1.09	0.84	0.65
2017年供暖期	0.66	0.67	0.93	1.20	1.08	0.75
2018年供暖期	0.66	0.75	1.30	1.59	1.57	0.78

图 10　河南省 2018 年度“煤改电”居民 2015～2018 年供暖期月度电量趋势

资料来源：调研分析。

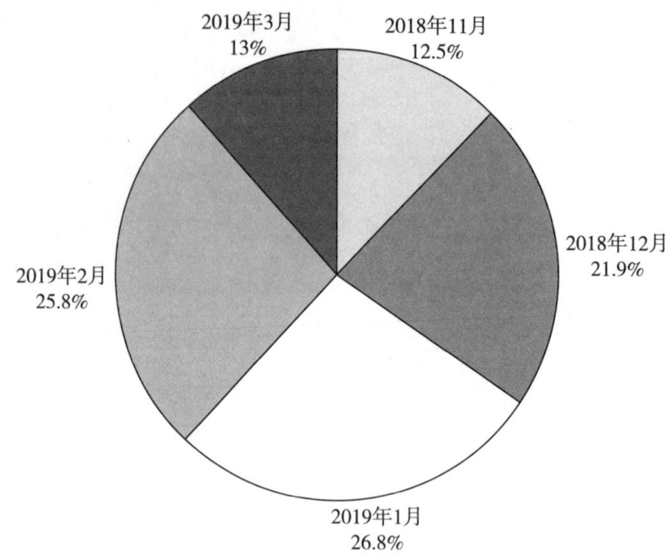

图 11　河南省“煤改电”居民 2018 年供暖期分月用电量占比

资料来源：调研分析。

表 3　河南省 2018 年供暖期分月享受打包交易户数和取暖电量统计

月份	11 月下半月	12 月	1 月	2 月	3 月上半月	合计
享受户数(万户)	72.9	93.3	102.1	104.4	76.1	120.3
享受取暖电量(亿千瓦时)	0.24	1.41	1.99	1.84	0.25	5.72
电量占比(%)	4.2	24.6	34.7	32.1	4.4	100

资料来源：调研分析。

分月来看，供暖期 12 月份、1 月份、2 月份是“煤改电”用户主要取暖月份，11 月份和 3 月份基本无取暖电量，侧面反映了全省以分散式即热即开“煤改电”为主的供暖模式，在气温未达到寒冷条件下基本不启用电采暖设备。

（三）日维度电量分析

2018 年 11 月 15 日至 2019 年 3 月 15 日，全省“煤改电”用户日用电量趋势图如图12所示，可以看出"煤改电"日用电量与最低气温和节假日密切相关，其中春节期间是"煤改电"日用电量最高的时期，若叠加降温因素影响，日用电量更会进一步攀升。大年初四（2月8日），全省"煤改电"日用电量达到最高值1527万千瓦时，户均日用电量为11.5千瓦时。3月15日，全省"煤改电"日用电量最低仅为477万千瓦时，不足日用电量最高值的1/3。

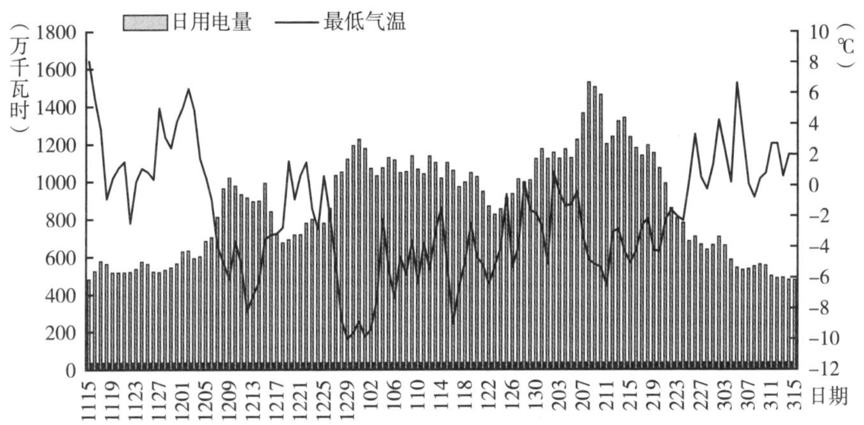

图12　河南省"煤改电"居民2018～2019年供暖期日用电量统计

资料来源：调研分析。

1月份典型月日用电量分析，1月份是河南供暖期天气最寒冷的月份，全省平均最低气温为-4.7℃，也是"煤改电"用户用电量最大的月份，月用电量3.22亿千瓦时。日用电量趋势图如图13所示。

春节期间日电量分析，春节期间大量城市工作人员回乡探亲和农民工返乡，"煤改电"用电量大幅增加，春节期间日用电量趋势图如图14所示，2019年春节期间前三天气温较高，日用电量较低，大年初三开始降温，日用电量逐步增大，大年初四达到最高值。

分地区典型日户均日用电量分析，地区选取代表东西南北中的商丘、三门峡、信阳、安阳、郑州五地市，日期选取2018～2019年供暖期省网用电负荷最高的1月9日和春节期间日电量最高的2月8日。可以看出，户均日

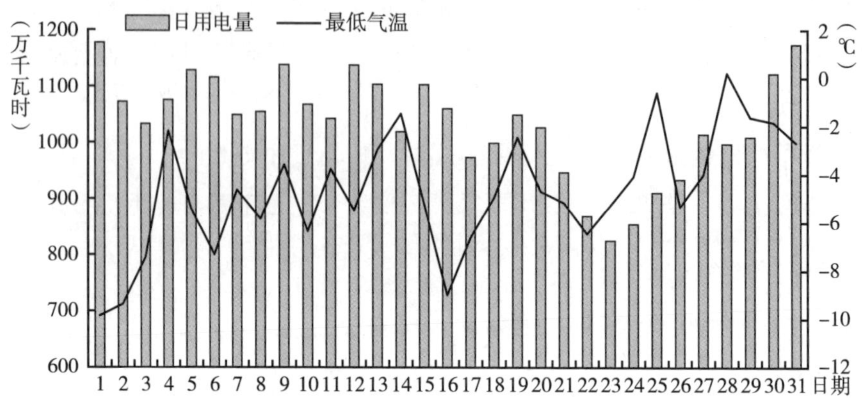

图 13　河南省“煤改电”居民 2019 年 1 月日用电量统计

资料来源：调研分析。

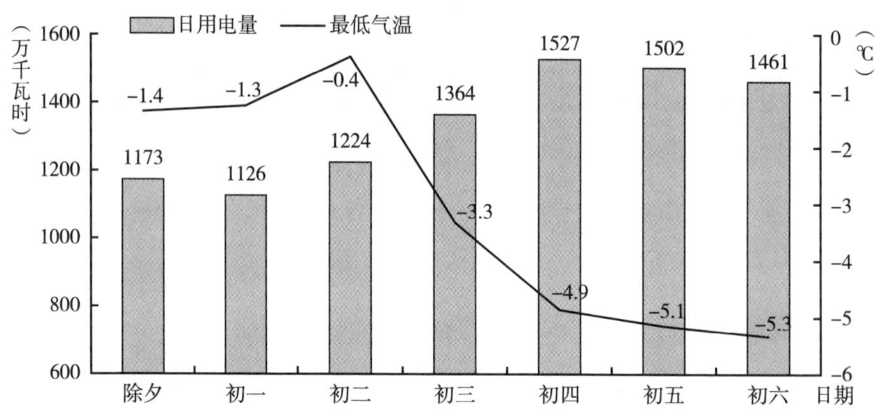

图 14　河南省“煤改电”居民 2019 年春节（2 月 4～10 日）日用电量统计

资料来源：调研分析。

用电量与地域分布、居民生活水平都有一定的关系（见图 15）。

“煤改电”日用电量与最低气温和节假日密切相关，特别是春节期间，受回乡探亲和农民工返乡影响“煤改电”日用电量激增，日最高用电量达到日最低用电量的三倍以上。

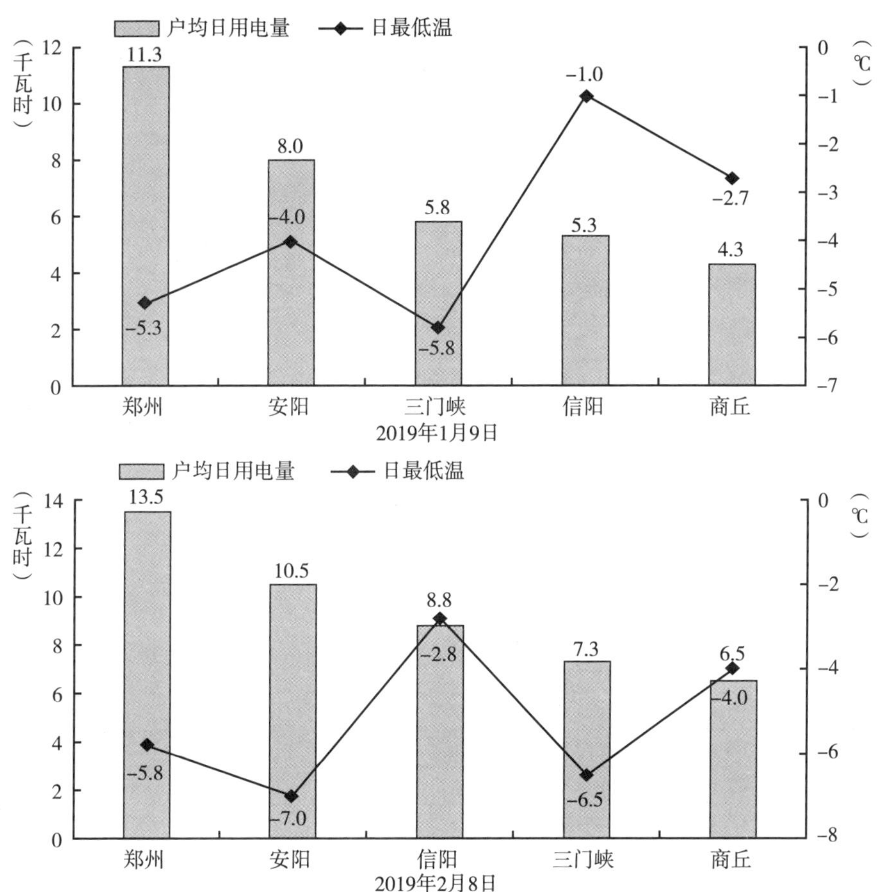

图15　河南省典型日不同区域“煤改电”居民户均日用电量统计

资料来源：调研分析。

（四）典型“煤改电”项目用电分析

本研究调查取样了5个分布式“煤改电”和9个分散式“煤改电”项目进行分析，其中9个分散式“煤改电”项目选取不同区域、不同采暖技术、“煤改电”户数占比相对较高的典型村庄。

整体来看，不论是取暖效果还是“煤改电”电量，分布式“煤改电”项目都要明显好于分散式“煤改电”项目。但目前政府对分布式“煤改电”支持政策方面力度不足，特别是小区居民用户入住率和交费率较低的情况下，社会企业投资难以收回成本，投资运营积极性不高（见表4）。

表4 河南省典型“煤改电”项目统计

序号	类型	煤改电村庄（小区）	地市	采暖技术	总户数（户）	煤改电户数（户）	煤改电户均电量（千瓦时）	变压器总容量（千伏安）	供暖期最大负荷（千瓦）
1	分布式	A1 社区	安阳	相变储能+空气源热泵	378	224	9879	4000	2110
2		A2 社区	安阳	相变储能	274	43	6300	2800	—
3		B1 小区	鹤壁	水源热泵	480	130	5623	1260	368
4		B2 小区	濮阳	工业废水余热热泵供暖	2500	910	2615	5000	1278
5		B3 小区	周口	空气源热泵	824	524	6347	7500	3312
6	分散式	C1 村	郑州	冷暖空调	393	221	771	2200	339
7		C2 村	郑州	冷暖空调	533	428	1143	1115	774
8		C3 村	开封	空气源热风机	600	249	1026	2000	644
9		C4 村	安阳	碳晶电暖器	668	397	920	1515	556
10		C5 村	鹤壁	空气源热风机	162	138	628	680	107
11		C6 村	鹤壁	空气源热风机	326	163	631	1515	202
12		C7 村	焦作	空气源热风机	150	126	909	600	181
13		C8 社区	三门峡	电油汀	475	246	410	3000	187
14		C9 村	信阳	远红外电暖器	2633	2195	683	5890	1915

资料来源：调研分析。

五 主要研究结论

（一）河南省居民“煤改电”推进成效显著

截至2019年底，全省累计完成“煤改电”411.0万户，占“双替代”总户数（443.9万户）的92.6%。2017年“煤改电”以来，“煤改电”用户供暖期总电量当年均保持了30%以上增长率，高于全省其他居民供暖期电量15%的平均增长水平，其中，2018年供暖期全省“煤改电”居民用户用电量 10.5 亿千瓦时，户均用电量 785 千瓦时（剔除 9.15 万户供暖期零度户）；供暖期享受“打包交易”取暖电量 5.7 亿千瓦时，户均取暖电量 450 千瓦时。居民“煤改电”用电供暖后电量增长较为明显，一定程度上体现了河南省“煤改电”工作成效。

（二）河南良好的政策环境为“煤改电”顺利实施提供了坚实保障

省级层面近两年陆续出台了“煤改电”居民峰谷分时电价、非集中供暖区域居民阶梯电价、居民清洁取暖“打包交易”等电价支持政策。各地政府出台了“煤改电”设备购置和电费补贴政策，但补贴标准不统一差异较大，特别是 2018 以来各地补贴政策倾向于“重设备补贴、轻运行补贴”，设备补贴力度有所加强，基本取消了电费补贴政策。

（三）居民取暖电量主要集中在12月到次年1月，负荷高峰集中在晚上18点至22点

月维度来看，12 月份、1 月份、2 月份是“煤改电”用户主要用电取暖月份，取暖电量占整个供暖期的 74.5%，11 月份和 3 月份基本无取暖电量。日维度来看，河南居民“煤改电”日用电量与最低气温和节假日密切相关，其中春节期间是“煤改电”日用电量最高的时期。负荷高峰时段主要集中在晚上 18 点至 22 点，低谷时段除除夕夜外主要集中在 0 点至 6 点，负荷峰谷差大，基本在 70% 左右，取暖负荷不连续。同时，户均日用电量与地域分布、居民生活水平都有一定的关系。

（四）分布式“煤改电”项目实施效果优于分散式

从典型项目分析来看，一方面，电采暖设备大部分以直热为主且基本未进行房屋保温改造，取暖能耗偏高且效果较差，另一方面，分布式“煤改电”项目户均用电量及供暖期最大负荷远高于分散式，因此，不论是取暖效果还是“煤改电”电量，分布式“煤改电”项目都要明显好于分散式“煤改电”项目。

六　加快推动河南省“煤改电”实施的对策建议

（一）建议进一步加大“煤改电”政策支持力度

自2017年实施“煤改电”以来，各地市基本均出台了“煤改电”补贴政策，但补贴标准偏低且不统一，以2018年为例，鹤壁设备补贴标准最高为每户6000元，但漯河、信阳最低为每户300元，特别是基本全部取消了600元的电费运行补贴后，“煤改电”居民用户连续使用电采暖设备意愿低。建议进一步加大居民“煤改电”政策支持力度，出台农村房屋外墙保温简易改造，加大设备、电费补贴等具体配套措施，尽早实现冬季清洁取暖的全面普及。

（二）建议因地制宜推广有效经验

河南省地处中原，极寒天气较少，居民对电采暖设备刚性需求偏弱，居民“煤改电”用户11月份和3月份基本无取暖电量，日用电量与最低气温和节假日密切相关，负荷峰谷差大，取暖负荷不连续。根据河南地域特点和取暖习惯结合实地调研，空气源热风机是目前“煤改电”用户普遍接受取暖效果较好、成本较低的电采暖设备，但设备价格偏高。建议结合河南各地情况，全域推广使用能效高、取暖效果好的空气源热风机等有效经验。

（三）建议积极推广支持分布式“煤改电”项目

分布式“煤改电”符合国家“企业为主、政府推动、居民可承受”的清洁供暖推动方针，从取暖效果看，达到甚至优于市政集中供暖效果，且取暖电量比较稳定。但分布式“煤改电”项目普遍存在前期设备投资大，后期受入住率交费率影响资金回收期长等问题，社会企业参与积极性不强。建议加大对社会企业投资运营分布式“煤改电”项目政策支持力度，通过采取财政补贴、配套费支持、税费减免、金融扶持等综合支持手段，积极引导社会资本参与实施分布式“煤改电”项目。

参考文献

魏胜民、袁凯声主编《河南能源发展报告（2019）》，社会科学文献出版社，2019。

河南省发展改革委：《关于抓紧开展“双替代”“确村确户”工作的通知》，2019 年 8 月 28 日。

河南省发展改革委：《关于建立产业集聚区集中供热及“双替代”工作日调度机制的通知》，2017 年 5 月 5 日。

河南省发展改革委：《关于进一步做好电能替代打包交易支持居民清洁采暖有关工作的通知》，2018 年 3 月 9 日。

河南省发展改革委：《关于做好电能替代用户“集中打包”参与直接交易工作的通知》，2017 年 2 月 23 日。

B.18
河南省重点企业生产经营及用能情况调查分析

杨钦臣　李宗*

摘　要： 重点企业经营发展是河南省经济能源发展的晴雨表、风向标，直接影响着全省能源经济发展质量。近期全省用电量增速波动较大，为深入了解河南省重点企业生产经营及用能情况，开展了本次调查研究。综合考虑河南省产业结构、重点企业规模与发展趋势，采用问卷调查与实地走访相结合，重点选取了全省二十余个行业共 495 家重点企业进行问卷调查，并对其中 16 家进行走访调研，分析了供给侧结构性改革、大气污染治理、中美经贸摩擦对企业经营影响，摸排了重点企业用能情况。调查分析结论对于更好地研判全省经济发展态势、能源转型情况和综合能源业务发展空间具有积极意义。

关键词： 河南省　重点企业　能源经济　能源转型

当前，河南经济已经进入高质量发展新阶段，随着经济发展转型和产业结构调整的持续深入，省内重点企业生产经营面临着更多的机遇和挑战。本次调研全面深入了解全省重点工业用户生产经营、能源替代与单位产值能耗、需求侧响应以及综合能源服务等情况，系统整理最新真实数据与资料，

---

* 杨钦臣，工学硕士，国网河南省电力公司经济技术研究院工程师，研究方向为能源电力供需与电网规划；李宗，经济学硕士，国网河南省电力公司经济技术研究院经济师，研究方向为能源经济与电力市场。

分析影响企业生产经营的主要因素，了解其生产经营及用能情况，对省内传统产业、主导产业及战略性新兴产业都进行了全面细致的梳理分析，并结合调研结果对企业和能源行业都提出了相关建议。

一 河南省重点企业调查概述

河南产业转型步伐不断加快，为及时把握省内企业最新动态，开展本次调查，通过大范围问卷调查与重点聚焦实地走访相结合的方式。先对全省重点企业进行一个初步的摸底，了解外部环境对其生产经营的影响，然后对省内部分地市重点企业进行实地走访，摸排重点企业用能情况，以便更好地研判全省经济发展态势和能源转型情况。

（一）问卷调查情况

问卷调查采取各级供电公司下发方式，覆盖全省 18 个地市，基于省内规上企业名录，选取纺织服装业、电子设备制造业、汽车制造业、食品制造业、有色金属冶炼和压延加工业等 20 余种细分行业。问卷内容主要包括企业基本情况、产销情况、经营情况、需求侧响应、综合能源服务，以及外部环境对企业经营的影响等方面。

调查样本共涉及省内规上重点企业 495 家，其中，调研表填报完整具有分析价值的共 307 家，包括传统产业 77 家、主导产业 141 家、战略性新兴产业 89 家（见表 1）。从调查样本来看，2019 年上半年产销良好的企业比例达 59%，其中，战略性新兴产业和传统产业中产销良好企业比例较高，分别达到 65. 2% 和 64. 9%，反映出当前经济下行压力依然很大（见图 1）。

表 1 调查样本产业分类

产业	调查范围
传统产业	7 个细分行业、共 77 家企业
主导产业	7 个细分行业、共 141 家企业
战略性新兴产业	7 个细分行业、共 89 家企业

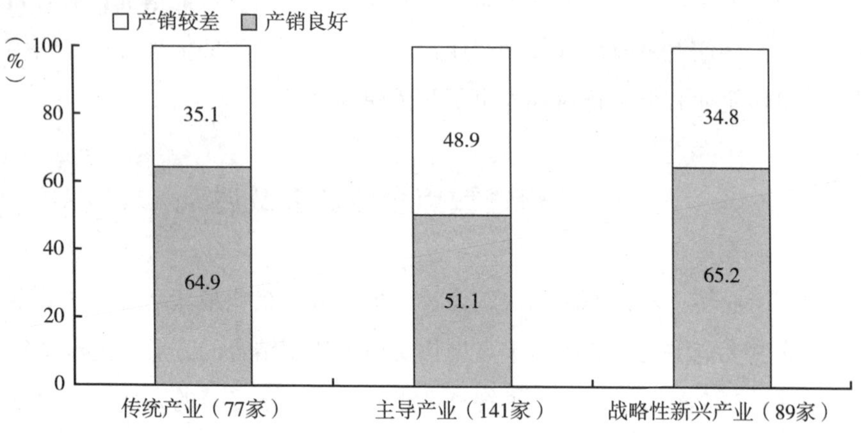

图1　分产业产销情况企业比例

（二）实地走访情况

实地走访调查小组由相关能源研究机构和电力公司专业人员组成，调查选取安阳、焦作、洛阳、郑州四地市16家重点企业进行高密度全方位实地走访调查。调查内容主要围绕全省重点工业用户生产经营、能源替代与单位产值能耗、需求侧响应以及综合能源服务等情况展开。

调查样本共涉及16家企业，其中，主导产业企业4家，传统产业企业11家，战略性新兴产业企业1家。从调查样本来看，企业产品能源成本支出占比较高，省内重点企业已基本完成超低排放改造，对于生产较为稳定的企业，参加电力需求侧响应愿望较为强烈。

二　河南省企业经营影响因素调查分析

近年来，随着河南产业转型升级的逐步深入，省内企业面对复杂的外部环境，经营压力较大。调查主要选取了供给侧结构性改革、大气污染治理，以及中美经贸摩擦等三个因素对企业生产经营的影响程度进行分析。

（一）供给侧结构性改革影响较大且程度不一

供给侧结构性改革对企业生产经营的影响较大。在本次调研企业中，受供给侧结构性改革影响企业共有246家，占比达80%。面对“三去一降一补”，大多数企业能够积极调整库存、淘汰或转移落后产能、升级产业链、优化产品结构，加快转型升级，以更好地适应市场需求。

受影响企业中经营状况良好居多。总体来看，受供给侧结构性改革影响的246家企业中，140家企业产销良好，占比达56.9%。供给侧结构性改革中促进企业自身结构、模式及规模调整的积极影响已经得到体现，调研企业中产业链实现升级、产品结构优化的企业占比较高，占比达35%，落后产能实现淘汰、转移企业共有50家，占比达20.3%（见图2）。

经营状况良好的企业对改革影响更为敏感。对比来看，产销良好企业中有38.6%的企业产业链实现升级、产品结构优化，较产销较差企业中占比高出8.4个百分点；产销良好或较差企业，受用能成本上升因素影响比例基本相同；产销良好企业中将近1/4的企业落后产能实现淘汰、转移，而在产销较差企业中，只有15.1%（见图3）。

传统产业对供给侧结构性改革反应敏锐度小于主导产业及战略性新兴产业。分产业看，主导产业和战略性新兴产业中产业链实现升级、产品结构优化和落后产能实现淘汰、转移企业比例较高，远高于传统产业中的比例（见图4）。

（二）大气污染治理影响广泛且具体

大气污染治理影响较广，政策落地效果明显。为打赢大气污染防治攻坚战，省委省政府出台一系列文件，高标准严要求全方位狠抓环保督查。在本次调研企业中，受大气污染治理影响企业共有259家，占比达84%。

多数企业采取有效举措积极响应大气污染治理。从调研结果看，受大气污染治理影响的259家企业中，产销良好企业、产销较差企业中增加治污设备投入企业比例分别高达54.5%、56.0%，改进生产工艺企业比例分别为

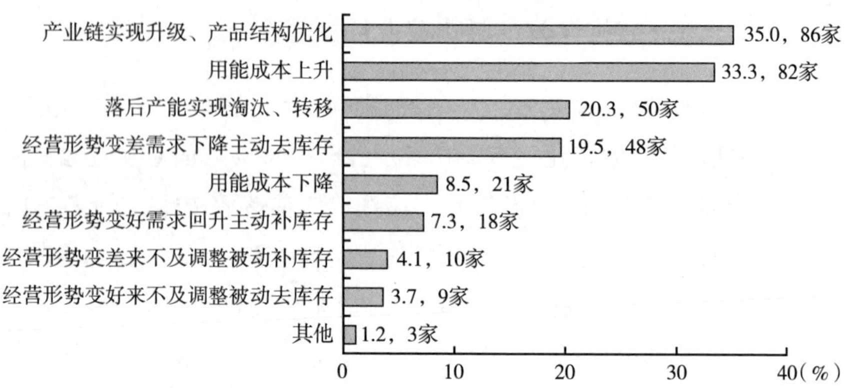

图2　供给侧结构性改革影响

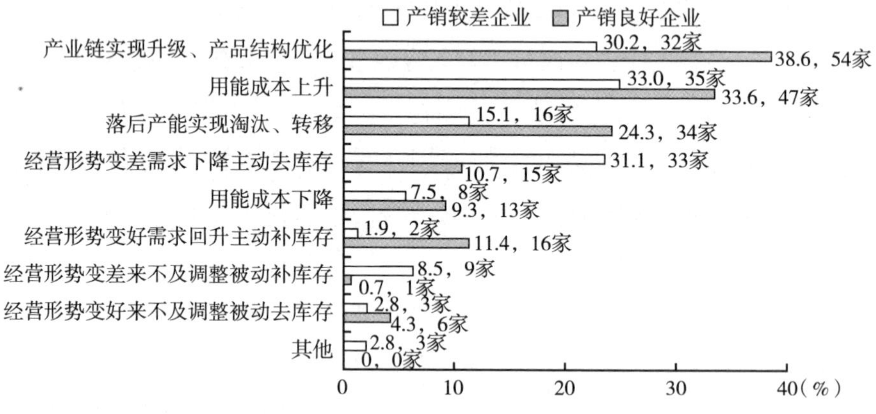

图3　分产销情况供给侧结构性改革影响

37.8%、37.1%，由此可见，增加治污设备投入和改进生产工艺是企业进行污染排放治理的主要措施；另外部分企业还开展了超低排放改造，清洁替代，压减产能、生产进度，挥发性有机物污染治理等举措（见图6）。

部分企业产量直接受大气污染治理影响。本次调研中，受秋冬季停限产影响企业有85家，占比达32.8%（见图5）。

（三）中美经贸摩擦影响较为明显

过半数调研企业受到中美经贸摩擦不同程度的影响。在本次调研企业

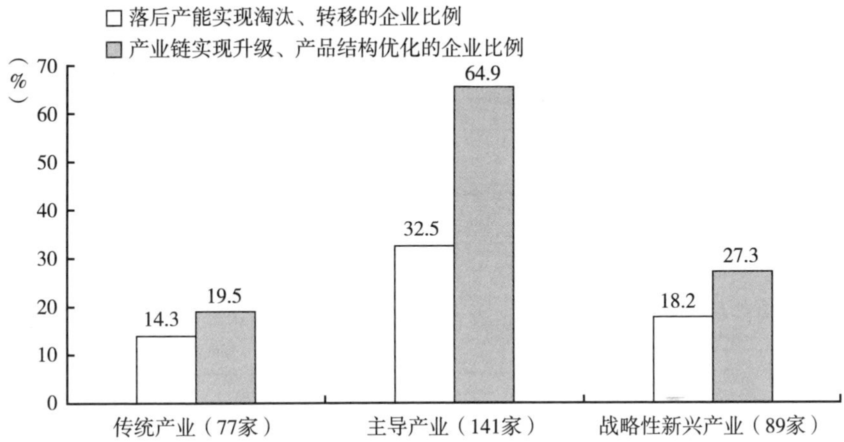

图 4　分产业供给侧结构性改革影响

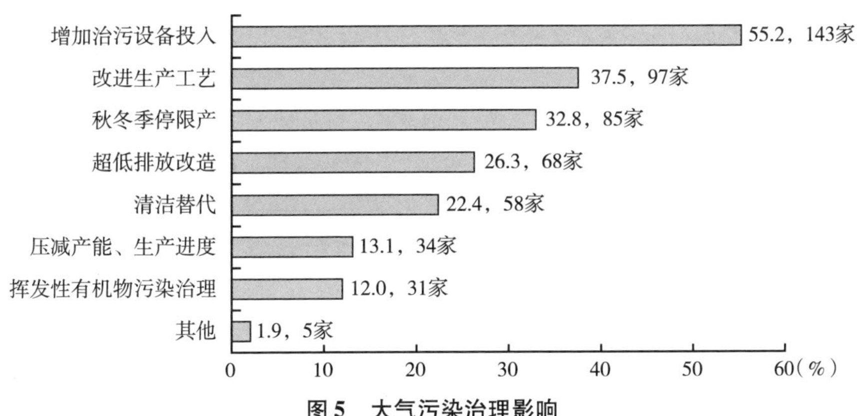

图 5　大气污染治理影响

中，受中美经贸摩擦影响企业有 168 家，占比达 55%，其中 83 家企业产销良好，占比达 49.4%。调查结果显示，有一半以上的企业在中美经贸摩擦中受到了一定影响，主要集中在出口订单减少和利润空间压缩两个方面，占比分别为 37.5% 和 36.9%（见图 7）。

受中美贸易摩擦影响企业主动与被动措施同时存在。受中美贸易摩擦影响的 168 家企业中，有 24.4% 的企业进一步扩大内需；部分企业表现出投资意愿下降，产能闲置、关停，原材料进口受限，被动补库存等一系列被动举措（见图 7）。

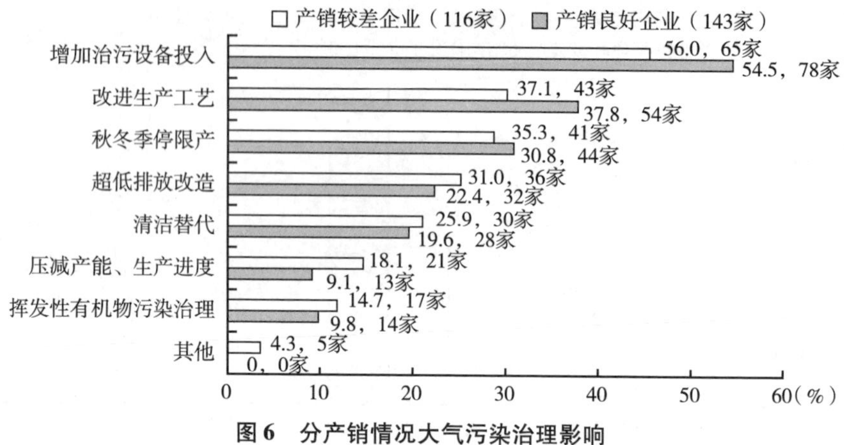

图6　分产销情况大气污染治理影响

产销较差的企业受中美贸易摩擦影响更大。调查结果显示，近一半的企业出口订单减少、利润空间压缩，而在产销良好的企业中，占比均不到1/3（见图8）。

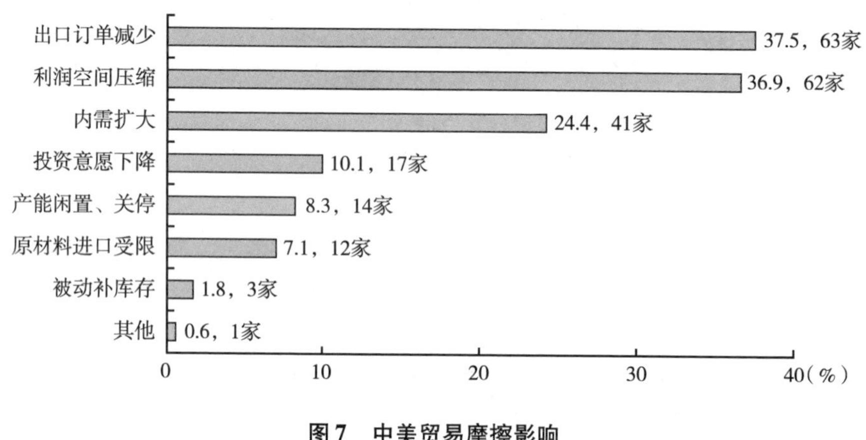

图7　中美贸易摩擦影响

三　河南省重点企业用能情况调查分析

随着能源革命的展开以及“工业4.0”对企业降本增效提出的要求，越来越多的企业开始追求能源结构转型。对于工厂和园区，通过高效、绿色的

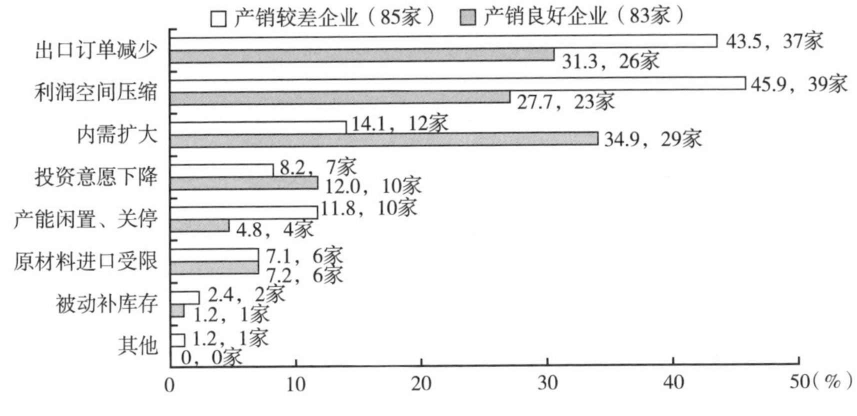

图8　分产销情况中美贸易摩擦影响

能源生产、调配和使用，能够提高能源利用效率、降低运营成本，实现能源结构转型。对能源体系进行重组，提高效率、弹性和数字化程度——面对能源结构转型的基本要求，综合能源管理正当其时。为深入了解河南省重点用能企业的生产经营、能源使用和节能降耗情况，调查选取了河南省 4 个重点工业城市不同产业企业为样本进行调查分析。

（一）企业能源消费以电、气为主

电力和燃气消费是企业能源消费的主体。调查选取的 16 家重点企业，生产线除了使用电力作为传动之外，在产品加热和冬季采暖方面，主要使用天然气。部分含自备电厂的传统高耗能企业消费煤炭的同时，也为生产系统提供电力和热力。例如，新安万基控股集团用煤主要用于自备电厂发电，天然气和自备电厂余热余压余气主要用于电解铝配套产业石墨阴极、碳素阳极生产及铝加工等。另外，部分生产煤制燃气、合成氨、尿素等化肥化工产品企业煤炭消费包括：燃料煤作为锅炉燃料为全厂提供蒸汽热能及动力、原料煤作为生产装置原料使用。

（二）超低排放改造已基本完成

随着河南省大气污染防治攻坚战的深入推进，全省大部分企业已基本完成超低排放改造。调查选取的4家主导产业企业均属于高端制造业、高新技术产业，整体生产流程节能环保，且建有技术先进的废水、废气处理等环保设施。用能以电力、天然气为主，企业生产经营基本不受大气污染防治等因素影响。调查样本中传统高耗能企业在完成超低排放改造的同时，严格执行环保管控政策，例如风神轮胎股份有限公司冬季停限产情况根据大气污染情况而定，红色预警压产20%，橙色压产15%，黄色压产10%。另外，钢铁企业和水泥企业，冬季根据产业结构和企业污染物排放绩效，实施错峰限产措施或实施停产。

（三）电力需求响应企业参与意愿强，但参与规模较小

2018~2019年，河南连续两年实施电力需求侧响应，分别累计削减尖峰负荷32.05、46.13万千瓦，取得了良好的经济和社会效益，但仍面临需求响应规模小、缺乏清晰的市场化实施机制等问题，响应规模远低于年度最大用电负荷3%。调查企业中，大部分企业表示在提前通知的前提下，有较强的意愿参与电力需求响应，最大中断容量占比5%~100%不等。目前，调查企业中仅昊华宇航化工有限责任公司以季节检修的方式参加电力需求侧响应，响应负荷12万千瓦。

（四）综合能源服务市场需求空间较大

企业对能源服务的诉求在于节能减排、降低单位产品能耗，综合能源服务正当其时。调查发现，低能耗、高附加值产业管理较为精细，能耗水平相对较低，节能改进空间相对较小；高耗能企业用能结构相对复杂，综合能源管理难度大。以用户为中心的一站式综合能源服务尚处于探索阶段，市场需求空间较大。目前，省内部分企业积极探索能源管理新模式，例如，郑州日产汽车有限公司与第三方企业合作，采用合同能源管理方式，利用厂区内商品车库房顶棚，建设了分布式光伏发电站，电站投资由第三方完成，郑州日产按照光伏电站年发电量向第三方支付费用，度电电价按照日产直购电电价的80%计算，据了解，该光伏电站年发电量在1000万千瓦时左右，其中

90% 的发电量由厂区自用（除部分中午、节假日发电量外），占厂区年用电量的 20% 左右。

四　调查结论与建议

（一）企业层面，努力实现转型升级高质量发展

本次调研中，产销良好的企业比例并没有占绝对优势，产销较差的企业比例依然较高。虽然企业经营面临的形势依然严峻，但传统产业抓转型、主导产业抓升级、战略性新兴产业抓突破的趋势依然显著。调研结果显示，供给侧结构性改革、大气污染治理，以及中美经贸摩擦等因素对企业生产经营的影响程度广泛且深刻，调研企业中 80% 的企业能够积极应对市场形势，深化产业、产能、产品结构调整，积极调整库存、淘汰或转移落后产能、升级产业链、优化产品结构，加快转型升级，以更好地适应市场需求；84% 的企业通过增加治污设备投入或改进生产工艺进行污染排放治理，提升了产品和服务技术含量，增强了供给有效性和市场竞争力，协同加快推进经济绿色转型。未来外部环境影响将越来越同企业自身驱动力紧密交织，企业应进一步抢抓机遇、加快形成竞争优势，在顺应能源经济变革的过程中，实现自身的高质量发展。

（二）能源需求方面，关注用电结构变化

调研结果显示，由于环保限产、中美经贸摩擦等影响，高耗能工业企业经营效益较差，在电解铝等行业，电力占生产成本的 48% 左右，电力成本直接影响企业的利润空间。同时，由于云南、新疆等西部地区电力成本较低，部分高耗能企业已经逐步向上述地区转移。因此，未来需重点关注河南产业升级带来的用电结构变化。未来河南用电市场需要重点关注第三产业以及居民生活用电的增长。

（三）能源供给方面，关注用电质量的提升

调查中发现，不少企业逐步在生产线应用机器人等新技术，新技术应用

对用电质量提出了更高的要求，例如，在郑州日产汽车企业压骤降导致涂装生产线一次的损失将达数百万元，同时将导致部分工艺机器人需进行程序复位和重新定位查找，将影响生产 40 分钟以上。目前，郑州日产投资了 200 万元，针对部分重要生产设备，加装了电压检测及补偿装置，但受投资经费限制，电能质量不稳定仍然是困扰企业生产经营的主要问题之一，迫切需要相关机构提供专业化服务。随着传统行业转型以及新型产业的壮大，新技术的应用将会越来越广泛，因此，未来需要关注电能质量提升，建议可作为相关市场主体综合能源服务的主要内容。

（四）综合能源服务方面，关注创新管控模式

目前综合能源服务业务拓展方面，普遍存在能力建设不足、管理模式不适应等问题。综合能源服务虽然市场空间大、发展潜力大，但综合能源服务公司目前在规划设计、系统集成、项目实施等方面存在能力不足，公司经营授权不够、管控模式不灵活，市县层面、产业内部、产融之间尚未实现高效协同与合力，抢占市场的反应速度不够。当前，我国南方电网综合能源服务公司已经实现上市，建议其他相关市场主体针对自身业务开展及企业管理存在的问题，开展专题研究，创新管控模式，实现健康发展。

参考文献

国务院：《关于印发打赢蓝天保卫战三年行动计划的通知》（国发〔2018〕22 号），2018 年 6 月。

河南省人民政府：《关于印发河南省 2019 年大气污染防治攻坚战实施方案的通知》（豫环攻坚办〔2019〕25 号），2019 年 2 月。

国家发展改革委、国家能源局：《关于做好 2019 年能源迎峰度夏工作的通知》，2019 年 6 月 18 日。

河南省统计局：《河南省统计年鉴 2018》，中国统计出版社，2018。

B.19

河南省铁塔基站和电动汽车储能及负荷可调节能力调查分析

李桂林　席乐　柴喆　付涵*

摘　要： 近年来，河南省电力消费保持较快的增长速度，同时夏季高温、冬季寒潮等极端天气对用电负荷变化影响日趋明显，部分区域季节性、时段性的电力缺口开始出现，电力供应保障压力不断增大。河南省铁塔基站数量庞大，电动汽车规模快速增大，其参与需求侧响应的潜力巨大。本文详细介绍了全省铁塔基站和电动汽车的发展现状、用电负荷特性，分析了铁塔基站和电动汽车的负荷可调节能力，对其参与需求响应的技术经济性进行了评估，提出现行可行的参与需求响应方案。

关键词： 河南省　铁塔基站　电动汽车　负荷特性　需求响应

2019年，国家发展改革委、国家能源局印发的《关于做好2019年能源迎峰度夏工作的通知》（发改运行〔2019〕1077号）明确要求，提升需求侧调峰能力，充分发挥电能服务商、负荷集成商、售电公司等市场主体资源整合优势，引导和激励电力用户挖掘调峰资源，参与系统调峰，形成占年度

* 李桂林，国网河南省电力公司高级工程师，研究方向为电力市场分析；席乐，国网河南省电力公司高级工程师，研究方向为电力市场分析；柴喆，工学硕士，国网河南省电力公司经济技术研究院工程师，研究方向为能源政策与电力市场；付涵，国网河南省电力公司高级工程师，研究方向为电力市场分析。

最大用电负荷3%左右的需求响应能力。铁塔基站虽然单体容量小但数量庞大，电动汽车虽然单体容量小但未来发展空间大，两者将可形成可观的需求响应潜力储备。基于此，本文开展了河南省铁塔基站和电动汽车调研及电力负荷可调节性研究。

一　河南省铁塔基站及电动汽车发展现状

（一）铁塔基站发展现状

目前，中国铁塔河南公司站址数量已达10.1万个。铁塔基站可以分为宏站、微站，共同构成基站系统。其中，宏站数量较多，在基站中的作用也较为重要。宏站用电设备主要集中在机房，包括通信设备、空调设备、监控及照明系统、内部供电系统、储能备电系统。其中通信设备平均负荷为8千瓦，空调负荷2千瓦（仅在夏季室外温度超过35℃的情况下开启），监控及照明系统、内部供电系统功率非常小，储能设备一次充电后具备备电能力，无须频繁充放，大部分时间处于待机状态。

由于微站没有配置储能作为备用电源，一旦失去外部电源将造成通信中断，不具备需求响应能力，因此本研究主要以宏站为对象开展铁塔基站的可调节负荷能力研究。

（二）电动汽车及充电设施发展现状

2015年河南省电动汽车保有量1.54万辆，截至2019年6月底，全省保有量达到18.12万辆，电动汽车渗透率1.1%（见表1）。其中私家车13.67万辆（占比75.4%）、公交车2.50万辆（占比13.8%）、物流车0.92万辆（占比5.1%）、出租车0.14万辆（占比0.8%）、其他0.88万辆（占比4.9%）（见图1）。自2015年以来全省电动汽车保持快速增长。

表1　河南省电动汽车保有量发展情况

分类	2015 年	2016 年	2017 年	2018 年	2019 年 6 月
保有量(万辆)	1.54	3.03	8.12	15.69	18.12
增量(万辆)	—	1.49	5.09	7.57	—
增长率(%)	—	96.8	168	93.2	—

资料来源：调研分析。

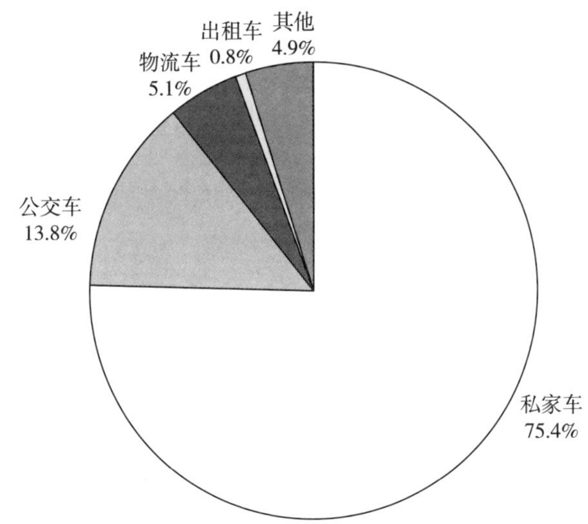

图1　至 2019 年 6 月河南省各类电动汽车占比情况

资料来源：调研分析。

截至 2019 年 6 月底，全省在河南省发改委公示备案的充电基础设施运营商有 169 家，已建成充电桩 2.97 万个，充电站 560 座。

2018 年在河南省电力公司报装的充电站年充电电量 9.37 亿千瓦时，同比增长 69.7%（见图 2）。2019 年 1～6 月充电电量 6.68 亿千瓦时，同比增长 42.8%。随着电动汽车应用范围的扩大和充电设施的增加，充电电量保持快速增长。

（三）电动汽车及充电设施发展趋势展望

根据河南省政府文件中对车辆更新的要求，以及各市政府推广计划，预计

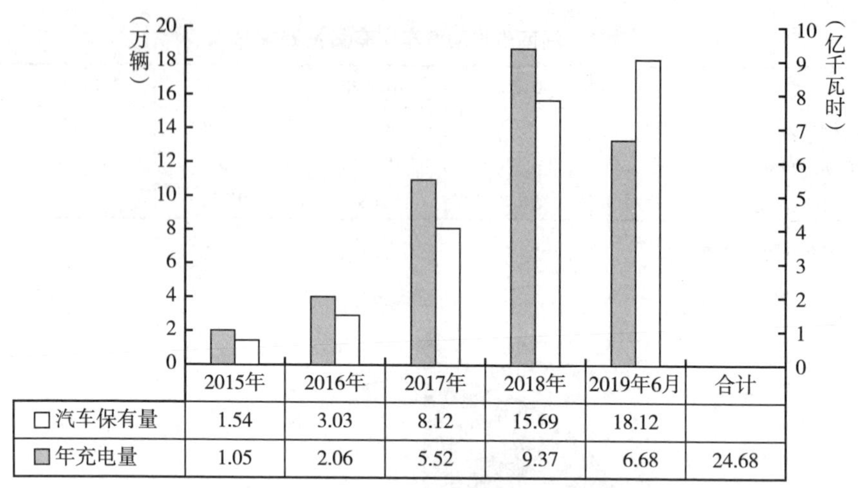

	2015年	2016年	2017年	2018年	2019年6月	合计
□汽车保有量	1.54	3.03	8.12	15.69	18.12	
■年充电量	1.05	2.06	5.52	9.37	6.68	24.68

图 2　2015～2019 年河南省电动汽车充电电量增长情况

全省公交、出租、物流等专业车辆将在 3～5 年内全部更新为电动汽车，渗透率预计达到 100%；根据 2015～2019 年省内电动私家车年均增幅情况，预计 2025 年电动私家车渗透率将达 6.50% 左右。至 2025 年河南省电动汽车保有量预计将达到 226.98 万辆，电动汽车渗透率达到 10.2%，其中私家车 138.82 万辆、公交车 6.90 万辆、物流车 43.43 万辆、出租车 36.59 万辆、其他 1.24 万辆（见表 2）。

表 2　2019～2025 年河南省电动汽车发展规模预测

分类	2019 年(万辆)	2020 年(万辆)	2025 年(万辆)	2020～2025 年均增速(%)
私家车	15.88	22.79	138.82	43.5
公交车	2.59	3.02	6.90	18.0
物流车	2.43	6.36	43.43	46.8
出租车	1.50	4.90	36.59	49.5
其他	0.87	0.92	1.24	6.2
合计	23.26	38.00	226.98	43.0

2019～2025 年，充电设施方面，全省预计将新建专用充电站 4712 座、公共充电站 3487 座、城际充电站 147 座、居民小区充电桩 127 万个，新增充电功率 1836 万千瓦。2025 年全省电动汽车年充电电量可达 250.33 亿千瓦时（见表 3、图 3）。

表3　2019～2025年河南省充电设施充电电量预测

单位：亿千瓦时，%

分类	2019年	2020年	2025年	2020～2025年增速
充电电量	13.47	36.59	250.33	46.9

资料来源：调研分析。

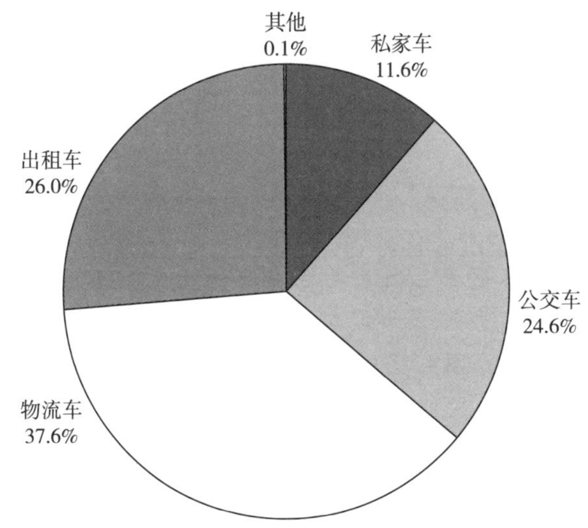

图3　2025年河南省预测各类电动汽车充电电量占比情况

资料来源：调研分析。

二　铁塔基站及电动汽车用电负荷特性分析

铁塔基站和电动汽车的需求响应能力与其负荷特性息息相关，铁塔基站的负荷特性随着季节变化较大，电动汽车充电桩负荷特性与电动汽车的种类、出行特点等具有很大关系。

（一）铁塔基站负荷特性分析

1. 夏季负荷特性分析

夏季宏站机房内温度较高，一般超过35℃，需要启动空调降温，负荷相对其他季节稍高一些，约10千瓦，日负荷曲线如图4所示，其中11:00～14:00和20:00～22:00负荷出现两个小高峰，原因是覆盖区域连接的通信终端较多引起。

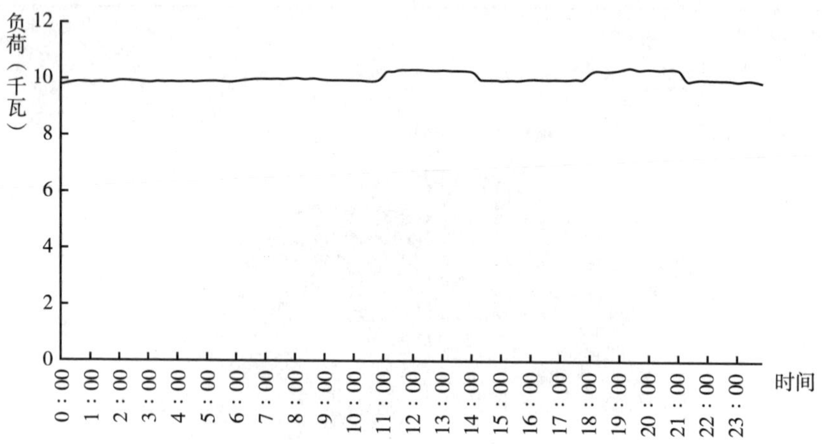

图4 夏季典型宏站日负荷曲线

资料来源：调研分析。

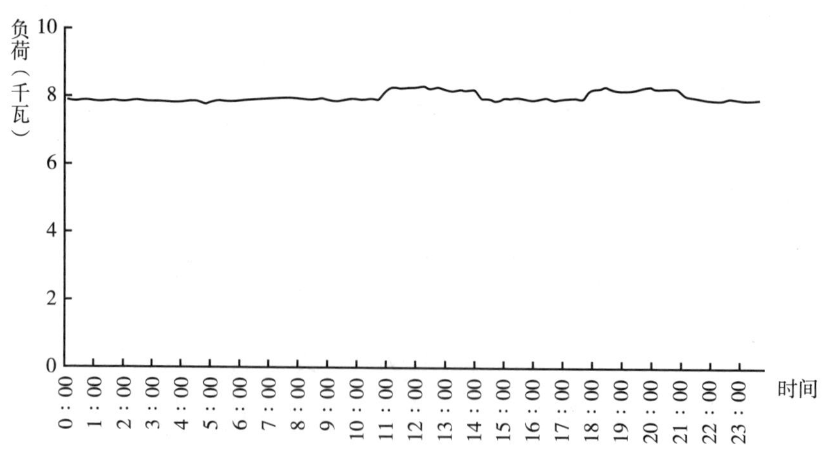

图5 其他季节典型宏站日负荷曲线

资料来源：调研分析。

2. 其他季节负荷特性分析

其他季节由于无须启动空调降温，负荷整体水平较夏季高温天气低一些，约8千瓦，日负荷曲线如图5所示，其中11:00~14:00和20:00~22:00负荷也出现两个小高峰，主要是这两个时段内连接的通信终端较多引起。

（二）电动汽车充电桩负荷特性分析

电动汽车充电桩按充电技术分为直流快充桩与交流慢充桩两类。直流快充桩可在短时间内充至80%左右的电量。选择快速充电的用户群对充电时长要求极高，充电时长直接影响工作效率。其用户群体较为集中，主要为公交车、物流车、出租车、网约车、环卫车、旅游车、公务车、商务车等长时间远距离出行领域车辆。公交车、环卫车、物流车、公务车多有固定停车场，一般建立专用充电站，车辆在专用充电站充电。出租车、网约车出行范围一般都在市区内但行驶目的地极具随机性，多在公共充电站充电。旅游大巴车、公务车、商务车及物流车往返于城市之间，会在城际快充站充电。

慢充交流桩充电功率一般为7千瓦。相对于快充，慢充用户群一般为个人私人用车或单位（企业）备用车辆，对充电时长不敏感，长距离出行需求较低，一般充电频次为1~3天1次。伴随电动汽车不断发展，政府交通管制政策的变化，私人家用电动汽车呈快速增长态势，预计慢充用户在近几年内将呈阶跃式增长并远超快充用户。鉴于慢充用户多为私家车主，用车多为上下班出行，充电场所多为公司/单位或住宅，充电时间及充电地点较为固定，可根据价格、充电设施分布以及新型充电功率控制手段，引导客户有序充电，达到对充电的需求响应目的。

1. 物流车充电站负荷

由于物流车辆出行目的地随机，行驶路线也较为随机，相应的充电地点也是不确定的。除固定的休息时间，其余时间一般都在途行驶。根据图6曲线，晚上充电负荷较大，白天充电负荷没有明显规律。

2. 公交车充电站负荷

城市里的电动公交车一般有固定的行驶路线，每100公里耗电约130千瓦时，日均行驶里程200公里，考虑安全行驶因素，一次充电难于满足一天的运营需求。电动公交车在白天的运营过程中需要至少充电1次，发车时间

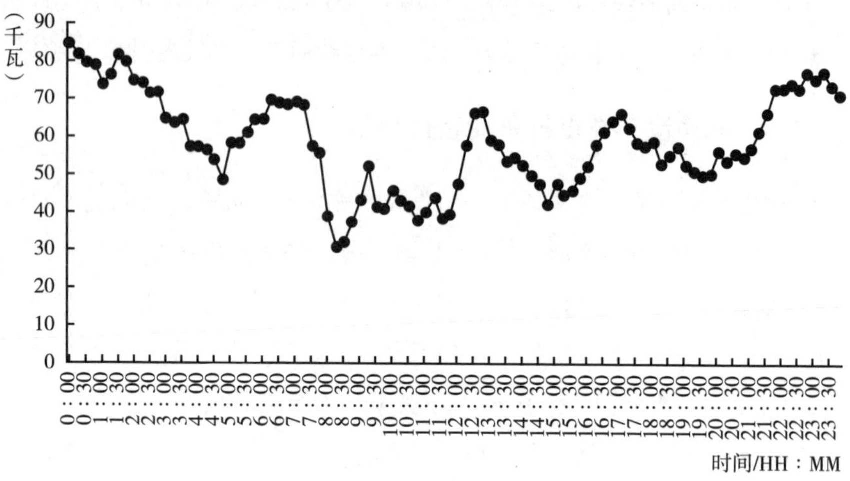

图6　某物流充电站日负荷曲线

资料来源：调研分析。

相对固定，充电高峰期为12:00～13:00，22:00～次日6:00两个时段（见图7）。

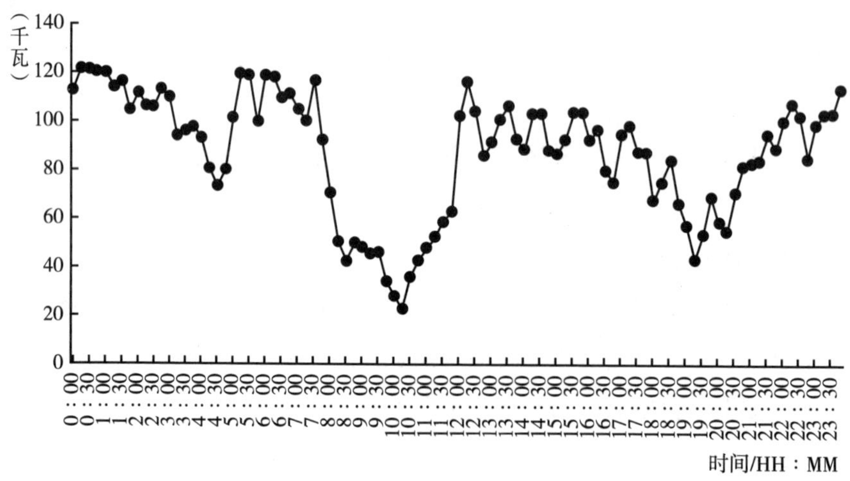

图7　某公交充电站日负荷曲线

资料来源：调研分析。

3. 公共充电站负荷

公共充电站的主要充电对象是出租车、网约车及部分个人车辆，服务对象以出行服务为主，充电时间为到达上班地点之后至下班时间，以及下班回家后至次日早晨上班之前，充电负荷高峰分别出现在12:00～17:00，22:00～次日7:00两个时段（见图8）。

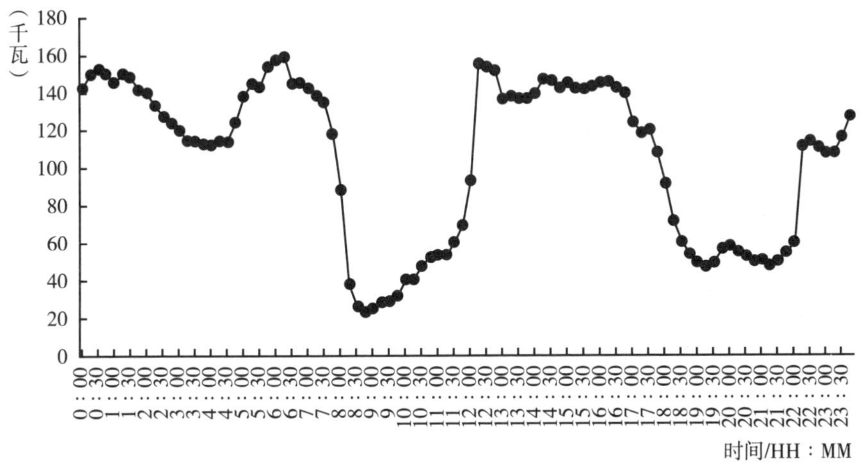

图8 某公共充电站日负荷曲线

资料来源：调研分析。

4. 城际公交站负荷

河南省目前高速公路充电站覆盖面较少，主要集中在京港澳高速与连霍高速沿线。受峰谷电价价差影响及受限于电动汽车充电里程，城际快速充电站夜间充电相对于白天较多但总体充电量较少（见图9）。

5. 居民充电桩充电负荷

私家电动汽车百公里耗电一般在20千瓦时左右，日行驶里程通常不超过50公里，按充电效率90%计算，则其充电需求约11千瓦时。私家电动汽车通常使用7千瓦交流桩充电，日充电时间不到2个小时。电动私家车用户出行主要集中于早晚7:00～9:00、17:00～19:00时段，停车时间出现在晚21:00至上午6点左右，充电负荷高峰出现在20:00～24:00。私家车用

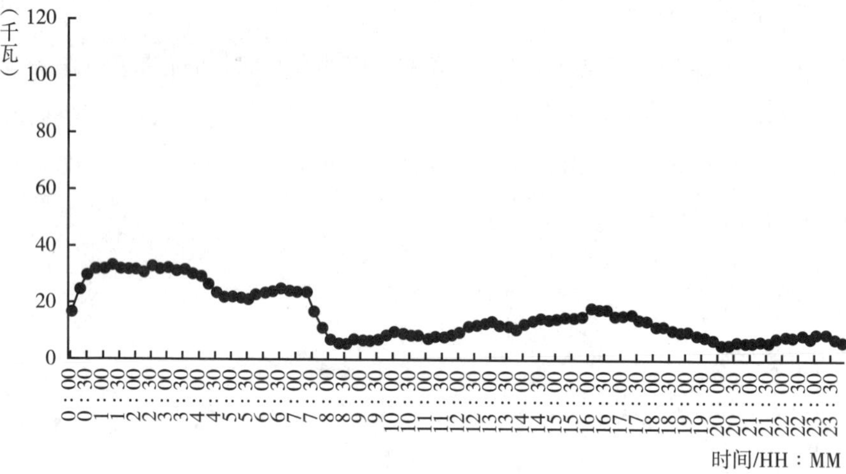

图 9　某城际充电站日负荷曲线

资料来源：调研分析。

户通常会在停车开始时段即 21∶00 开始充电，没有引导的随机充电将显著提升傍晚时段的电力负荷高峰，增大电网峰谷差，对电网运行产生一定的压力（见图 10）。

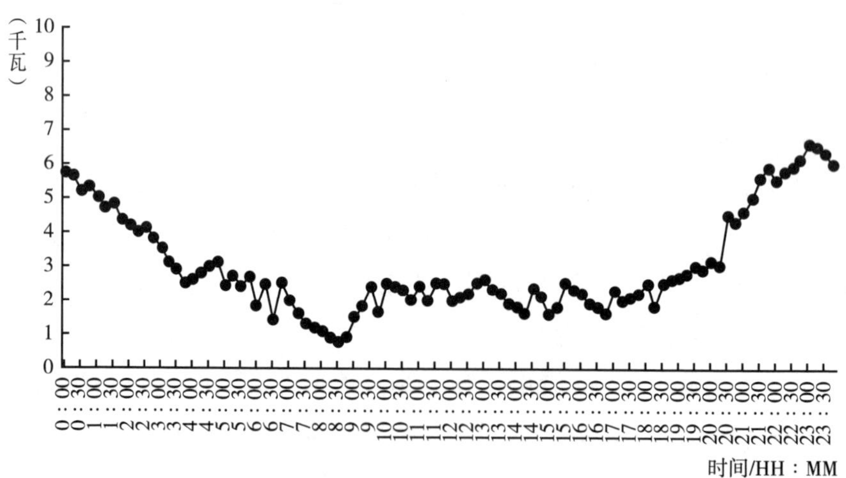

图 10　居民充电桩平均负荷曲线

资料来源：调研分析。

三　铁塔基站及电动汽车用电负荷可调节能力研究

铁塔基站及电动汽车的用电负荷可调节能力受季节、日运行时间、峰谷电价政策等方面因素的影响。合理运用铁塔基站用电特性、采取措施引导电动汽车有序充电，可以实现对电网削峰填谷的作用，优化电网负荷曲线。

（一）铁塔基站用电负荷可调节能力研究

1. 削峰能力

宏站负荷削峰可调节能力主要受季节温度、日运行时间段及储能是否具备向电网反向送电的影响。

季节温度影响。夏季室外温度普遍在35℃以上，宏站需要开启空调散热，除通信设备等基础的较为恒定负荷外，较其他季节增加了空调降温负荷，基站总体可调节负荷能力较其他季节略高2千瓦。

日运行时间段影响。如图4、图5日负荷曲线显示，宏站负荷每日在两个特定时间段分别出现小高峰，若需求响应执行时间位于这两个时间段区间内，基站有一定的需求响应能力，但响应效果不显著。

储能为电网提供功率影响。根据前期调研，铁塔储能系统未实施类似“虚拟电厂”向电网反送电的设计。若要实现反送电则需要将储能加装并网控制系统。据市场调研，每套控制系统约为7万元，但可增加的需求响应量约2.8千瓦，量小经济性差。因此，当前铁塔基站配置的储能系统不具备为电网提供反向负荷支撑的可行性。

2. 填谷能力

经分析，宏站所有设备中仅储能系统具备参与填谷需求响应的可行性。在电网负荷低谷时段，基站储能系统在完成放电后，可按照需求响应要求进行恒功率充电，增加电网侧负荷，宏站平均可增加用电负荷3.1千瓦。

（二）电动汽车用电负荷可调节能力研究

根据物流车充电站、公交车充电站、公共充电站、城际公交站、居民充电桩的日负荷特性曲线显示，物流车充电站负荷高峰出现在22:00~次日7:00，处于电网低谷电价时段，若增大峰谷电价差，可进一步将负荷平移至夜间，减小电网负荷的峰谷差。公交车充电站充电高峰期为12:00~13:00及22:00~次日6:00，公共充电站充电负荷高峰为12:00~17:00及22:00~次日7:00，部分充电时间与电网高峰负荷时段重合，两种充电站均有固定的运营单位管理。电动私家车停车时间较长但实际充电时间较短，尤其在负荷低谷时段（0:00~次日8:00）有相当比例的电动汽车处于非充电的停车状态，具有较高需求响应调节潜力。

根据对用户出行调研，物流车充电站负荷没有明显规律，可调节负荷有限；城际充电站多用于长距离行驶车辆的应急补电，且目前城际充电站整体负荷较低，因此物流车和城际充电站均不适宜参与需求响应。公交车充电站因公交车充电需满足行驶规定，时间上不具备参与需求响应条件。

公共充电站和居民充电桩具有参与电力需求响应的条件和潜力。公共充电站和居民充电桩参与需求响应前后的对比如图11所示，可以看出，公共充电站和居民充电桩参与需求响应后具有显著的削峰填谷效果。

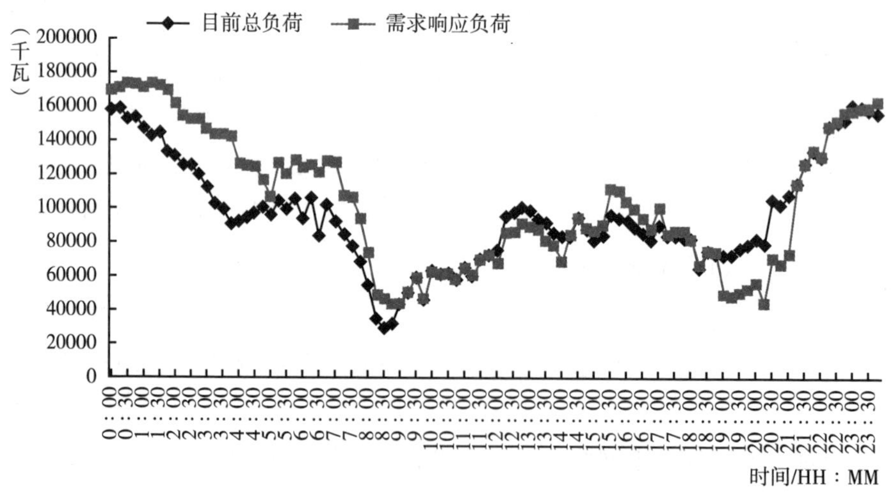

图11　某区域公共充电站、居民充电桩参与需求响应前后对比

资料来源：调研分析。

四 参与电力需求响应技术经济性评估

河南省铁塔基站及电动汽车数量大，且具有广阔的发展空间。对其参与电力需求响应的技术经济性进行评估，评价其参与实施的可能性。

（一）参与电力需求响应方式研究

1. 铁塔基站参与方式

（1）削峰调节

在电网负荷高峰期，宏站参与削峰响应调节，可断开外部电源，由储能系统为基站提供电力保障。

具体实现方式如下：由电网公司地区调控中心向交流配电柜进线端开关下达外部电源断开指令，开关动作切断宏站供电，同时通过控制单元投入储能系统，保障宏站通信功能正常。由于目前铁塔宏站交流配电柜进线端开关均不具备远程遥控功能，需要实施改造后才能实现远方控制。

（2）填谷调节

在电网负荷低谷期，宏站参与填谷响应调节，由储能系统实施充电过程。

具体实现方式如下：在启动填谷需求响应前，根据邀约信息，宏站提前断开外部电源，通过储能系统为基站供电，实施储能系统放电操作。当储能系统放电结束后再投入外部电源，储能暂不充电，待需求响应执行时实施充电过程。由于在放电结束至需求响应启动前这一期间，对储能系统需实施不启动充电的控制策略，目前铁塔基站现有设备配置无法实现，需要对开关电源进行智能化改造。

2. 电动汽车参与方式

（1）削峰调节

刚性负荷调节。刚性负荷调节为直接切断充电站总电源，充电站暂停运行。

柔性负荷调节。柔性负荷调节为通过降低充电桩功率，按需量参与需求响应。参与柔性负荷调节的充电桩在充电时有两种模式：一是减少充电桩充电个数，根据参与需求响应负荷的比例，测算充电桩充电个数，关闭多余充电桩；二是在不减少充电桩充电个数的情况下，降低各个充电桩的功率，根据参与需求响应负荷的比例，合理降低各个充电桩的功率。

根据公共充电站及居民充电桩等类型充电设施负荷曲线图，参考河南省电力需求响应时间段（午高峰10：00～14：00；晚高峰18：00～22：00），公共充电站宜在12：00～14：00参与削峰调节，居民充电桩宜在19：00～22：00参与削峰调节。

（2）填谷调节

利用峰谷电价政策引导充电桩服务商、电动汽车用户在电网谷段进行充电。公共充电站在电网谷段0：00～8：00平均负荷为100千瓦左右，其充电站容量一般为630千瓦，参与电网填谷潜力巨大，详见图8，此时段利用价格机制鼓励充电运营商引导电动车用户尽可能多的充电。

根据用户出行特性，多为19：00下班后开始充电，充电至次日7：00，详见图10居民充电桩负荷曲线，可结合居民峰谷电价采用有序充电技术，尽量将在其他时段的充电负荷移至在0：00～8：00时段进行填谷。

（二）技术经济性分析

1. 铁塔基站参与需求响应的技术经济性

影响宏站参与需求响应实施的成本因素主要包括：技改成本、人工成本、能源损耗成本。具体因素构成详见表4。

技改成本分析。宏站参与需求响应的削峰和填谷方式需要分别在交流配电柜进线端和开关电源处加装智能开关，并通过系统控制改造实现对两个智能开关的操作控制。一个宏站的两个开关改造综合成本约为500元，一套控制改造成本约100元。

人工成本分析。主要来自实施需求响应涉及的施工改造劳动力成本及需求响应期间的人力投入。

能源损耗成本分析。目前铁塔基站用电基本上不执行峰谷分时电价，储能电池本身充放电存在能量衰减特性，所以在实施削峰及填谷响应过程中，会损失部分电能。

表 4 成本因素构成

序号	成本类型	成本因素
1	技改成本	硬件、网络、场地、软件等
2	人工成本	实施成本
3	能源损耗成本	调峰填谷能源转换过程中产生的能源损耗

资料来源：调研分析。

成本模型为：$C=\sum_{m=1}^{n}(Xm+\varphi\times Ym)+L+E$。

C 为需求响应成本；Xm 为设备购置费；Ym 为系统控制改造费用；φ 为系统控制改造费用系数；m 为设备数量，从 1 到 n；L 为人工成本；E 为能源损耗成本。

收益模型：客户侧实施需求响应主要收益来自补贴，$R=P\times p$。

R 为需求响应收益，P 为需求响应负荷量，p 为补贴价格。

盈亏平衡点模型：$pBEP=\left[\sum_{m=1}^{n}(Xm+\varphi\times Ym)+L+E\right]/P$。

同大多数用户一样，铁塔公司在获取一定收益的情况下参与需求响应的积极性较高，按照投资期望回收期不高于 6 年测算，参与电力需求补贴价格为 4～5 元/千瓦·次。

2. 电动汽车参与需求响应的技术经济性

电动汽车充电需求与出行需求在时间上是分离的，对电动汽车充电策略调整并不会影响用户的出行行为。电动汽车负荷参与需求响应的成本与用户行为的改变程度有很大关系，即提升参与需求响应的规模往往以牺牲更多的用户自由度为代价。

目前国内市场交流充电桩价格在 1500～5000 元，充电桩输出功率调控技术成熟，大部分充电站已具备了充电负荷调节功能，具备刚/柔性负荷调节能力，参与电力需求响应无须增加较多的设备研发及改造等投资，通过价格机制引导充电用户改变充电行为就能实现，具有技术可行性。

河南一般大工业用电 1 ~ 10 千伏，峰段 0.94207 元/千瓦时，平段 0.61053 元/千瓦时，低谷 0.31971 元/千瓦时，峰谷电价差 0.62236 元，河南电网低谷时段为 0:00 ~ 8:00，电动车用户因谷段电价较低，且该时段出行需求小参与意愿较强，参与电力需求响应削峰填谷效益主要来自移峰电量及通过激励机制所引导增加负荷谷段的电量。电动汽车用户按年行驶 10000 公里计算，约耗电量 2000 千瓦时。假设 50% 的时间在谷段充电，按照充电价差计算，最小值按平段充电转移至谷段节省的电费，最大值按峰段转移至谷段节省的电费，一年可节省电费 290 ~ 622 元。若充电服务商在低谷时段充电有进一步的激励机制，电动汽车用户获益将进一步增大。

目前充电服务商收益主要在于充电服务费。若参加需求响应，公共充电站在 12:00 ~ 14:00 进行削峰（见图 8），在电网谷段 0:00 ~ 8:00 平均负荷为 100 千瓦左右，其充电站容量一般为 630 千瓦，参与电网填谷潜力巨大。按充电站平均负荷 120 千瓦的 20% ~ 100% 负荷参加削峰响应 2 小时，以 2019 年河南电力需求响应补贴价格标准（见表 5）和河南公共站充电服务费约 0.5 元/千瓦时标准，若需求响应服务费收取按总金额比例的 28% 计算，则参与响应单次收益可达 100 元以上，公共充电站参与电力需求侧响应经济上是可行的。

表 5　河南省需求响应补贴价格（2019 年）

响应类别	响应时长(T,分钟)	补贴价格(元/千瓦·次)
约定需求响应	60≤T≤120	6
	T > 120	9
实时需求响应	30≥T≥60	12
	60 < T≤120	18

资料来源：调研分析。

五　结论与建议

（一）河南省铁塔基站参与需求响应潜力较大

截止到 2019 年，中国铁塔河南公司在运宏站 10 万多座，如果全部参与需求响应，迎峰度夏期间可响应负荷约为100万千瓦，约占2019年河南省最大负荷6902万千瓦的1.4%。尤其是随着5G的发展，铁塔基站的数量和负荷仍将快速增长，需求响应潜力将更加巨大。提前开展铁塔基站储能参与需求响应技术研究，有序引导铁塔基站参与削峰和填谷需求响应，对缓解电网高峰时段电力保障和低谷时段调峰压力具有重大意义。

（二）初期铁塔基站参与需求响应以示范为主

从河南调研情况看，铁塔基站参与需求响应的规模受限于电能信息采集装置的配置情况。在运6万多座宏站中95%以上为低压计量计费，低压计量表计采用窄带载波通信无法采集96点负荷曲线数据，不能满足需求响应对负荷采集的要求。由于目前河南可参与需求响应的宏站较少，若大范围实施，需要对以低压计量表计进行改造，成本较高。现阶段铁塔基站参与需求响应宜以示范为主。

（三）电动汽车公共充电站宜先参与需求响应

考虑电动汽车电能消费与电力服务同时发生，需求响应的效果与用户充电行为正相关，电动汽车参与需求响应以充电站聚合充电为主。根据物流车充电站、公交车充电站、公共充电站、居民充电站等不同类型电动汽车负荷特性不同，其参与电力需求响应的策略也不尽相同。其中，物流车充电站负荷没有明显规律，可调节负荷有限；公交车充电站、公共充电站、居民充电站均在特定时段与电网负荷峰段重合，可参与需求响应，建议充电站参与电力需求响应研究前期以公共充电站为主，后期可通过政府补贴、价格策略积极引导居民充电桩参与。未来随着电动汽车规模的扩大，将在河南电力系统中具有较大的需求响应潜力，而充分释放该潜力取决于充电技术、运行模式、电力市场、充电设施、价格机制等多种因素。

参考文献

河南省人民政府:《关于加快推进5G网络建设发展的通知》,2019年6月18日。

河南省人民政府:《关于印发河南省“十三五”电动汽车充电基础设施专项规划的通知》,2017年5月24日。

河南省人民政府:《关于印发河南省电动汽车充电基础设施建设运营管理暂行办法的通知》,2017年5月24日。

国家发展改革委、国家能源局:《关于做好2019年能源迎峰度夏工作的通知》,2019年6月18日。

B.20

河南省电能替代实施情况及发展潜力调查研究

武玉丰　陈 重　杨 萌　张林宜*

摘　要： 大力推进电能替代是推动河南大气污染防治攻坚和能源转型发展的重要举措。近年来，河南积极推进用能结构调整，在供热、制冷、工业制造、交通运输等重点领域大力推进"以电代煤""以电代油"，取得了显著成效。电能替代规模逐年扩大，并逐步由单一示范项目向多领域、多技术拓展转变。但是，受产业结构、资源禀赋、能源利用方式等因素影响，河南终端用能电气化水平仍然偏低，电能替代推广也受到经济成本、替代空间萎缩等制约。本文梳理了近年来河南省电能替代实施情况，立足实现电能对化石能源的深度替代、助推全省清洁低碳发展，深入农业、工业和建筑等领域，聚焦烤烟、制茶等具有河南特色的应用项目，开展了电能替代实施潜力调查研究，分析了制约电能替代推广的主要因素，并提出了促进全省电能替代实施的相关对策建议。

关键词： 河南省　电能替代　能源转型　"以电代煤"　"以电代油"

* 武玉丰，国网河南省电力公司高级工程师，研究方向为电力市场分析；陈重，国网河南省电力公司高级工程师，研究方向为电力市场分析；杨萌，工学硕士，国网河南省电力公司经济技术研究院高级工程师，研究方向为能源经济与电网规划；张林宜，国网河南省电力公司高级工程师，研究方向为电力市场分析。

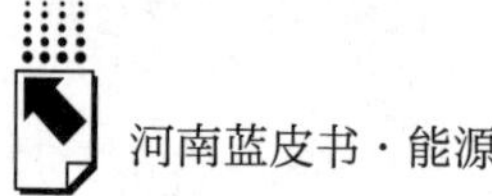

电能具有清洁、安全、便捷等优势，实施电能替代对落实国家能源战略、推动能源消费革命具有重要意义，是优化能源结构、控制煤炭消费总量、促进大气和生态环境改善的重要举措。2016 年，河南省发改委等 11 个部门联合印发了《河南省电能替代工作实施方案（2016～2020 年)》，为全省电能替代工作提供了遵循和指引。通过几年的探索实践，全省电能替代工作由试点建设转入全面推进，从单一示范项目向多领域、多技术拓展转变，替代电量规模逐年扩大，电能替代工作取得了显著成效，得到社会各界的广泛认同。

一　河南省电能替代实施情况及效果

（一）电能替代内涵及技术分类

电能替代是指在终端能源消费环节利用电能替代燃煤（薪柴）、燃油（气）的能源消费方式。根据国家八部委印发的《关于推进电能替代的指导意见》和河南省《电能替代工作实施方案（2016～2020 年)》，电能替代分为居民采暖、工（农）业生产与制造、交通运输、电力供应与消费和其他等五大领域 21 大类 56 小项技术。其中，居民采暖领域包括分散电采暖、电（蓄）热锅炉、热泵三大类；工（农）业生产与制造领域包括工业电锅炉、建材电窑炉、冶金电炉、辅助电动力、矿山采选、农业电排灌、农业辅助生产、农产品加工八大类；交通运输领域包括电动车、轨道交通、港口岸电、机场桥载 APU 替代四大类；电力供应与消费领域包括燃煤自备电厂替代、油田钻机油改电、油气管线电力加压、电（蓄）冷空调、大型公共建筑热泵五大类；其他领域包括电厨炊、电洗浴等家庭电气化一大类。

从我国及河南实际情况看，各级电网企业是电能替代工作的主要实施主体。根据实施主体发挥的作用，电能替代项目可分为电网企业主导推动、电网企业带动推广和社会自主实施等三类。电网企业主导推动是指其营销人员在业扩报装、用电检查中挖掘跟踪，电网企业主要投资建设的替代项目，如农业电排灌、电动汽车充电站、港口岸电、分散电采暖等。电网企业带动推广是指其通过推介成熟技术、展示示范成果和宣传政策引导，并提供电网配套服务的替代项目，大部分替代项目属于此类型。社会自主实施是指因技术进步带动新型用电技术、设备替代传统化石能源的替代项目，如轨道交通、家庭电气化等。

（二）河南省电能替代实施情况及效果

河南省电能替代工作始于2013年，通过几年探索实践，逐步由试点建设转入全面推进，从单一示范项目向多领域、多技术拓展转变，替代电量规模逐年扩大。2013年至2019年9月，全省累计推动实施电能替代项目上万个，完成居民“煤改电”335.7万户、占全省“双替代”户数的95%，累计实现电能替代电量567.35亿千瓦时（见图1），带动全省电能占终端能源消费比重提升了近3个百分点，相当于在能源消费终端减少散烧煤、直燃油3128万吨，减排二氧化碳5670万吨，减少二氧化硫、氮氧化物、粉尘等污染物排放1760万吨，有力助推了河南终端用能结构优化和大气环境改善。

针对电能替代建设投资、运营成本相对传统方式较高等限制项目推广的关键性难题，以及电能替代用户受电压等级、电量规模难以参与电力市场直接交易等制约因素，河南创新实施了电能替代“政府授权、分表计量、集中打包”模式，由第三方代理用户参与电力市场化交易，有效降低了电能替代用户成本，得到有关部门的高度肯定，并在其他省份推广。同时，河南在居民采暖、工（农）业生产制造、交通运输、电力供应与消费等领域打造了一批具有代表性的典型示范项目。

1. 居民采暖领域

河南累计实施分散电采暖、热泵、电（蓄）热锅炉替代燃煤取暖项目982个，实现替代电量22.9亿千瓦时。实例1：濮阳某小区余热供暖项目就近利用某工业企业余热废水作为热源，通过换热站热泵加热后为10万平方米小区居民集中供暖，替代居民燃煤（气）取暖，能效比高、成本回收期短，在余热资源丰富的地区具有很强的推广价值。实例2：全省1570个乡

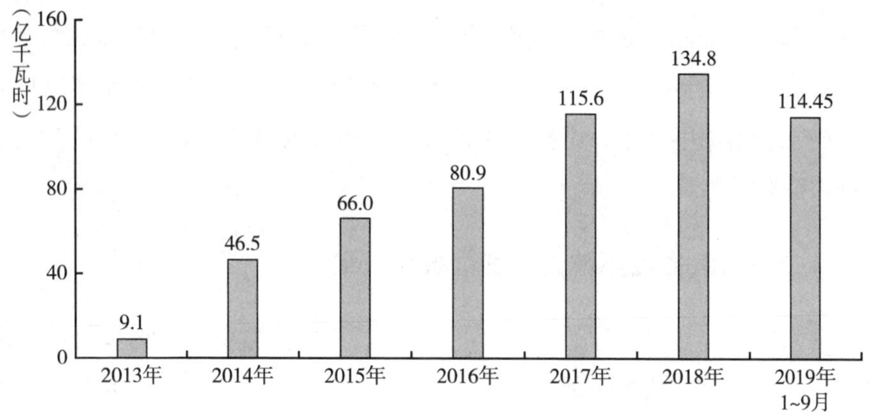

图1　2013～2019年来河南省电能替代电量规模

资料来源：行业统计数据，其中2019年1～9月为初步统计数据。

镇供电所示范推广碳晶电采暖等技术，示范面积达7.6万平方米，起到良好示范推广作用。

2. 工（农）业生产制造领域

全省累计实施工业电锅炉、电窑炉、农业电排灌、电烤烟、电制茶等项目7593个，实现替代电量300.6亿千瓦时。实例1：安阳林州某汽车配件企业燃煤冲天炉改造电窑炉项目255家，在减少煤炭消耗的同时，通过使用电窑炉生产高品质、高精度汽车铸件。实例2：推动农业生产加工领域替代，在许昌、南阳等豫西南地市推广热泵电烤烟代替燃煤烤烟，信阳地区推广电制茶代替燃煤（柴）烘干，大幅提升了烟叶和茶叶的品质，目前已推广电烤烟项目1838个，电制茶项目62个。实例3：在漯河临颍杜曲现代家具产业集聚区大力推广空气源热泵烘干板材技术代替原有煤炭烘干，目前已经完成热泵烘干改造64户炕房102座，预计2019年底将完成热泵烘干改造210户280座炕房。实例4：新郑某枣业集团2016年安装15台空气源热泵烘干机和2套电能冻干机代替原有燃煤烘干设备，2018年底新上10条冻干生产线，实现枣类等果品快速冻干干燥。

3. 交通领域

全省累计实施电动汽车充电站、轨道交通、港口岸电等项目 407 个，实现替代电量 58.1 亿千瓦时。实例 1：推动郑州新郑国际机场 T 2 航站楼 83 条登机廊桥安装 APU 桥载电源替代飞机燃油辅助动力，年可减少飞机停泊期间发电燃油消耗 1.6 万吨。实例 2：在周口新港建设河南省首个内河港口标准化岸电项目，建设岸电电源系统 12 套，满足周口新港一期货运船只的靠港停泊用电。

4. 电力供应与消费领域

全省累计实施燃煤自备电厂替代、电（蓄）冷空调、大型公共建筑热泵等项目 1840 个，实现替代电量 71.8 亿千瓦时。实例 1：通过“打包交易”政策，推动焦作长怀电厂等 11 台共计 18.7 万千瓦高污低效燃煤自备机组电量由公用高效清洁机组代发，年替代电量 8.1 亿千瓦时，提高了能源利用效率。实例 2：推动郑州某大型商业综合体实施 40 万平方米电蓄冷项目，年节省用电成本 21%，转移高峰负荷 6700 千瓦，既实惠了用户又起到了很好的移峰填谷效果。实例 3：推动郑州电力专科学校实施“一机三用”地源热泵项目，为全校师生提供冬季供暖、夏季制冷、一年四季洗浴热水，日平均比集中供暖可节约费用 1.2 万元。

二　河南省电能替代实施面临的形势及问题

近年来，河南大力推动电能替代工作，有效扩大了电力应用范围，服务了全省大气污染防治和能源转型发展。但进一步推广电能替代也面临着一些新的形势和问题。

一是黄河流域生态保护和高质量发展重大战略对电能替代提出了更高要求。2019 年 9 月，习近平总书记考察调研河南时，明确把黄河流域生态保护和高质量发展上升为重大国家战略，强调河南“在全国生态格局中具有重要地位”，必须“高度重视生态保护工作”，对全省清洁低碳绿色发展提出了更高要求。当前河南终端用能电气化水平较全国低 2 个百分点，较法

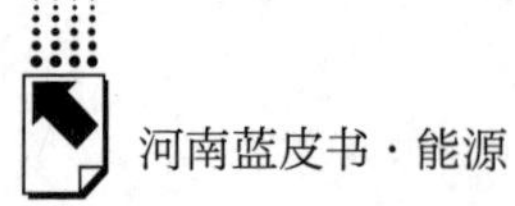

国、韩国低 4 ~5 个百分点，较日本低近 10 个百分点。电能替代是推动河南清洁低碳发展的重要抓手，也面临着更高要求，河南仍需进一步拓展电力使用范围，推动城镇终端电气化水平提升。

二是现阶段电能替代经济竞争力不足，过度依赖政策支持。电能替代工作在减少污染排放、企业转型升级方面有着明显的社会效益。但电能替代普遍存在设备初始投资大、后期运营成本高等瓶颈，特别是当前环境下实体经济经营压力增大，企业实施替代主动性不强，如果政府不出台有力的设备补贴和电价支持政策，推广难度较大。

三是全省存量领域替代潜力逐步开发殆尽，进一步拓展电力应用范围难度加大。近年来，随着政府大气污染治理力度的不断加大，原有燃煤锅炉、窑炉等基本已经全部关停或清洁能源替代，河南存量用能领域，特别是占替代电量比重最大的工业领域替代潜力越来越小。全省电能替代工作的重点将转移至增量用户，重点采取电气化方式满足工业生产、交通、商业、居民生活等领域新增用能需求，但受经济性、适用范围等因素制约，进一步推广电能替代难度越来越大。

三　河南省电能替代发展潜力研究

为研究河南省电能替代发展潜力，本研究结合河南省情，重点调研了农业领域（烤烟、制茶）、工业领域、建筑领域存量及新增电能替代潜力，并进行了量化分析。

（一）农业领域

1. 烤烟领域

河南省是烟草种植大省，是我国著名的浓香型烤烟基地，也是我国烟草种植的主要产区之一。据统计，河南烟草种植面积 104 千公顷（约 156 万亩），烟叶年产量 26.7 万吨。河南烟叶主产区主要集中在河南中部以及西南部，以平顶山（郏县）、漯河（召陵）、许昌（襄城县）、南阳（方城、叶县）、洛阳（嵩县）、三门峡等地为主。

烤烟是烟叶制作的首个环节也是关键环节，决定了烟叶的最终质量，目前烤烟的主要方式有燃煤烤烟、热泵电烤烟和生物质烤烟三种。全省现有密集烤烟房 8 万余座，其中在运使用的 5 万余座，烘干方式仍主要为燃煤为主，热泵电烤房仅有 1200 余座，还有极少量的生物质烤房。

（1）不同类型烤烟经济性对比分析

烟叶烤房按照烘干热源的不同主要分为燃煤烤房、生物质烤房以及热泵电烤房。目前，河南烟叶烘干烤房绝大部分是采用砖混结构建造的窑体，初投资按照在现有普通密集烤房基础上改造测算，运营成本按照目前燃料和电价水平对比分析，各类型烤烟房经济性对比分析如表 1 所示。

表 1　不同烤房烟叶烘烤情况经济分析对比表

项目		热泵电烤房	生物质烤房	燃煤烤房
初投资(万元)		7	1	/
运行费用	单炕燃料消耗量(吨)	/	1	1
	单炕燃料费用(元)	/	1000	700
	单炕耗电量(千瓦时)	1200	250	250
	单炕用电费用(元)	570	120	120
	单炕人工费用(元)	30	60	360
	单炕合计(元)	600	1180	1180
	年合计(元)	3600	7080	7080

资料来源：调研分析。

通过对比分析可以看出，在初投资方面，热泵电烤烟改造费用高（7 万元），是生物质烤烟（1 万元）的 7 倍。在运行成本方面，不考虑人工成本，单炕次费用热泵电烤房比生物质烤房低 550 元，比传统燃煤烤房低 250 元，如执行“打包交易”电价支持政策，可再降低运行成本 100 元。热泵烤房采用自动控制系统，操作方便准确，大大节约了人工成本。同时减少了燃煤消耗量，烟叶质量大幅提升，产生较好的经济效益和环境效益。

（2）烤烟领域替代潜力

通过对比分析，热泵电烤房烘烤单炕烟叶耗电量约 1200 千瓦时，较传

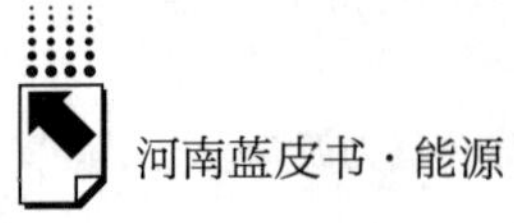

统燃煤烤房可增加电量近1000千瓦时，按照每年热泵电烤房可烘烤6炕烟叶，全省5万座在运烤房全部改为热泵电烤房后，预计年替代电量3亿千瓦时。

2. 制茶领域

信阳是河南省茶叶的主产区，据统计，信阳茶叶种植面积106.85千公顷（约160万亩），占全省茶叶种植总面积115.76千公顷（约174万亩）的92.3%；茶叶总产量6.04万吨，占全省茶叶总产量6.40万吨的94.4%；信阳茶叶产业涉及人员120万，产茶村950个；登记注册茶叶企业1306个，茶叶专业合作社855个，茶叶总产值突破100亿元，茶农年人均种茶收入超过5500元。茶产业已成为信阳发展特色农业经济和绿色生态经济的支柱产业。

信阳毛尖的制作过程主要有以下八个环节组成：鲜叶摊晾、分筛、杀青、揉捻、炒干、理条、烘干、炭焙。其中，杀青、炒干、理条、烘干四个环节为主要加热用能环节。目前烘干环节因工艺需求全部用电外，杀青、炒干、理条三个环节绝大部分仍在使用液化气、薪柴、生物质燃料作为热源，其中，制茶企业三个环节和炒茶散户炒干、理条两个环节基本以液化气为主，炒茶散户杀青环节大部分使用薪柴，少量使用生物质燃料。制茶领域电能替代的潜力主要是在杀青、炒干以及理条的环节。

（1）不同制茶方式经济性对比分析

以典型炒茶户初始设备投资和用电、用液化气、用薪柴（生物质）三种常用能源的运行成本进行经济性对比分析，如表2所示。

通过对比分析，在初投资方面，全电制茶方式比液化气制茶、薪柴（生物质）制茶方式成套设备价格略高约5800元，且改造为电制茶方式无须拆除原有设备，仅将设备的热源部分改为用电即可，改造成本低。在运行成本方面，人工成本方面，目前各类制茶方式的自动化程度均较高，人工成本主要差别在杀青环节，全电制茶与液化气制茶、薪柴（生物质）制茶能实现自动温控调节，一定程度节约人工成本，整体三种方式人工成本差别不大。能源成本方面，制取一公斤干茶，采用全电制茶方式与液化气制茶持

表 2　典型炒茶户不同制茶方式经济分析对比

项目		全电制茶	液化气制茶	薪柴制茶	用能方式
设备费用（万元）	分筛机(1 台,0.15kW)	1300	1300	1300	电
	杀青机（1 台，电 30kW，其他 0.75kW）	20000	17000	17000	电、液化气、薪柴
	揉捻机(2 台,2×2.2kW)	9000	9000	9000	电
	炒干机(4 台,电 4×2.75kW,其他 4×0.75kW)	10000	8000	8000	电、液化气
	理条机(2 台,电 2×2.75kW,其他 2×0.75kW)	4000	3200	3200	电、液化气
	烘干机(1 台,12kW)	5000	5000	5000	电
	用电总功率(kW)	63.4	21.8	21.8	—
	合计	49300	43500	43500	—
干茶消耗费用	燃料消耗量(公斤)	/	0.3	1.5	—
	燃料单价(元/公斤)	/	7	1.3	—
	燃料费用(元)	/	2.2	2	—
	耗电量(千瓦时)	5.0	1.7	1.7	—
	用电费用(元)	3.3	1.1	1.1	—
	合计(元/公斤干茶)	3.3	3.3	3.1	—

资料来源：调研分析。

平，比薪柴（生物质）制茶高 0.2 元。

可以看出，茶叶经济价值高，能源成本在茶叶价值中的占比仅约 2%，且全电制茶对温度的精确控制使得茶叶在炒制过程中受热均匀，大幅提高了茶叶质量，同时减少了液化气和薪柴带来的安全隐患。通过实地调研，不论制茶企业还是炒茶散户都有较强的意愿将现有设备全部改为电制茶设备。同时减少薪柴等传统能源的使用，有助于山区生态恢复，大大降低了大气环境污染。

（2）制茶领域替代潜力

通过对比分析，全电制茶方式比液化气制茶、薪柴（生物质）制茶方式每公斤茶叶制作增加用电量约 3.3 千瓦时，按照信阳地区茶叶总产量 6.04 万吨计算，若全部茶叶均采用全电制茶方式进行烘烤，预计年替代电量2亿千瓦时。

3. 农业其他领域

农业其他领域的电能替代主要包含农业种植、畜牧养殖电保温和其他农产品电烘干等。农业种植电保温常见于大棚保温中采用电锅炉、热泵、电热膜等电供暖技术；畜牧养殖电保温常见于在棚舍养殖、孵化的保温环节采用电锅炉、热泵、电热膜、电循环风等电采暖技术；农产品电烘干作为农产品加工的一种重要方式，指将农产品中水分降低到一定程度，延长保质期，获得农产品干制产品，包含粮食、果蔬、食用菌、中药饮片等农作物的干燥，主要采用热泵烘干技术。

（1）不同替代类型经济性对比分析

农业种植、畜牧养殖保温领域。主要应用于蔬菜、花卉等大棚和畜牧养殖棚舍。其主要的电保温技术分为热泵式、蓄热式、直热式技术，经济性对比分析本质上和建筑供暖领域一致，经济性比较参见建筑供暖领域。从初始投资来看，电供暖技术明显高于燃煤、燃油和燃气供暖技术，其中热泵式、蓄热式投资要远大于燃煤、燃油和燃气供暖设备的投资。从运行成本来看，热泵式电供暖技术具有较明显的优势，单位面积保温成本均低于燃煤、燃油和燃气保温。

农产品烘干领域。目前各类农产品的烘干设备主要以空气源热泵为主，农产品烘干领域经济性对比分析本质上和烤烟烘干领域一致，经济性比较参见烤烟烘干领域。在初投资方面经济性远远不如燃煤、生物质烘干，但在运行成本方面，比燃煤和生物质烘干具有更好的经济性，同时热泵的自动控制系统，大大节约了人工成本。

（2）替代潜力研究

本次调研了全省农业领域除烤烟和制茶领域外共摸排电能替代潜力。分替代能源类型看，燃煤用户172户，年耗煤量5510吨；燃油用户4户，年耗油量136吨；燃气用户69户，年耗气量327万立方米。分农业类型看，畜牧养殖保温150户，占比61%；农产品烘干80户，占比33%；农业种植保温15户，占比6%。分地市看，替代潜力排名前五位的地市分别为洛阳、漯河、驻马店、济源、焦作。通过当量热值法测算农业其他领域替代潜力，全省农业其他领域电能替代总潜力 0.54 亿千瓦时。其中，燃煤领域替代潜力 0.23 亿千瓦时，燃油领域替代潜力 0.01 亿千瓦时，燃气领域替代潜力 0.30 亿千瓦时。

（二）工业领域

1. 工业领域主要电能替代技术

工业领域重点替代领域主要分为工业锅炉、工业窑炉两大类。其中，工业锅炉主要用于化工、造纸、纺织、食品、医疗卫生等多种行业加热、蒸汽烘干、消毒等；工业窑炉主要用于建材、铸造、钢铁等行业的产品烧制、热处理、冶炼等。

工业电锅炉是采用电阻式和电磁感应式加热器，将电能转化为热能用于制热水和蒸汽的设备，分为直热电锅炉和蓄热电锅炉两种。直热电锅炉占地面积小，改造成本低，没有污染物排放，但运行费用较高。蓄热电锅炉充分利用低谷电价，在夜间谷电时段利用电加热锅炉产生热量蓄积在蓄热装置中，在白天用电高峰时段，停止电锅炉运行，利用蓄热装置向外供热，大幅度减少用电成本，但蓄热装置体积较大，初始投资大。

工业电窑炉根据工业窑炉的不同类型，替代技术主要包括建材电窑炉（电热窑炉和电熔窑炉）和冶金电炉（电阻炉、电弧炉和中高频电感炉）等。其中，电热窑炉加热空间紧凑，不需要燃烧设备，产品烧成质量好，主要用于日用陶瓷行业；电熔窑炉主要应用于玻璃行业，用于制造不同规格、不同型号的玻璃制品；电阻炉在机械工业中用于金属锻压前加热、金属热处理加热；电弧炉以废钢为主要原料，用来生产特殊钢和高合金钢等；中高频电感炉广泛用于有色金属和黑色金属的熔炼和加热。目前电窑炉技术产品附加值高、操控性强、易维护，属于国家或行业鼓励的先进成熟技术。

2. 工业领域电能替代经济性对比分析

工业替代领域涉及行业广泛，在不同生产工艺和生产条件下，用能数据各不相同，常规经济性对比分析存在较大困难。我们采用能源经济学中的当量热值和替代成本价格概念，分析比较工业领域中用电、煤、油、气四种情况的运行成本经济性。根据理论热值及当前能源价格水平，当量热值价格从低到高依次为原煤、天然气、电能、柴油。可以看出，理论情况下产生同样的热量电能的使用成本仅比柴油有经济性，是天然气使用成本的2倍、原煤使用成本的4.5倍（见表3）。

表3　各种能源当量热值价格参考值

能源类型	当量热值	当前能源价格	当量热值价格	经济性排序
原煤	20908千焦/千克	0.8元/千克	0.038元/兆焦	1
柴油	42652千焦/千克	8.1元/千克	0.190元/兆焦	4
天然气	35544千焦/立方米	3.1元/立方米	0.087元/兆焦	2
电能	3600千焦/千瓦时	0.61053元/千瓦时	0.170元/兆焦	3

当量热值价格是在不考虑设备用能效率的情况下得出的价格。实际生产中，用能设备不可避免地存在热损失，在考虑实际利用的有效热量时，得到单位能源的替代成本价格，即当量热值价格除以设备的热效率。考虑设备效率后，在不考虑环保、安全、人工成本等因素情况下，直热方式情况下的电能替代成本价格为原煤、天然气、柴油的3.2倍、1.8倍、0.7倍，电能替代原煤和天然气经济性较差，替代柴油有较好的经济性（见表4）。

表4　考虑设备热效率后各种能源的替代成本参考价格

能源类型	当量热值价格	常规热效率	替代成本价格	经济性排序
原煤	0.038元/兆焦	70%	0.054元/兆焦	1
柴油	0.190元/兆焦	80%	0.238元/兆焦	6
天然气	0.087元/兆焦	90%	0.097元/兆焦	4
电能(直热)	0.170元/兆焦	98%	0.173元/兆焦	5
电能(热泵)	0.170元/兆焦	300%	0.057元/兆焦	2
电能(蓄热)	0.089元/兆焦	98%	0.092元/兆焦	3

考虑不同电能替代技术，当电能采用热泵技术，能效比为3的情况下，电能替代成本价格大幅下降，基本与原煤的替代成本持平，替代天然气具有

较强的经济性，但热泵技术在工业领域仅局限于制热水或低温烘干，无法替代制蒸汽或高于100℃的烘干领域，应用范围受限；当电能采用蓄热技术，谷段电价约为正常电价的一半，基本与天然气的替代成本持平，但蓄热技术对配网容量要求较高，造成基本电费大幅增加。加之采用热泵或蓄热技术将导致设备初投资成倍增加，使用范围的局限性和初投资高限制了工业潜力用户的替代积极性。以制蒸汽领域为例，按照现有设备和能源价格对制取蒸汽领域进行测算，各类型经济性对比分析表5所示。

表5　制取蒸汽经济性比较统计表

制取蒸汽方式	燃煤锅炉	燃油锅炉	燃气锅炉	电直热锅炉
初投资(万元)	20	20	35	90
一小时运行成本(元)	280	1200	490	900

注：以一台2蒸吨锅炉制取额定温度184℃、额定蒸汽压力1MPa生产用蒸汽，每天运行8小时，每年运行300天为例。电直热锅炉初投资含配套电网投资。

可以看出，用电制蒸汽不论是初投资还是运行成本均远高于燃煤、燃气锅炉制蒸汽，经济性较差。因此，目前燃煤蒸汽锅炉基本上均采用燃气锅炉进行替代，仅在天然气未覆盖区域或小容量蒸汽锅炉部分采用电直热锅炉替代。

3. 工业领域电能替代潜力分析

工业领域电能替代潜力用户主要调研范围是建材制品、食品加工、金属制品、化工制品等行业的烘干、加热、制热水、制蒸汽等。本研究通过调研全省工业领域摸排电能替代潜力。分替代能源类型看，燃煤用户466户，年耗煤量48.4万吨；燃油用户71户，年耗油量1.0万吨；燃气用户1086户，年耗气量4.2亿立方米。分行业类型看，潜力用户主要集中于建材制品（591户）、食品加工（361户）、金属制品（267户）、化工制品（203户），占全省总户数的88%。分地市看，户数排名前五位的地市分别为郑州（188户）、驻马店（183户）、新乡（163户）、平顶山（130户）、洛阳（115户），占全省总户数的48%。通过当量热值法测算工业领域替代潜力，全省工业领域电能替代总潜力 58.85 亿千瓦时。其中，燃煤领域替代潜力 20.33 亿千瓦时；燃油领域替代潜力 1.08 亿千瓦时；燃气领域替代潜力 37.44 亿千瓦时。其中，有电能替代意愿用户 769 户，替代潜力 43.01 亿千瓦时。

（三）建筑领域

建筑领域电能替代技术应用范围主要包括供暖、制热水、厨炊等。

1. 供暖领域电能替代经济性对比分析

建筑领域电供暖技术主要包含热泵式、蓄热式、直热式等三大类。热泵式供暖技术主要分为地源热泵、水源热泵和空气源热泵，通过少量的电能输入，实现土壤、水、大气中的低位热能向高位热能转移，能效比可达 3 ~ 5.5，具有清洁环保、运行成本低等优点，可广泛应用于居民小区、学校、宾馆等行业供暖和制热水场合。蓄热式供暖技术主要利用电网低谷时段低价电将电能转换成热能，通过蓄热介质储存并在电网高峰时段释放热能以满足采暖和生活热水需求。蓄热式电锅炉自动化程度高，安全可靠。直热式分散电采暖是以发热电缆、电热膜、碳晶材料等新型材料为发热体将电能转化为热能，以低温辐射的方式，把热量送入房间，可实现分户分时控制，效率接近 100%。主要适用于居民散户采暖和学校、军营等连续性供暖不强的场所。

以现有设备和能源价格对居民建筑和公共建筑领域进行测算，各类型建筑供暖领域经济性对比分析如表 6 所示。

表 6　建筑供暖领域经济性比较统计

单位：元/平方米

采暖方式		燃煤锅炉	燃油锅炉	燃气锅炉	市政供暖	水源热泵	地源热泵	空气源热泵	蓄热电锅炉	碳晶
节能居民建筑	初投资	15	15	15	120	100	150	80	80	50
	运行成本	20	66	30	22.8	12	12	18	25	45
节能公共建筑	初投资	16	24	24	120	150	220	120	120	75
	运行成本	20	66	30	33.6	14	14	22	30	54

注：以郑州地区为例，初投资不含用户末端。

从初投资来看，电供暖技术明显高于燃煤、燃油和燃气供暖技术。其中，地源热泵单位面积投资最大，为燃煤、燃油和燃气锅炉的10倍；碳晶单位面积投资最小，但仍为燃煤、燃油和燃气锅炉的3倍以上。从运行成本来看，热泵式电供暖技术具有较明显的优势，单位面积供暖成本均低于燃煤锅炉，其中地源热泵和水源热泵仅为燃煤锅炉运行成本的60%。

2. 制热水领域电能替代经济性对比分析

以现有设备和能源价格对制取热水领域进行测算，各类型经济性对比分析如表7所示。

表7　制热水经济性比较统计

制取热水方式	燃煤锅炉	燃油锅炉	燃气锅炉	空气源热泵	水源热泵	蓄热电锅炉
初投资(万元)	10	10	10	20	25	30
一吨热水能源费用(元)	12	35	15	6.4	4.3	10.5

注：以宾馆日均用50吨45℃热水、年营业350天为例。

从初投资来看，电制热水高于燃煤、燃油和燃气制热水。其中，蓄热电锅炉投资最大，为燃煤、燃油和燃气锅炉的3倍；空气源热泵投资最小，为燃煤、燃油和燃气锅炉的2倍。从运行成本来看，电制热水均具有较明显的优势，特别是水源热泵、空气源热泵运行成本远远低于燃煤、燃油和燃气制热水。

3. 厨炊领域电能替代经济性对比分析

以普通家庭为例，厨炊初投资成本除燃煤较低外，液化气炉盘和电磁炉基本相当。运行成本方面，正常做一顿饭燃煤炊具费用最低仅为0.3元，其次为管道天然气炊具0.4元，电磁炉费用为0.6元，罐装液化气炊具最高为1.0元（见表8）。

表8　厨炊领域经济性比较统计

单位：元/顿

能源类型	燃煤	灌装液化气	天然气	电
运行费用	0.3	1.0	0.4	0.6

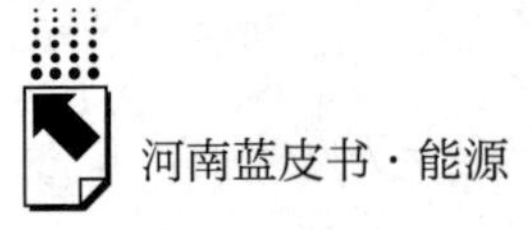

4. 建筑领域电能替代潜力分析

建筑领域电能替代潜力用户主要调研范围是学校、医院、商场、宾馆、单位等供暖、制热水和餐饮领域。通过调研全省建筑领域，分替代能源类型看，燃煤用户 309 户，年耗煤量 19616 吨；燃油用户 56 户，年耗油量 1522 吨；燃气用户 63 户，年耗气量 551 万立方米。分建筑类型看，潜力用户主要集中于学校（317 户）、宾馆（27 户）、医院（26 户），占全省总数的 86%。分地市看，户数排名前五位的地市分别为驻马店（95 户）、南阳（48 户）、濮阳（47 户）、周口（40 户）、平顶山（34 户），占全省总户数的 62%。通过当量热值法测算建筑领域替代潜力，全省建筑领域电能替代总潜力 1.47 亿千瓦时。其中，燃煤领域替代潜力 0.82 亿千瓦时，燃油领域替代潜力 0.16 亿千瓦时，燃气领域替代潜力 0.49 亿千瓦时。

四　主要研究结论

（一）分替代领域看，河南省存量电能替代潜力主要集中在工业领域

经调研分析，河南省现阶段农业（除烤烟和制茶领域）、工业、建筑领域仍有存量电能替代潜力用户 2296 户，替代潜力约 65.86 亿千瓦时。从电能替代潜力用户分布看，农业领域潜力用户 245 户（除烤烟和制茶领域），占比 10.7%；工业领域潜力用户 1623 户，占比 70.7%；建筑领域潜力用户 428 户，占比 18.6%。从电能替代潜力规模分布看，农业领域替代潜力 5.54 亿千瓦时，占比 8.4%，其中烤烟领域 3 亿千瓦时，制茶领域 2 亿千瓦时；工业领域替代潜力 58.85 亿千瓦时，占比 89.4%；建筑领域替代潜力 1.47 亿千瓦时，占比 2.2%。

（二）分替代能源类型看，河南省电能替代潜力主要分布在燃煤和燃气领域

结合河南省电能替代潜力用户用能特征，分可替代潜力用户主要分布在

燃煤和燃气领域。从替代潜力用户分布看，燃煤领域潜力用户 947 户，占比 41.2%；燃油领域潜力用户 131 户，占比 5.7%；燃气领域潜力用户 1218 户，占比 53.0%。从替代潜力规模分布看，全省燃煤领域替代潜力 21.38 亿千瓦时，占比 35.1%；燃油领域替代潜力 1.25 亿千瓦时，占比 2.1%；燃气领域替代潜力 38.23 亿千瓦时，占比 62.8%。

（三）分地区看，河南省电能替代潜力主要分布郑州、驻马店、新乡等地市

经调研，全省各地市电能替代潜力存在明显差异。其中，郑州、驻马店、新乡、平顶山、洛阳五个地市替代潜力最大，均在 5 亿千瓦时以上，分别为 18.6 亿千瓦时、8 亿千瓦时、6.2 亿千瓦时、5.5 亿千瓦时、5.0 亿千瓦时，五个地市替代潜力占全省总量的比重达到了约 66%；周口、商丘、鹤壁、济源、开封五个地市替代潜力最小，均在 1 亿千瓦时以下，分别为 0.8 亿千瓦时、0.8 亿千瓦时、0.6 亿千瓦时、0.3 亿千瓦时、0.3 亿千瓦时，合计仅占全省比重的 4.3%。

（四）电能替代设备在运行成本方面具备较强竞争力，但初投资偏高是制约推广的主要因素

经过详细经济性比较分析，在农业、工业和建筑领域，电能替代技术和设备高效环保，运行维护成本与传统燃煤、燃油、燃气或生物质设备相比具备较强的竞争力，部分电能替代设备如热泵运行成本甚至比燃煤运行成本更低。但高昂的初投资导致大部分用户改造实施意愿性不强，是制约各领域电能替代推广的主要因素之一。

（五）不同领域部分个性化的特性也在一定程度上制约了电能替代的推广

农业领域生产加工多维季节性用电，电能替代设备和配套电网闲置率高、利用率低，同时农业领域电能替代用户多处于偏远农村，电网投资较大

且维护成本高，配套电网工程公益性质明显。工业领域受替代技术和经济性限制，用于生产焦炭、煤制油等化工原料用煤，大型水泥、陶瓷、化工企业的窑炉用煤，广泛的蒸汽应用领域，目前仍无成熟经济的电能替代设备可以实现替代；同时，工业领域涉及行业广泛，部分行业缺乏统一的技术标准和规范，企业生产工艺和技术要求各不相同，产品质量差异较大，进一步降低了企业实施改造的意愿。建筑领域中，经济性较好的热泵和蓄热电锅炉在应用方面有一定的局限性，如地源热泵需埋管及打井，主要适用于新建建筑；水源热泵受水资源开发限制；空气源热泵在极寒条件下运行效果差；蓄热式设备占地面积大，对场地要求较高。部分建筑领域特别是农村中小学校房屋保温性能低，取暖过程中热量损耗大，造成运行成本高，取暖效果差，也制约了电能替代设备的推广。

五 关于进一步推动电能替代实施的对策建议

经过本次调查研究及实地走访了解，目前河南农业、工业、建筑等领域仍然不同程度地存在较为低效粗放、不利于生态环境和大气环境改造的化石能源利用方式，仍有一定的存量电能替代空间，应进一步加大电能替代实施力度，努力擦亮全省绿色发展的底色。但现阶段受经济成本、适用范围等因素制约，电能替代进一步推广也面临一定困难，建议重点从支持政策、精准施策、技术研究等方面着手，加大电能替代实施力度。

（一）强化政府引导，加大电能替代政策支持力度

一是环保支持政策方面，建议加大燃煤治理力度，出台更严格的限制性和禁止性排放政策，统筹规划淘汰计划，鼓励清洁能源替代。二是财政支持方面，争取政府出台电能替代设备补贴政策，降低客户初始投资压力。在农业领域，出台农业种植、畜牧养殖电保温和农产品电烘干设备补贴政策。在工业领域，安排专项财政资金用于电锅炉、电窑炉、热泵等设备购置一次性

建设补贴，安排专项节能奖励资金用于运营支持。在建筑领域，按照建筑面积出台省市两级配套费补贴标准，将集中供暖覆盖区域外的学校清洁电供暖项目纳入“煤改电”政策支持范围。

（二）实施“一户一策”，积极推动电能替代潜力用户项目落地

一是针对全省电能替代潜力用户，积极宣传推介电能替代新技术、“打包交易”、红线外配套等支持政策。二是针对用户用能特点，“一户一策”制订替代改造方案，建立替代项目推广闭环管控机制，不断提升电能替代潜力项目落地率。三是创新电能替代实施的商业模式。通过合同能源管理、投资建设运营等商业化运营模式，实施具有良好经济效益的电能替代项目，采取谷电储能、电力需求侧响应、打包交易、能源托管等综合能源服务措施，提升用户电能替代参与度。

（三）建筑采暖领域，鼓励发展居民分布式电供暖

一是按照“企业为主、政府推动、居民可承受”方针，加大清洁取暖电量“打包交易”和可投资至配变的政策宣传，推动社会企业在新建居民住宅小区、既有入住率高且建筑居民小区投资建设运营电供暖项目。二是高度重视农村建筑领域外墙保温。建议政府层面尽快明确农村建筑节能保温改造有关标准和要求，出台专门支持政策和强制标准，在推动农村建筑领域“煤改电”过程中强制性同步实施外墙保温改造。

（四）突出创新引领，加大电能替代新技术研发应用

一是加强电能替代新设备、新技术推广应用。紧密跟踪国内外能源和用能市场发展，试点新兴关键替代技术，拓宽新兴技术应用新领域，激发电能替代发展新动能。二是加大电能替代技术研发工作，促进电能替代技术更新升级。加强电能替代产品的研究和经济对比，积极推动科研单位、相关行业协会、大专院校等技术力量，紧密跟踪国内外能源和用能市场发展，攻关电锅炉、电窑炉等电能替代关键技术，试点新兴替代技术，重点推动高温蒸汽

热泵、超高温电窑炉、高能量密度热储能等相关技术和标准的研究，拓宽技术应用新领域，激发电能替代发展新动能。

参考文献

河南省统计局：《河南省统计年鉴 2018》，中国统计出版社，2018。

河南省人民政府：《河南省人民政府办公厅关于印发河南省新能源及网联汽车发展三年行动计划（2018～2020 年）的通知》（豫政办〔2018〕46 号），2018 年 11 月 28 日。

Abstract

This book was jointly compiled by State Grid Henan Economic Research Institute and Henan Academy of Social Sciences. Taking the theme of "New Era, New Mission and New Energy Development" , the book collects relevant data of the energy industry for reseach purpose, comprehensively analyzes the development trend of Henan's energy in 2019, and makes research and judgment on the development trend in 2020. The book comprehensively and multi-dimensionally studies and discusses Henan's new development concept as the guide, with energy supply side structural reform as the main line, to promote the optimization and adjustment of energy structure and strengthen the energy supply guarantee measures and results, and proposes Henan's countermeasures to promote high-quality energy development in the new era. It has good reference value for government departments' policy decisions, energy companies, research institutions, and the public to understand the state of Henan's energy development. The book includes five parts: general report, industry development, forecast and outlook, investigation and analysis, and new energy development.

The book's general report is an annual analysis report on Henan's energy development, which clarifies the book's basic views on the analysis and forecast of Henan's energy development situation from 2019 to 2020. The report believes that in the face of complex and changing internal and external situations and heavy reform and development tasks in 2019, Henan's energy sector is guided by Xi Jinping's new era of socialist ideas with Chinese characteristics in the new era. Provincial Party Committee and Provincial Government's various decisions and deployments have focused on promoting high-quality energy development, realizing a stable and orderly energy supply, continuous optimization of the energy structure, and steadily improving the quality and efficiency of energy development across the province. For the benefit of the people, the characteristics of rural energy, the bright colors of innovation and development. At the same time, Henan still faces many problems and challenges in achieving high-quality energy development. Taking into account the impact of COVID-19 (Corona Virus Disease 2019) pandemic, the total energy consumption is expected to be about 240 million tons of standard coal in 2020. Coal consumption will continue to decline, and natural gas and non-fossil energy consumption will keep increasing. The "oil and gas replacing coal, non-fossil energy replacing fossil energy" transition will be further accelerated.

The industry development chapter of this book analyzes the development trends of coal, oil, natural gas, electric power, renewable energy and other energy industries in Henan Province in 2019, and summarizes the policy requirements, major opportunities and constraints facing the development of each energy industry. The development trends of various industries in 2020 are forecasted, and countermeasures and suggestions for accelerating the high-quality development of Henan energy industries in the new era are put forward.

The forecast and outlook chapter of this book mainly uses the research methods combining quantitative analysis and qualitative analysis to establish the relevant index system and quantitative analysis model, respectively, to analyze the power and economic relations, geothermal resource development and utilization, power demand response, and energy storage in Henan Province. The development status and long-term prospects of the industry are analyzed and forecasted.

This book's new energy development chapter focuses on the path of Henan's energy transformation and development in the new era, the construction of an energy Internet platform in the context of the rural energy revolution, the power generation characteristics of Henan new energy and early warning of its consumption, the development of the refined oil market in Henan Province, Hot topics such as the efficient and comprehensive utilization of material energy, and the impact of population movements on electricity demand during the Spring Festival in Henan Province were analyzed and researched in depth, and related ideas and suggestions were put forward.

The survey and analysis chapters of this book are based on first-hand research materials such as field surveys, questionnaire surveys, and special fund collections. "The implementation of coal-to-electricity conversion in Henan Province and the use of electricity by users", "production and operation of key enterprises in Henan Province", "Implementation and Development Potential of Electricity Alternatives in Henan Province" conducted research and mapping.

Keywords: Henan Province; Energy Transformation; High Quality Development

Contents

I General Report

Abstract: In 2019, guided by Xi Jinping's thought of socialism with Chinese characteristics in the new era, Henan deeply implements the spirit of the important speech delivered by Xi Jinping during his investigations in Henan, adheres to the general tone of steady progress, adheres to the new development concept, fully implements the "four revolutions, one cooperation" new strategy for energy security, continues to deepen the structural reform of the energy supply side. The province's energy development has shown a situation of stable and orderly supply and demand, continuous optimization of the structure, and continuous improvement of quality and efficiency. The total energy consumption of 2019 is eatimated to be 230 million tons of standard coal. In 2020, the favorable and unfavorable factors will coexist, and the macro environment will generally improve. Taking into account the impact of COVID-19 pandemic, the total energy production of the province in 2020 will be about 95 million tons of standard coal, and the total energy consumption will reach about 240 million tons of standard coal, of which coal consumption will decline year-on-year, and natural gas and non-fossil energy consumption will keep increasing, the clean and low-carbon transition of "oil and gas replacing coal, and non-fossil energy replacing fossil energy" will become more stable.

Keywords: Henan Province; Energy; High Quality Development; New era

Ⅱ Industry Development

Abstract: In 2019 coal production in Henan province remained stale on the whole and continued to focus on backbone coal enterprises. The pace of coal consumption reduction was further accelerated, and coal's share of primary energy consumption continues to decline. In 2020 the total coal production and consumption of the whole province are estimated to be about 105 million tons and 200 million tons respectively, which can achieve the target of 15% reduction in the 13th five-year plan. Under the environment of green development, the coal industry should make full use of passage of coal into Henan, accelerate the construction of coal storage and distribution center in province, ensure the safe and stable supply of the coal in the whole province, and promote safe, green, efficient, intelligent development and clean, efficient and low-carbon utilization.

Keywords: Henan Province; Coal Industry; Coal Reduction; Intelligent; Storage and Distribution Center

Abstract: In 2019, affected by resource endowment and high mining cost, Henan crude oil production continued to decline. The consumption of refined oil continued to grow, which was promoted by improvement of the urban and rural public transportation infrastructure and growing of the social travel demand. The implement of the strategy of "diversification of external introduction" effectively ensured the oil supply, and the oil supply and the demand were generally stable throughout the year. Considering the lower international oil prices, released refining capacity due to policy bonus, and gradually opening of refined oil products market, the overall supply and demand of refined oil would be further loosened in 2020. In order to guarantee the safe and efficient supply of petroleum, it is necessary to accelerate the construction of major infrastructure, strengthen the exploration and development of crude oil and shale oil in the province, promote the integrated development of petrochemical industry, salt chemical industry and coal chemical industry, and explore the transformation and upgrading path of refining to chemical industry.

Keywords: Henan Province; Oil Industry; Crude Oil Production; Consumption of Refined Oil; Oil Supply and Demand

B. 4 Analysis and Prospect of Henan Nature Gas Industry Development Situation in 2019 -2020

Abstract: In 2019, attributed to the smooth operation of the macro economy, continued increase in pollution prevention efforts, the work of gasification of Henan has orderly advanced, the natural gas consumption in the whole province had grown. The annual consumption is expected to reach 12. 1billion cubic meters, year-on-year growth of 1% . Although the output of natural gas in the province continued to decline, positive progress was made in the construction of natural gas production, supply, storage and marketing system, which ensured the orderly and reliable supply of natural gas in province. In 2020, with the continuous deepening of economic and energy restructuring in Henan province and the strong promotion of air pollution prevention and control, the consumption of natural gas in the whole province will still keep increasing, and the annual consumption is expected to reach 12. 5 billion cubic meters, year-on-year growth of 3%. The overall supply and demand show a stage of tight balance. It is suggested that Henan should focus on improving the production, supply, storage and marketing system, guaranteeing the supply of natural gas during the heating season, and developing and utilizing unconventional natural gas, so as to promote the coordinated and healthy development of the natural gas industry in Henan.

Keywords: Henan Province; Nature Gas Industry; Supply and Demand Situation; Production, Supply, Storage and Marketing; Regional Gas Storage Center

Abstract: In 2019, Henan province diversified approach high-quality development of the power industry. Affected by the adjustment of industrial structure, climate and environment protection, the growth rate of electricity consumption and electricity load of the whole society decreased to some extent, the transformation of electricity supply to cleanness was accelerated, the power grids at all levels was coordinated development, and the reform of the power system was deepened. The engineering of benefiting people and clean heating reached to a next level. In 2020, facing the complex economic energy development environment, gradually tightening of electricity supply and demand situation and continuous increase of system peak shaving and the new energy accommodation pressure, the new era xi jinping socialism with Chinese characteristics as guidance, earnestly implement the xi general secretary looking at research Henan important speech spirit, continue to promote the development of electric power industry with high quality, focus on improving the capacity of power supply security, vigorously promote the development of electric power clean and green, to strengthen the construction of system flexibility, transformation and upgrading of the electric power industry leading the transformation of the energy industry development, the power of people's good life, ecological protection and high quality service the Yellow River basin development.

Keywords: Henan Province; Power Industry; Clean Transformation

B. 6 Analysis and Prospect of Henan Renewable Energy Development Situation in 2019 -2020 *Yin Shuo*, *Yang Meng* / 072

Abstract: In 2019 Henan around the province's development of pollution prevention and control of engines and energy transformation, continuously polish the green development background, to promote the development of renewable energy, renewable energy utilization scale expands unceasingly, the province for renewable energy use is expected to reach 21 million tons of standard coal, stay at rapidly double-digit growth, accounting for about 0.5% of the total primary energy consumption. In 2020 with the gradual optimization and adjustment of policies related to the development of renewable energy by the state, policies such as subsidy recession, scale management and quota system will have a certain impact on the development of the renewable energy industry. At the same time, in the distributed energy, energy storage, can complement each other, biomass, and geothermal energy cascade utilization of new pattern technology development, the preliminary judgment of renewable energy will continue to maintain rapid development momentum is expected in 2020 in Henan province of renewable energy use will reach 22.5 million tons of standard coal, year-on-year growth of 7.1%, primary energy consumption proportion of about 9%.

Keywords: Henan Province; Renewable Energy; Green Development

Ⅲ Prediction and Outlook

B. 7 Status and Long-term Prospects of the Relationship between Electricity and Economy in Henan Province

Deng Fangzhao, Liu Junhui and Zhao Wenjie / 083

Abstract: Electric power consumption is closely related to economic growth. Studying the trend of power economic relations is helpful for in-depth analysis of economic operation and electric power consumption, and scientific guidance of electric power industry development planning. Since the new normal of economic development, the fluctuation of power consumption growth in Henan has increased significantly, and the growth gap between power demand and economic growth has also gradually widened. This article analyzes the reasons for the "divergence" between Henan's power and economic growth in the new period, points out that the extreme weather and industrial restructuring are the main reasons for the recent electricity growth fluctuation, and the transformation and upgrading of traditional industries has led to and increased the difference between the growth rate of electricity consumption and economy. In the future, with the high-quality development of economy and energy, it will become normal for Henan's electricity consumption to maintain a medium-to-low growth rate that is lower than GDP growth rate.

Keywords: Henan Province; Electric Power Demand; Relationship Between Electricity and Economy; Power Planning

B. 8 Development Status and Prospects of Henan Geothermal Industry

Chen Ying, Wang Panke and Lu Wei / 097

Abstract: In recent years, with the implementation of the national energy

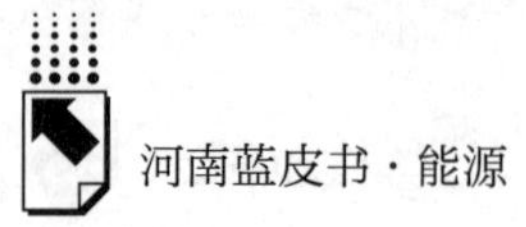

transformation strategy, as a clean renewable energy source, geothermal energy has attracted much attention because of operational stability and extensive distribution. In order to achieve scientific development and large-scale application of geothermal energy, improve industry competitiveness and realize the transformation of resource advantages to driving force for development, based on geothermal resources endowment, the regional distribution, and the market demand, comprehensive analysis of geothermal energy technology, management system, the progress of industrialization pattern has been done. Suggestion for technology upgrading and large-scale applications has also been proposed.

Keywords: Henan Province; Geothermal Resource; Utilization Status

Abstract: During the 13th five-year plan period, Henan's electricity supply and demand has changed from overall loose to local tension, in2018, the pilot work of demand side response was carried out for the first time in Henan province, in2019, seasonal power demand side response will be innovatively carried out, the response size and scope expanded, the peak demand of electricity has shifted effectively, ensure the balance of power supply and demand. During the 14th five-year plan period, the power supply gap will continue to expand; the power demand side response will play a more and more important role in suppressing the peak load and promoting the balance of power supply and demand. Based on extensive investigation, analysis of Henan industrial user, large commercial and residential users demand response characteristics, and predict the potential of the hole province's demand during the 14th five-year plan period by industry-classified, explore the demand responds subsidy policy mechanism of funding sources, demand response subsidy policy mechanism of funding sources, demand response marketization was forecast, in order to guide the electric power demand side response during the period of 14th five-year plan period in Henan.

Keywords: Henan Province; Power Demand Side Response; Responsiveness; Implementation Cost; Subsidy Fund

B. 10 Development of Energy Storage industry and Prospects of typical application scenarios

Abstract: At present, the construction of Energy Interconnection is accelerating, and the Energy Interconnection, which is characterized by multi-energy collaboration and open sharing, is gradually shaping new businesses and models. High proportion of renewable energy connected to the distribution network widely changes the traditional condition of unidirectional reception of grid power. As an intermediate link for flexible storage and release of energy, Electrochemical Energy Storage System (EESS) can be further deeply coupled with each link of power generation, transmission and distribution whose value can be highlighted. The time-space transfer function of energy storage can effectively meet the flexibility requirements caused by the change of balance of power system. On the basis of the research of domestic energy storage industry development and policy formulation, this paper clarifies the function orientation, cost trend and policy impact of EESS. Based on the actual situation of Henan Province, this paper sorts out development and problems of Henan distribution network, constructs the application scenarios of EESS, discusses the adaptability of EESS development, helping to gradually transform the power system to Energy Interconnection with the main characteristics of " lateral multi-energy complementary and Vertical coordination of power generation, transmission and distribution", in order to accelerate the high-quality development of Power Grid.

Keywords: Henan Province; Energy Storage; Adaptability Analysis; Industrial Development; Long-term Outlook

Ⅳ New Energy Development

B. 11 Thoughts and Suggestions on the Path of Henan's Energy Transformation in New Era *Tian Chunzheng, Yang Meng* / 139

Abstract: Energy is an important material basis for the survival and development of human society, and is of vital importance to economic development and the improvement of people's lives. In September 2019, General Secretary Xi Jinping made important arrangements for ecological protection and high-quality development in the Yellow River Basin from the overall strategic perspective of the great rejuvenation of the Chinese nation and dry autumn. Promoting high-quality development of energy resource and optimizing and general secretary's important requirements for strengthening ecological protection and high-quality development in the Yellow River basin. This paper sorts out Henan's energy resources endowment, supply and demand situation, analyzes the challenges and opportunities faced by Henan's energy development under the new situation, and finally puts forward the "four more emphases" direction path and "four efforts" countermeasures and suggestions to promote Henan's high-quality energy development from the four aspects of energy security, energy utilization, system mechanism and infrastructure, so as to provide high-quality energy development services and guarantee the ecological protection and high-quality development of the Yellow River basin in whole province.

Keywords: Henan Province; Yellow River Basin; Ecological Protection; High Quality Development; Energy

Abstract: Lankao county, Henan province is the first rural energy revolution pilot project in the country, Lankao energy Internet platform is an important part of Lankao rural energy technology revolution. Following the important instructions of general secretary Xi Jinping's "three rises", according to the requirements of the Lankao rural energy revolution pilot project, Lankao Energy Internet platform adheres to practical results, highlights the "rural" elements, explores energy internet solutions with rural characteristics, builds a county-wide energy data system, taps the value of data, promotes rural revitalization, and low-carbon energy Efficient implementation of strategies, Committed to creating a rural energy Internet demonstration project that is technologically advanced and applicable, and can be replicated and promoted.

Keywords: Energy Internet; Rural Energy Revolution; Platform Construction; Energy Monitoring; Country Energy Data System

Abstract: Relying on the Henan Energy Big Data Application Center, based on the detailed analysis of the province's real-time load data and new energy field station output data, a quantitative assessment of new energy supply capacity and consumption warning levels is achieved. With the help of information technology, based on the load characteristic analysis, the research period that adapts to different analysis needs can be accurately pushed to realize the probability statistical analysis of new energy output characteristics. The principle and ratio of new energy participation in power balance are proposed by time period and region. Combined with the new energy development plan for the next three years, establish a "red, orange, yellow, green" early warning system for new energy consumption in cities and provinces in the province, and based on the assessment results, put forward measures to strengthen the supporting power grid to support new energy consumption.

Keywords: Henan Province; Energy Big Data; New Energy; Supply Capacity; Early Warning of Consumption

B. 14 Thoughts and Suggestions on High-quality Development of the Product Oil Market in Henan Province

Feng Xianlei, Kuang Zhenshan and Li Xin / 189

Abstract: In recent years, country has continued to relax restrictions to the upstream and down stream links of refined oil. The refined oil refining and retail markets have developed rapidly. The competition in the refined oil market in the whole province has become increasingly diversified and the market competition has become more full. However, at the same time, driven by interests, the phenomenon if "self-flowing and black" flooding, tax evasion at social stations and shoddy work are repeatedly prohibited. The difficulty of market supervision continues to increase, affecting the effectiveness of pollution prevention and control in the whole province. This paper reviews the general situation and current situation of refined oil market in Henan Province, discusses the development of refined oil retail, and proposes to further strengthen market supervision, promote the re-closure of ethanol gasoline, speed up the construction of new smart oil stations and comprehensive service bodies, and optimize the refined oil market and consumption environment in the province.

Keywords: Hennan Province; Oil Sell; the Product Oill; Ethanol Gasoline

Abstract: Biomass energy is the only carbon resource among the six renewable energies that can be converted into gas, liquid and solid fuels and other products. As a major agriculture province, Henan Province IS Extremely rich in biomass resources, and the research on using biomass energy to replace fossil energy has received increasing attention. Based on the relationship between the development of biomass energy and the construction of ecological civilization, this paper expounds the development of ecological civilization and the current situation of biomass energy development in Henan Province, estimates the biomass resource storage hall in the whole province, points out that the backward development of renewable energy industry dominated by biomass energy is one of the bottlenecks restricting the construction of ecological civilization, and puts forwards relevant policy suggestions for the efficient and comprehensive utilization and development of biomass energy under the background of ecological civilization.

Keywords: Henan Province; Ecological Civilization; Biomass Resources

Abstract: Henan province is a big province of economy and industry, as well as a big province of population and labor force output. During the Spring Festival, influenced by factors such as holiday work stop-work and out-of-province migrant workers leaving their hometown, the characteristics of electricity load of the whole province changed significantly compared with normal days, and the characteristics of electricity consumption in different regions of province also had great differences. This paper combed the Henan province during the Spring Festival Labour migration features, research in recent years, the province is analyzed, during the Spring Festival of electricity, electricity load change trend, and selected the population outflow during the Spring Festival is the most prominent in the province of zhoukou city of Zhengzhou and migrant workers return home is concentrated on the contrast analysis of research conclusion can provide power supply security during the Spring Festival and the related power grid planning and construction to provide certain reference.

Keywords: Henan Province; the Spring Festival; Population Flow; Electricity Load

V Investigation Reports

Abstract: "Coal to electricity" is one of the important ways to boost air pollution prevention and realize clean heating in winter of Henan. Henan province started to convert coal into electricity for residents in 2017. By the end of 2019, nearly 4.11million household had been installed in the province, accounting for 93% of the total number of "double replacement" heating works. This paper investigates and analyzes the implementation effect, policy environment and technical methods of "coal to electricity" conversion in Henan province in recent two years. Based on a large number of electricity consumption data of "coal to electricity" residents in Henan province, it studies the electricity consumption situation and characteristics of "coal to electricity" resident in Henan province from several dimensions such as heating period electricity consumption, monthly dimension electricity consumption, daily dimension electricity consumption and typical projects, analyzes and summarizes the electricity consumption characteristic of "coal to electricity" resident in whole province, and put out forward the problem faced by the implementation of "coal to electricity" and relevant countermeasures and suggestions, which can provide some suggestions for further promoting the scientific implementation of "coal to electricity" in Henan province.

Keywords: Henan Province; Coal to Electricity; "Double Replacement"; Technical Way; Consumer Electricity Analysis

Abstract: The management and development of key enterprise is a barometer and weathervane of Henan's economic and energy development, which directly affects the quality of the province's energy and economic development. In order to have a better understanding of the production, operation and energy use of key enterprises in Henan Province, this investigation was carried out, Considering the industrial structure, the scale of key enterprises and the development trend of Henan province, this paper adopts the combination of interview survey and on-the-spot visit, selects 495 key enterprises in more than 20 industries in Henan province for questionnaire survey, and makes a visit survey on 16 of them, analyzes the influence of supply-side structural reform, air pollution control and Sino-US trade friction om enterprise management, and lists the energy consumption of key enterprise. The investigation and analysis conclusion is of positive significance for better studying and judging the economic development situation, energy transformation situation and comprehensive energy business development space of the whole province

Keywords: Henan Province; Key Enterprise; Energy Economy; Energy Transformation

B. 19 Investigation and analysis on energy storage of Iron Tower Base Station and Electric Vehicle and Its Load Adjustability in Henan Province

Li Guilin, Xi Le, Chai Zhe and Fu Han / 261

Abstract: In recent years, Henan Province's power consumption has maintained a rapid growth rate. At the same time, the extreme weather such as summer high temperature and winter cold wave has a significant impact on the change of power load. Seasonal and time-based power gaps in some regions have begun to appear, and power supply security pressures are increasing. The number of towers in Henan Province is huge, and the scale of electric vehicles is increasing rapidly. The potential for participation in demand side response is huge. This paper introduces the development status and power load characteristics of the iron tower base station and electric vehicle in Henan Province in detail, analyzes the load adjustment ability of the tower base station and electric vehicle, evaluates the technical economy of their participation in demand response, and proposes a feasible and feasible part-response response plan.

Keywords: Henan Province; Tower Base Station; Electric Vehicle; Load Characteristics; Demand Response

B. 20 Investigation and Research on Implementation and Development Potential of Electricity Substitution in Henan Province

Wu Yufeng, Chen Zhong, Yang Meng and Zhang Linyi / 279

Abstract: Vigorously promoting the generation of electricity is an important measure to prompt the prevention and control of air pollution in Henan and the transformation and development of energy resource. In recent years, Henan has actively promoted the structural adjustment of energy consumption, vigorously promoting "electricity for coal" and "electricity for oil" in key areas such as heating, refrigeration, industrial manufacturing and transportation, and has achieved remarkable results. The scale of electric energy substitution has expanded year by year and gradually changed from a single demonstration project to multi-domain and multi-technology expansion. However, due to factors such as industrial structure, resource allocation and energy utilization, the electrification level of Henan's terminal energy consumption is still relatively now, and the promotion of electric energy substitution is also restricted by economic cost and shrinkage of substitution space. This paper reviews the implementation of electric energy substitution in Henan province in recent years. Based on realizing the deep substitution of electric energy for fossil energy, promoting the clean and low-carbon development of the whole province, deepening the vexed areas such as agriculture, industry and architecture, tightening the focus on application projects with Henan characteristics such as smoke detection and smoke control, and carrying out investigation and research on the vitality of electric energy substitution implementation. This paper analyzes the main factors that restrict the promotion of tower generation, and puts forward some relevant suggestion to promote the implementation of full power generation.

Keywords: Henan Province; Electrical Energy Alternative; Implementation Situation; "Electricity for Coal"; "Electricity for Oil"

权威报告·一手数据·特色资源

皮书数据库

ANNUAL REPORT(YEARBOOK) DATABASE

分析解读当下中国发展变迁的高端智库平台

所获荣誉

- 2019年，入围国家新闻出版署数字出版精品遴选推荐计划项目
- 2016年，入选“‘十三五’国家重点电子出版物出版规划骨干工程”
- 2015年，荣获“搜索中国正能量 点赞2015”“创新中国科技创新奖”
- 2013年，荣获“中国出版政府奖·网络出版物奖”提名奖
- 连续多年荣获中国数字出版博览会“数字出版·优秀品牌”奖

WWW.PISHU.COM.CN

成为会员

通过网址www.pishu.com.cn访问皮书数据库网站或下载皮书数据库APP，进行手机号码验证或邮箱验证即可成为皮书数据库会员。

会员福利

- 已注册用户购书后可免费获赠100元皮书数据库充值卡。刮开充值卡涂层获取充值密码，登录并进入“会员中心”—“在线充值”—“充值卡充值”，充值成功即可购买和查看数据库内容。
- 会员福利最终解释权归社会科学文献出版社所有。

社会科学文献出版社 SOCIAL SCIENCES ACADEMIC PRESS (CHINA) 皮书系列

卡号：564174163141

密码：

数据库服务热线：400-008-6695
数据库服务QQ：2475522410
数据库服务邮箱：database@ssap.cn
图书销售热线：010-59367070/7028
图书服务QQ：1265056568
图书服务邮箱：duzhe@ssap.cn

中国社会发展数据库（下设 12 个子库）

整合国内外中国社会发展研究成果，汇聚独家统计数据、深度分析报告，涉及社会、人口、政治、教育、法律等 12 个领域，为了解中国社会发展动态、跟踪社会核心热点、分析社会发展趋势提供一站式资源搜索和数据服务。

中国经济发展数据库（下设 12 个子库）

围绕国内外中国经济发展主题研究报告、学术资讯、基础数据等资料构建，内容涵盖宏观经济、农业经济、工业经济、产业经济等 12 个重点经济领域，为实时掌控经济运行态势、把握经济发展规律、洞察经济形势、进行经济决策提供参考和依据。

中国行业发展数据库（下设 17 个子库）

以中国国民经济行业分类为依据，覆盖金融业、旅游、医疗卫生、交通运输、能源矿产等 100 多个行业，跟踪分析国民经济相关行业市场运行状况和政策导向，汇集行业发展前沿资讯，为投资、从业及各种经济决策提供理论基础和实践指导。

中国区域发展数据库（下设 6 个子库）

对中国特定区域内的经济、社会、文化等领域现状与发展情况进行深度分析和预测，研究层级至县及县以下行政区，涉及地区、区域经济体、城市、农村等不同维度，为地方经济社会宏观态势研究、发展经验研究、案例分析提供数据服务。

中国文化传媒数据库（下设 18 个子库）

汇聚文化传媒领域专家观点、热点资讯，梳理国内外中国文化发展相关学术研究成果、一手统计数据，涵盖文化产业、新闻传播、电影娱乐、文学艺术、群众文化等 18 个重点研究领域。为文化传媒研究提供相关数据、研究报告和综合分析服务。

世界经济与国际关系数据库（下设 6 个子库）

立足“皮书系列”世界经济、国际关系相关学术资源，整合世界经济、国际政治、世界文化与科技、全球性问题、国际组织与国际法、区域研究 6 大领域研究成果，为世界经济与国际关系研究提供全方位数据分析，为决策和形势研判提供参考。

法律声明